Hefei Huang und Dieter Ziethen

Ziel HSK 3

Chinesische Lesetexte mit Vokabeln und Grammatik

3. Auflage

Hefei Huang Verlag

Bibliografische Information der Deutschen Bibliothek

Die Deutsche Bibliothek verzeichnet diese Publikation in der Deutschen Nationalbibliographie. Detaillierte bibliografische Daten sind im Internet über http://dnb.ddb.de abrufbar.

ISBN 978-3-940497-34-5, 3. Auflage

www.huang-verlag.de

Gedruckt in Deutschland

Inhalt

Einleitung

Das Buch hat das Ziel, in Form von Lesetexten ausgehend vom Niveau des neuen HSK 2 (汉语水平考试, Hànyǔ shuǐpíng kǎoshì) den Lernstoff des neuen HSK 3 zu vermitteln. Es wird vorausgesetzt, dass der Lernstoff des neuen HSK 2 bekannt ist. Die Vokabeln und die Grammatik des neuen HSK 3 werden im Lauf des Buchs erarbeitet, mit Mustersätzen erläutert und mit Texten geübt. Da der neue HSK 3 die Kenntnis der chinesischen Schriftzeichen voraussetzt, enthalten die Texte des Buchs kein Pinyin.

Es gibt 30 Lerneinheiten. Jede Lerneinheit gliedert sich in fünf Bereiche:

- Vokabeln

  Die neuen Vokabeln sind mit Informationen zur Aussprache und Wortart sowie zum Zähleinheitswort (ZEW) oder zur Vergangenheitsform aufgeführt. Mustersätze zeigen, wie ein neues Wort verwendet wird.

- Grammatik und Worterklärungen

  Die neue Grammatik ist kurz und präzise erklärt und mit Mustersätzen untermauert. Worterklärungen zielen darauf ab, Verwechselungen bei der Anwendung zu vermeiden.

- Text

  Die neuen Vokabeln und die Grammatik sind in chinesische Kurzgeschichten verpackt. Mit den Texten wird das Lesevermögen trainiert.

- Verständnistest

  Verständnisfragen zum Lesetext prüfen ab, ob der Leser einen Text richtig erfasst hat. Die Lösungen zum Verständnistest befinden sich am Ende jeder Lerneinheit.

- Übersetzung

  Die deutsche Übersetzung des chinesischen Textes bietet eine Kontrollmöglichkeit. Soweit es sinnvoll ist, ist diese möglichst nahe am chinesischen Original gehalten.

Übersicht der Wortarten

Dieser Abschnitt hat das Ziel, eine Übersicht über die wichtigsten Wortarten zu geben. Sein Zweck ist es, in den nachfolgenden Lektionen redundante Beschreibungen zu vermeiden. Detailinformationen geben, wenn es erforderlich ist, die Grammatikblöcke der einzelnen Lektionen.

Substantiv

Ein Substantiv gehört zu der Gruppe der Nomen. Es kann im chinesischen Satz ein Subjekt, ein Objekt oder sogar ein Prädikat sein. Ein weiteres Kennzeichen eines Substantivs ist, dass es meistens ein Zähleinheitswort besitzt.

Substantiv:	老师	Lehrer
ZEW:	个，位	一个老师，一位老师
Subjekt:	**老师**走了。	Der Lehrer ist weggegangen.
Objekt:	我问**老师**。	Ich frage den Lehrer
Prädikat:	今天**星期一**。	Heute ist Montag. *(sehr mündlich)*

Verb

Ein Verb ist ein Tätigkeitswort. Die meisten Verben besitzen eine Vergangenheitsform mit „了“. Verben, die einen Zustand beschreiben, haben keine Vergangenheitsform mit „了“.

Tätigkeit:	喝	trinken
	喝了	getrunken haben
Zustand:	在	sich befinden
	昨天在	sich gestern befunden haben

Manche Verben, die im Deutschen ein einziges Wort sind, setzen sich im Chineschen aus einem Verb und einem Substantiv zusammen. Das „了“ für die Vergangenheitsform steht dann natürlich hinter dem Verb und trennt das Verb und das Substantiv.

Beispiel:	游泳	schwimmen (wörtlich: das Schwimmen schwimmen)

	游了泳	geschwommen sein

Adverb Ein Adverb gibt nähere Informationen zu einem Verb oder Adjektiv. In vielen Fällen steht das Adverb vor dem Verb oder Adjektiv.

Beispiel:	很	sehr
	苹果很绿。	Der Apfel ist sehr grün.

Adjektiv Ein Adjektiv beschreibt als Attribut ein Substantiv. Es wird meistens mit „的“ an das Substantiv gehängt.

Beispiel:	漂亮	hübsch
	漂亮的女儿	eine hübsche Tochter

Adjektive können auch die Funktion eines Prädikats übernehmen. Bei einer Übersetzung ins Deutsche wird dann das Verb „sein“ ergänzt.

Beispiel:	漂亮	hübsch (sein)
	她很**漂亮**。	Sie ist sehr hübsch.

Konjunktion Eine Konjunktion verbindet zwei Satzteile oder auch zwei ganze Sätze. Generell steht es vor oder hinter einem der beiden Teile, die verbunden werden.

Beispiel:	和	und
	我**和**你	du und ich
Beispiel:	但是	aber
	天很好，**但是**很冷。	Das Wetter ist sehr gut, aber ist sehr kalt.

Partikel Eine Partikel dient in einem chinesischen Satz dazu, eine grammatikalische Funktion auszuüben.

Beispiel:	吗	Fragepartikel
	你也去**吗**？	Gehst du auch hin?

Übersicht der Satzzeichen

Dieser Abschnitt hat das Ziel, die wichtigsten chinesischen Satzzeichen aufzuführen. Zweck ist es, die Unterschiede zwischen dem Deutschen und dem Chinesischen ins Gedächtnis zu rufen.

Es gibt im Chinesischen viele Satzzeichen, die genauso wie im Deutschen geschrieben und angewendet werden:

Anwendung wie im Deutschen – Schreibung wie im Deutschen			
？	Fragezeichen	；	Semikolon
！	Ausrufezeichen	：	Doppelpunkt
，	Komma	（ ）	Klammer

Einige Zeichen werden anders geschrieben, aber wie im Deutschen angewendet:

Anwendung wie im Deutschen – Schreibung anders			
。	Punkt	“ ”	Anführungszeichen
……	Auslassungspunkte (...)	‘ ’	Innere Anführungszeichen

Darüber hinaus gibt es Satzzeichen, die das Deutsche nicht kennt. Zwei davon, die oft vorkommen, beschreibt die folgende Tabelle:

Im Deutschen nicht vorhanden		
、	Aufzählungskomma Das Aufzählungskomma trennt Wörter in einer Aufzählung. Es trennt aber keine Sätze!	我昨天中午吃了鱼、羊肉、米饭，还吃了很多水果。 李老师、白老师、米医生，还有他们的太太都来了。
《》	Klammer für Buch- oder Filmtitel Die Klammer hat die exklusive Funktion, Buch- oder Filmtitel hervorzuheben.	我昨天给我儿子买了《我和小猫》这本书。 我很喜欢看电影《Kevin 一个人在家》。

01 儿子的生日

Vokabeln

1-01
1-02

爷爷	**yéye**	**Großvater (väterlicherseits)**	*Substantiv*
一个爷爷		ein Großvater	
我爸爸的爸爸是我爷爷。		Der Vater meines Vaters ist mein Großvater.	
奶奶	**nǎinai**	**Großmutter (väterlicherseits)**	*Substantiv*
一个奶奶		eine Großmutter	
我爸爸的妈妈是我奶奶。		Die Mutter meines Vaters ist meine Großmutter.	
礼物	**lǐwù**	**Geschenk**	*Substantiv*
一个礼物，一些礼物		ein Geschenk, einige Geschenke	
给她礼物		ihr ein Geschenk geben	
这个礼物给你。		Dieses Geschenk ist für dich.	
葡萄	**pútao**	**Weintraube(n)**	*Substantiv*
一个葡萄，一些葡萄		eine Weintraube, einige Weintrauben	
他很喜欢吃葡萄。		Er mag es sehr, Weintrauben zu essen.	
蛋糕	**dàngāo**	**Kuchen**	*Substantiv*
一个蛋糕，一块蛋糕		ein Kuchen, ein Stück Kuchen	
做蛋糕，吃蛋糕		Kuchen backen, Kuchen essen	
这个蛋糕很好吃。		Dieser Kuchen schmeckt sehr gut.	
这块蛋糕很好吃。		Dieses Stück Kuchen schmeckt sehr gut.	
以后	**yǐhòu**	**später, danach, nachdem**	*Substantiv / Konjunktion*
以后的事情		die nachfolgende Angelegenheit	
从今以后		ab heute	

一年以后，他回来了。	Ein Jahr später war er zurückgekommen.
他们散了步以后，就休息了。	Nachdem sie spazieren waren, ruhten sie sich aus.

故事	**gùshi**	**Geschichte, Erzählung**	*Substantiv*
一个故事，一些故事		eine Geschichte, einige Geschichten	
这个故事很好听。		Diese Geschichte hört sich gut an.	

讲	**jiǎng**	**erzählen**	*Verb*
讲了		erzählt haben	
讲故事		eine Geschichte erzählen	
爷爷给孩子们讲故事。		Großvater erzählt den Kindern eine Geschichte.	

虽然	**suīrán**	**zwar, obwohl**	*Konjunktion*
这本书虽然很贵，但是很好。		Dieses Buch ist zwar sehr teuer, aber sehr gut.	

游戏	**yóuxì**	**(Unterhaltungs-)Spiel**	*Substantiv*
一个游戏，一些游戏		ein Spiel, einige Spiele	
玩游戏，做游戏		ein Spiel spielen	
他们昨天晚上玩了游戏。		Sie hatten gestern Abend Spiele gespielt.	

一点儿	**yìdiǎner**	**ein bisschen**	*Adverb / Adjektiv*
一点儿蛋糕		ein bisschen Kuchen	
你喝一点儿水吧！		Trink doch ein bisschen Wasser.	
我有一点儿累。		Ich bin ein bisschen müde.	

公园	**gōngyuán**	**Park**	*Substantiv*
一个公园，这个公园		ein Park, dieser Park	
孩子们在公园里玩游戏。		Die Kinder spielen im Park Spiele.	

几　jǐ	ein paar	*Zählwort*
我认识几个中国人。	Ich kenne ein paar Chinesen.	
他们玩了几个游戏。	Sie haben ein paar Spiele gespielt.	
我买了几本书。	Ich habe ein paar Bücher gekauft.	

参加　cānjiā	an etw. teilnehmen	*Verb*
参加了	teilgenommen haben	
参加考试	an einer Prüfung teilnehmen	
我参加了考试。	Ich habe an einer Prüfung teilgenommen.	

Grammatik und Worterklärungen

一点儿

Das Wort „**一点儿**" (yìdiǎner) und der Ausdruck „**有一点儿**" (yǒu yìdiǎner) bedeuten „ein bisschen". Sie können als Adverb oder Adjektiv verwendet werden.

„**有一点儿**" beschreibt als Adverb ein Adjektiv in verbialer Funktion.

我很累。	Ich bin sehr müde.
我**有一点儿**累。	Ich bin ein bisschen müde.

„**一点儿**" beschreibt als Adjektiv ein Substantiv. In manchen Fällen ersetzt es sogar das Substantiv, das aber im Hinterkopf mitschwingt.

喝**一点儿**水吧！	Trink doch ein bisschen Wasser!
喝**一点儿**！	Trink ein bisschen!

Steht „**一点儿**" als Ergänzung hinter einem Adjektiv, so wird das Adjektiv gesteigert.

快**一点儿**！	Ein bisschen schneller!

虽然

Die Konjunktion „**虽然**" (suīrán; zwar, obwohl) verbindet zwei scheinbare Gegensätze. Oft wird „**虽然**" in Verbindung mit „**但是**" (dànshì) benutzt. Es kann vor einem ganzen Satz oder hinter dem Subjekt eines Satzes stehen.

这本书**虽然**有一点儿贵，**但是**很好。	Dieses Buch ist zwar ein bisschen teuer, aber sehr gut.
虽然他没有钱，**但是**他给大家买了很多礼物。	Obwohl er kein Geld hat, hat er für alle sehr viele Geschenke gekauft.

几

Das Wort „**几**“ (jǐ) ist ein Fragewort mit der Bedeutung „wie viel“.

你想吃**几**个？	Wie viel Stück möchtest du essen?

Es kann als Mengenangabe auch „ein paar“ bedeuten. In diesem Fall ist der Satz kein Fragesatz. Auch hier muss hinter „**几**“ ein Zähleinheitswort stehen.

这**几**个星期我很忙。	Ich bin für ein paar Wochen sehr beschäftigt.
他给我买了**几**本书。	Er hat für mich ein paar Bücher gekauft.

以后

Das Wort „**以后**“ (yǐhòu) bedeutet „später“, „danach“ oder „nachdem“. Es gibt verschiedene Anwendungsfälle:

Steht „**以后**“ hinter einem Verb, Substantiv oder einem kleinen Satz, so hat es die Funktion einer Konjunktion. Der Zeitausdruck kann in der Vergangenheit oder Zukunft sein.

Hinter einem Substantiv:

工作**以后**，我喝了一杯咖啡。	Nach der Arbeit hatte ich eine Tasse Kaffee getrunken.
一年**以后**，他去了德国。	Ein Jahr später ging er nach Deutschland.
从今**以后**，我不喝酒了。	Ab heute werde ich keinen Alkchol trinken.

Hinter einem Satz:

我吃了饭**以后**，看了电视。	Nachdem ich gegessen hatte, sah ich fern.

Im Gegensatz zum Deutschen wird im Chinesischen bei der Verbindung zweier Sätze das Subjekt nicht wiederholt, wenn es gleich ist (siehe letzter Beispielsatz).

Steht „**以后**“ alleine, so hat es die Bedeutung von „später“ oder „danach“.

以后，他去了中国。	Später ist er nach China gegangen.

Steht „**以后**“ vor einem Substantiv, so ist es ein Attribut.

以后的事情，大家都不想知道。 — Die nachfolgende Angelegenheit wollten alle nicht wissen.

有的

„**有的**“ (yǒude) bedeutet „(es gibt) einige“ und ist eine Kurzform von „有的人“, „有的事“, „有的东西“ oder ähnlichen Ausdrücken.

有的要吃鱼。 — Es gibt einige, die Fisch essen wollen.

他买了一些杯子。**有的**是红色的，**有的**是绿色的。 — Er hat einige Becher gekauft. Einige sind rot, einige sind grün.

还有

Eine Aufzählung im Deutschen wird durch Kommas und ein „und“ gebildet. Im Chinesischen ist das anders. Hier wird in vielen Fällen anstelle von „und“ ein „**还**“ (hái) oder „**还有**“ (hái yǒu) verwendet. Werden Substantive aufgezählt, so wird „**还有**“ benutzt und steht am Ende der Aufzählung. Werden Verben aufgezählt, so wird „**还**“ verwendet.Wenn es ein Modalverb gibt, muss dieses am Ende der Aufzählung wiederholt werden.

我买了苹果、葡萄，**还有**西瓜。 — Ich habe Äpfel, Trauben und Wassermelone gekauft.

我昨天做了饭、洗了衣服，**还**跑了步。 — Ich habe gestern Essen gekocht, Wäsche gewaschen und war laufen gegangen.

他**喜欢**旅游、跑步，**还喜欢**游泳。 — Er mag gerne Reisen, Jogging und auch Schwimmen.

儿子的生日

1-03
1-04

时间过得真快！我的儿子今年就四岁了。昨天是三月十日，星期天，是我儿子的生日。他请了五个小朋友到我们家里来玩。他的**爷爷奶奶**也来了。**爷爷奶奶**的家离我们家很远。他们是坐火车来的。他们昨天坐火车坐了四个小时，到我们家的时候，已经是下午两点三十分了。小朋友，还有**爷爷奶奶**送给了我儿子很多他喜欢的**礼物**。他非常高兴。

我们给孩子们准备了很多好吃的东西，有苹果，还有**葡萄**。喝的东西也很多。小朋友的爸爸妈妈下午三点送他们过来。我们一起喝了一些咖啡，吃了我先生做的**蛋糕**。我先生做的咖啡非常好喝，**蛋糕**也很好吃。

爸爸妈妈们走了**以后**，**爷爷**和**奶奶**给孩子们**讲**了**几**个小**故事**。有一个是他们在中国旅游的**故事**。孩子们都很喜欢听。小朋友们一起吃了一些水果和**蛋糕**。有一个小朋友说，**葡萄**比**蛋糕**好吃；有一个小朋友说，**葡萄**比苹果好吃。我儿子说："我爸爸做的**蛋糕**最好吃！"

下午五点，小朋友们都去**公园**里玩，**有的**骑小自行车，**有的**玩游戏。**虽然**，**公园**里有**一点儿**冷，但是昨天的天气很好。大家都玩得很高兴。有一个小朋友在**公园**里看到了一只小白猫。他对我们大叫："快**一点儿**来! 这里有一只小猫。"小朋友们都跑去看。

快六点的时候，孩子们的爸爸妈妈来了。我们送给每一个孩子一个小**礼物**，谢谢他们来**参加**我儿子的生日 Party。他们也谢谢我们请他们的孩子来玩，还说下次也请我们去他们家喝咖啡。

我们忙了一天，但是我们都很高兴。晚上，儿子问我："妈妈，我们**以后**每天都过生日，好不好？"

Verständnistest

请看下面的句子[*]对不对。你想知道你做得怎么样，请看第 17 页[**]。

1. 孩子的爷爷奶奶去过中国旅游。 ( )
2. 小朋友们是骑自行车去公园的。 ( )

3. 他们也送给了来参加生日 Party 的小朋友礼物。 （ ）
4. 虽然他们说给孩子们准备了喝的东西，但是我们不知道他们给孩子们喝什么。 （ ）
5. 小孩子们的爸爸妈妈送孩子到他们家以后，没有吃东西，就走了。 （ ）
6. 那天天气很好，非常热。 （ ）
7. 有一个小朋友在公园里看到一只小黑猫。 （ ）
8. 爷爷奶奶到我们家的时候，已经是下午四点三十分了。 （ ）
9. 从公园回来，已经是晚上 7 点多了。 （ ）
10. 这一天儿子很高兴，他想每天都过生日。 （ ）

*) jù zi, 句子, Satz **) yè, 页, Seite

Der Geburtstag unseres Sohnes

Die Zeit vergeht echt schnell! Mein Sohn wird dieses Jahr schon 4 Jahre alt. Gestern war der 10. März, ein Sonntag. Es war der Geburtstag meines Sohnes. Er hatte fünf Freunde eingeladen, zu uns nach Hause zum Spielen zu kommen. Sein Opa und seine Oma waren auch gekommen. Sie wohnen weit entfernt von uns. Sie sind mit dem Zug hergereist. Sie hatten gestern im Zug vier Stunden gesessen. Als sie bei uns zu Hause angekommen waren, war es schon nachmittags 2 Uhr 30. Die Freunde und auch noch Opa und Oma hatten meinem Sohn viele Geschenke gegeben, die ihm gefallen. Er hatte sich sehr gefreut.

Wir hatten für die Kinder viele leckere Sachen zum Essen vorbereitet. Es gab Äpfel und Trauben. Zum Trinken gab es auch sehr viel. Die Papas und Mamas der Kinder hatten nachmittags um 3 Uhr die Kinder hierher gebracht. Wir hatten zusammen etwas Kaffee getrunken und Kuchen gegessen, den mein Mann gebacken hatte. Auch der Kaffee, den mein Mann gemacht hatte, schmeckte außerordentlich gut. Die Kuchen schmeckten auch sehr gut.

Nachdem die Eltern weggegangen waren, hatten Opa und Oma den Kindern etliche kleine Geschichten erzählt. Eine davon war eine Geschichte über ihre Reise nach

China. Die Kinder mochten es sehr gerne, sie zu hören. Die Kinder hatten zusammen einiges Obst und Kuchen gegessen. Es gab ein Kind, das sagte, die Trauben schmeckten ihm besser als der Kuchen. Es gab ein Kind, das sagte, die Trauben schmeckten ihm besser als die Äpfel. Mein Sohn sagte: „ Der von meinem Vater gebackene Kuchen schmeckt mir am besten!"

Um 5 Uhr nachmittags waren die Kinder alle in den Park zum Spielen gegangen. Einige sind mit kleinen Fahrrädern gefahren, einige haben ein Spiel gespielt. Es war zwar ein bisschen kalt im Park, aber das Wetter war gestern sehr schön. Alle haben sehr fröhlich gespielt. Ein Kind hatte im Park eine kleine weiße Katze entdeckt. Er hatte zu uns geschrien: „Kommt schnell her! Hier gibt es eine kleine Katze." Alle Kinder sind hingelaufen, um zu schauen.

Es war fast 6 Uhr, als die Papas und Mamas gekommen waren. Wir haben jedem Kind ein kleines Geschenk gegeben und uns für das Kommen und die Teilnahme an der Geburtstagsparty meines Sohnes bedankt. Auch sie bedankten sich dafür, dass wir ihre Kinder zum Spielen eingeladen hatten. Sie sagten auch, uns nächstes Mal zu ihnen nach Hause zum Kaffeetrinken einladen zu wollen.

Wir waren den ganzen Tag beschäftigt, aber wir waren alle sehr glücklich gewesen. Am Abend fragte mein Sohn mich: „Mama, wir feiern ab jetzt jeden Tag Geburtstag, in Ordnung?"

Lösung Verständnistest

（1）对，（2）错，（3）对，（4）对，（5）错，（6）错，（7）错，（8）错，（9）错，（10）对

02 我爱我家

Vokabeln

1-05
1-06

教	jiāo	unterrichten, lehren, beibringen	*Verb*
教汉语		Chinesisch unterrichten	
教他		ihm beibringen	
妈妈教我做饭。		Mutter bringt mir bei, Essen zu kochen.	

上课	shàng kè	Unterricht geben o. besuchen	*Verb + Substantiv*
上了课		Unterricht gegeben haben, Unterricht gehabt haben	
上课上到很晚		bis sehr spät Unterricht haben	
老师每天上课上到下午五点。		Die Lehrerin gibt jeden Tag bis nachmittags um 5 Uhr Unterricht.	
你明天上课吗？		Besuchst du morgen den Unterricht? Gibst du morgen Unterricht?	

下课	xià kè	Unterricht beenden	*Verb + Substantiv*
下了课		Unterricht beendet haben	
你们几点下课？		Um wie viel Uhr ist der Unterricht zu Ende?	

总是	zǒngshì	immer, stets (auch: immer wieder)	*Adverb*
他每次来这儿，总是想喝茶。		Jedes Mal, wenn er herkommt, möchte er immer Tee trinken.	
他总是很晚回家。		Er kommt stets sehr spät nach Hause.	

努力	nǔlì	fleißig (sein), bemüht (sein)	*Adjektiv*
我努力了。		Ich habe mich bemüht.	
她总是很努力。		Sie ist stets sehr fleißig.	
他是一个努力的孩子。		Er ist ein fleißiges Kind.	

他学习很努力。		Er lernt sehr fleißig.	
努力工作，努力学习		fleißig arbeiten, fleißig lernen	
认真	**rènzhēn**	**gewissenhaft (sein), ernsthaft (sein)**	*Adjektiv*
他是一个认真的人。		Er ist ein gewissenhafter Mensch.	
他很认真。		Er ist sehr gewissenhaft.	
对工作很认真		gegenüber der Arbeit sehr gewissenhaft sein	
认真一点儿！		Ein bisschen ernsthafter sein!	
有时候	**yǒu shíhou**	**manchmal**	*Substantiv*
有的时候		Langform von „有时候“	
有时候，我走路回家。		Manchmal gehe ich zu Fuß nach Hause.	
有时候，他开车来。		Manchmal kommt er mit dem Auto her.	
她有时候吃得不多。		Manchmal isst sie nicht viel.	
洗手间	**xǐshǒujiān**	**Toilette, WC**	*Substantiv*
一个洗手间		ein WC	
这个洗手间真大！		Dieses WC ist wahrhaft groß!	
灯	**dēng**	**Lampe**	*Substantiv*
一个灯， 一盏灯 (盏, zhǎn)		eine Lampe	
请开灯！		Bitte schalte das Licht ein!	
你昨天买的灯太红了！		Die Lampe, die du gestern gekauft hast, ist zu rot!	
洗手间里没有灯。		Im WC gibt es kein Licht.	
亮	**liàng**	**hell (sein)**	*Adjektiv*
灯很亮。		Die Lampe ist sehr hell.	
灯亮了。		Das Licht ist eingeschaltet worden.	
我喜欢亮的房间。		Ich mag helle Zimmer.	

幼儿园 yòuéryuán	Kindergarten *Substantiv*
一个幼儿园，一家幼儿园	ein Kindergarten
这家幼儿园的老师很好。	Die Erzieherinnen in diesem Kindergarten sind sehr gut.
我儿子很喜欢上幼儿园。	Mein Sohn mag es sehr, in den Kindergarten zu gehen.

小的时候 xiǎo de shíhou	in der Kindheit *Substantiv*
小时候	Kurzform von „小的时候“
小的时候，我们没有吃的。	In der Kindheit hatten wir nichts zu essen.
小时候，他不爱上幼儿园。	Als er klein war, ging er nicht gerne in den Kindergarten.
他小时候很爱笑。	Er lachte in seiner Kindheit sehr gerne.

向...学习 xiàng... xuéxí	von jemandem lernen *Verb*
向哥哥学习	von dem älteren Bruder lernen
我们要向他学习。	Wir sollten von ihm lernen.
不要向那个孩子学习！	Nicht von jenem Kind lernen!

接 jiē	abholen, abnehmen *Verb*
接人，接电话	Menschen abholen, Telefon abnehmen
我接了他。	Ich habe ihn abgeholt.
我现在要去火车站接我姐姐。	Ich muss jetzt zum Bahnhof, meine ältere Schwester abzuholen.
快去接电话吧！	Geh schnell hin, um das Telefon abzunehmen!

最后 zuìhòu	letztendlich, zum Schluss *Adverb / Substantiv*
最后，他没有钱了。	Letztendlich hatte er kein Geld mehr.
最后，我还想问一个问题。	Zum Schluss möchte ich noch eine Frage stellen.

Grammatik und Worterklärungen

多

Um eine unbestimmte Mengenangabe zu tätigen (mehr als...), wird direkt hinter die Zahl das Wort „**多**“ (duō) gestellt.

五十**多**人，五十**多**个人	mehr als fünfzig Menschen
他们喝了十**多**杯啤酒。	Sie haben mehr als zehn Gläser Bier getrunken.
他有五百**多**本书。	Er hat mehr als fünfhundert Bücher.
学校有一千**多**个老师。	Die Schule hat mehr als eintausend Lehrer.
李老师三十**多**岁了。	Lehrer Li ist mehr als 30 Jahre alt.

Auf diese Weise „**多**“ zu benutzen, funktioniert nur, wenn die unbestimmte Mengenangabe ein Vielfaches von 10 ist (also 10, 20, 30...).

多

Bei Zeitangaben kann auch „**多**“ (duō) verwendet werden, um ein „mehr als“ oder „länger als“ zu formulieren. „**多**“ wird hinter dem Zähleinheitswort ergänzt.

一个**多**小时，两个**多**小时	mehr als eine Stunde, mehr als zwei Stunden
一个**多**星期，两个**多**星期	mehr als eine Woche, mehr als zwei Wochen
一个**多**月，两个**多**月	mehr als ein Monat, mehr als zwei Monate

Wenn eine Zeitangabe kein Zähleinheitswort besitzt, so wird „**多**“ an das Ende des gesamten Mengenausdrucks gestellt.

一年**多**，十年**多**	mehr als ein Jahr, mehr als zehn Jahre
一天**多**，三天**多**	mehr als einen Tag, mehr als drei Tage
五分钟**多**，十分钟**多**	mehr als fünf Minuten, mehr als zehn Minuten

着

Die Partikel „**着**“ (zhe) kennzeichnet einen Zustand. Im Gegensatz zu einer Zustandbeschreibung mit „**在**“ (zài) oder mit „**正在**“ (zhèngzài) wird mit „**着**“ betont, dass der Zustand oder die Handlung noch andauern wird. „**着**“ steht direkt hinter dem Verb.

外面**正在**下雨。	Draußen regnet es gerade. *(jetzt im Moment)*
外面下**着**雨。	Draußen regnet es. *(und wird es auch noch weiter tun)*

„**着**“ kann auch verwendet werden, um eine Szene zu beschreiben:

商店的前面站**着**很多人。	Vor dem Laden stehen viele Menschen.
他们坐在船上说**着**。	Sie sitzen auf dem Schiff und unterhalten sich.
他们房间的灯还亮**着**。	Die Lampe in ihrem Zimmer brennt noch.

Ein Verb kann zusammen mit „**着**“ zu einem Adverb werden, das ein anderes Verb beschreibt:

他们说话。	Sie unterhalten sich.
他们**笑着**说话。	Sie unterhalten sich lachend.
她们吃饭。	Sie essen.
她们**看着电视**吃饭。	Fernsehen schauend essen sie.

一…就

Um auszudrücken, dass zwei Vorgänge zeitlich sehr eng aufeinander folgen, wird im Chinesischen eine Klammer aus den zwei Adverbien „**一**“ (yī) und „**就**“ (jiù) verwendet. Beide Adverbien stehen direkt vor dem Verb. Im Deutschen entspricht das den Ausdrücken „sofort nachdem“, „sofort wenn“ oder „sobald“.

我**一**回家，**就**吃饭。	Sobald ich nach Hause zurückgekehrt bin, esse ich.
天**一**晴，她**就**洗衣服。	Sobald das Wetter schön ist, wäscht sie Kleidung.

Ein gleiches Subjekt im Haupt- und Nebensatz wird nicht wiederholt.

我一到家，**就**给你打电话。	Sobald **ich** zu Hause angekommen bin, werde **ich** dich anrufen.

我爱我家

1-07 1-08 我很爱我的家。我爸爸是德国人。他在一家汽车公司工作。我妈妈是中国人。虽然她不是德国人，但是她的德语说得很好。她是老师。她在这里**教**汉语。

妈妈的学生很多。有的时候，这些学生来我们家**上课**。有的时候，妈妈要去外面**上课**。每个星期五，妈妈要开一个多小时的汽车去一所学校**上课**。虽然**有时候**，妈妈觉得有一点儿累，但是她**总是**很高兴见到她的学生，因为她的学生学习都很**努力**。这让我妈妈很高兴。

我知道妈妈工作很**认真**，晚上**总是**工作很长时间。我睡觉了，爸爸和妈妈都还在工作。你们会问我："你睡觉了，怎么会知道爸爸妈妈还在工作呢？"因为**有时候**，我晚上起来去**洗手间**，**总是**看到他们房间的**灯**还**亮**着，可以看到爸爸妈妈坐在电脑前工作。

我的爸爸妈妈很爱我。爸爸下了班**总是**和我一起玩，一起玩我爱玩的游戏，还**教**我认字、读书、还给我讲故事听。他们不工作的时候，我们就一起去游泳。游泳是我最喜欢的运动。

因为我妈妈**小的时候**很少吃蛋糕，所以，她不会做蛋糕。但是，她**向**我爸爸**学习**怎么做蛋糕。现在，妈妈做的蛋糕也很好吃。她很会做苹果蛋糕。我也很喜欢吃她做的蛋糕。

妈妈知道我非常喜欢吃中国饭，所以，她一有时间就给我做中国饭吃。**有时候**，她**下课**下得早，她就去**幼儿园接**我回家，做好吃的东西给我吃。下午，妈妈在家**教**我认汉字，学习中文。我**总是**叫着不想学，但是，**最后**我觉得和妈妈一起认汉字也很有意思，也很好玩。妈妈**总是**对我说，要**努力**学习汉语，认识了很多的汉字，我以后就可以看很多汉语书，读很多故事了。

我很喜欢听妈妈讲她小时候的故事，还有中国的故事。每次睡觉，我都让妈妈给我讲这些故事。但是很多时候，妈妈晚上因为要**上课**，很晚回家。这个时候，爸爸就给我讲故事听。

爸爸妈妈不知道我也非常爱他们，爱我们这个家！

Verständnistest

请看下面的句子对不对。你想知道你做得怎么样，请看第 25 页。

1. 妈妈开很长时间的车去上课，也不觉得累。 ( )
2. 现在爸爸妈妈都很会做蛋糕。 ( )
3. 我叫着不想学汉字，是因为我还很小。 ( )
4. 妈妈每个晚上都能给我讲故事。 ( )
5. 我最喜欢的运动就是玩游戏。 ( )
6. 妈妈不会做蛋糕，是因为她小的时候没有吃过蛋糕。 ( )
7. 妈妈是中国人，她向我爸爸学习德语。 ( )
8. 妈妈总是不能早一点儿下课。 ( )
9. 虽然我还在上幼儿园，但是我也认识一些汉字。 ( )
10. 妈妈教我汉字。她希望我以后可以去中国工作。 ( )

Ich liebe meine Familie

Ich liebe meine Familie sehr. Mein Vater ist ein Deutscher und arbeitet in einer Automobilfirma. Meine Mutter ist eine Chinesin. Obwohl sie keine Deutsche ist, spricht sie aber sehr gut Deutsch. Sie ist Lehrerin. Sie unterrichtet hier Chinesisch.

Die Schüler meiner Mutter sind sehr zahlreich. Manchmal kommen die Schüler zu uns nach Hause zum Unterricht. Manchmal muss meine Mutter nach draußen zum Unterricht gehen. Jeden Freitag fährt meine Mutter über eine Stunde lang mit dem Auto zu einer Schule, um Unterricht zu geben. Obwohl meine Mutter sich manchmal ein bisschen müde fühlt, freut sie sich aber stets sehr, ihre Schüler wiederzusehen. Weil ihre Schüler alle sehr fleißig lernen. Das freut meine Mutter sehr.

Ich weiß, dass meine Mutter sehr gewissenhaft und auch immer sehr lange in der Nacht arbeitet. Ich bin schon eingeschlafen, aber mein Papa und meine Mama arbeiten noch beide. Ihr könntet mich fragen: „Du bist schon eingeschlafen. Wie kannst du wissen, dass deine Eltern noch bei der Arbeit sind?“ Weil, wenn ich manchmal aufstehe, um auf die Toilette zu gehen, ich immer sehen kann, dass die Lampe im Zimmer meiner Eltern noch hell ist. Deshalb weiß ich, dass sie hinter dem Computer sitzen und arbeiten.

Mein Papa und meine Mama lieben mich sehr. Nach dem Feierabend spielt mein Papa immer mit mir zusammen. Wir spielen Spiele, die mir gefallen. Er bringt mir bei, Buchstaben zu erkennen und Bücher zu lesen, und erzählen mir Geschichten. Wenn sie nicht arbeiten, dann gehen wir zusammen zum Schwimmen. Schwimmen ist mein Lieblingssport.

Als meine Mutter klein war, hatte sie sehr wenig Kuchen gegessen. Deshalb konnte sie auch keinen Kuchen backen. Aber sie lernt von meinem Vater, wie man Kuchen bäckt. Jetzt schmecken auch die Kuchen sehr gut, die meine Mutter bäckt. Sie kann sehr gut Apfelkuchen backen. Ich mag es sehr, die von ihr gebackenen Kuchen zu essen.

Mama weiß, dass ich außerordentlich gerne chinesisches Essen esse. Deshalb kocht sie für mich, sobald sie Zeit hat. Manchmal ist der Unterricht ein bisschen früher zu Ende. Dann kommt sie in den Kindergarten, um mich nach Hause abzuholen, und kocht für mich etwas Gutes zu essen. Nachmittags bringt meine Mutter mir zu Hause chinesische Schriftzeichen und Chinesisch bei. Ich jammere immer, dass ich nicht lernen möchte. Aber zum Schluss finde ich, dass es auch sehr viel Spaß macht, mit meiner Mutter zusammen chinesische Schriftzeichen zu lernen. Mama sagt immer zu mir, dass ich fleißig Chinesisch lernen und viele Schriftzeichen kennenlernen sollte. Dann könnte ich viele chinesische Bücher und auch viele Geschichten lesen.

Ich mag es sehr, die Geschichten zu hören, die Mama aus ihrer Kindheit oder auch über China erzählt. Jedes Mal beim Schlafengehen bitte ich meine Mutter, solche Geschichten zu erzählen. Aber meine Mutter kommt meistens erst sehr spät nach Hause zurück, weil sie unterrichten muss. Dann erzählt mein Papa mir eine Geschichte.

Mein Papa und meine Mama wissen nicht, dass ich sie auch außerordentlich lieb habe und wie sehr ich meine Familie liebe.

Lösung Verständnistest

（1）错，（2）对，（3）错，（4）错，（5）错，（6）对，（7）错，（8）错，（9）对，（10）错

03 很忙的一天

Vokabeln

1-09
1-10

才	**cái**	**erst, erst eben**	*Adverb*
才买的菜		das erst eben gekaufte Gemüse	
他晚上 11 点才下班。		Er macht abends erst um 11 Uhr Feierabend.	
公共汽车八点才到。		Der Bus kam erst um 8 Uhr an.	
一边	**yìbiān**	**während**	*Konjunktion*
他一边开车，一边唱歌。		Während er Auto fährt, singt er.	
他们一边吃饭，一边说话。		Während sie aßen, unterhielten sie sich.	
同事	**tóngshì**	**Kollege**	*Substantiv*
一个同事		ein Kollege	
公司有十多个新来的同事。		In der Firma gibt es mehr als zehn neu gekommene Kollegen.	
今天，两个同事生病了。		Heute waren zwei Kollegen krank.	
打扫	**dǎsǎo**	**sauber machen**	*Verb*
打扫了		sauber gemacht haben	
打扫教室，打扫洗手间		das Klassenzimmer putzen, das WC putzen	
她昨天打扫了房间。		Sie hat gestern die Zimmer geputzt.	
以前	**yǐqián**	**früher, vorher**	*Substantiv / Konjunktion*
我以前不住在这里。		Früher wohnte ich nicht hier.	
两年以前		vor zwei Jahren (Kurzform: 两年前)	
爷爷三年以前还每天在公园里做运动。		Großvater hatte vor drei Jahren noch jeden Tag im Park Sport getrieben.	
吃饭以前，他洗了手。		Vor dem Essen hat er die Hände gewaschen.	

帮忙	bāng máng	helfen	*Verb + Substantiv*
帮了忙，帮一下忙		geholfen haben, kurz mal helfen	
帮我的忙，给他帮忙		mir helfen, ihm helfen	
她想给爸爸帮忙。		Sie möchte dem Vater helfen.	

拿	ná	nehmen, bringen	*Verb*
拿了，拿给我		gebracht haben, mir bringen	
朋友给她拿来了蛋糕。		Die Freunde haben ihr Kuchen hergebracht.	
你等一下，我去给你拿水。		Warte mal kurz, ich gehe und bringe dir Wasser.	

一会儿	yíhuìr	eine kurze Weile	*Substantiv*
请等一会儿。		Bitte warte ein bisschen.	
他打扫了一会儿房间。		Er hat das Zimmer ein bisschen geputzt.	

干净	gānjìng	sauber (sein)	*Adjektiv*
这里的洗手间很干净。		Die Toiletten hier sind sehr sauber.	
他打扫房间打扫得很干净。		Er putzt das Zimmer sehr sauber.	

照片	zhàopiàn	Foto	*Substantiv*
一张照片，一些照片		ein Foto, einige Fotos	
看照片		Fotos anschauen	
照片上的人是谁?		Wer ist das auf dem Foto?	
两张照片要多少钱?		Wie viel kosten zwei Fotos?	

了解	liǎojiě	sich erkundigen, sich informieren	*Verb*
了解了		sich erkundigt haben	
了解得很多		sich sehr umfangreich informieren	
我很不了解中国。		Ich bin kaum über China informiert.	
他对这件事很了解。		Er ist über diese Angelegenheit sehr gut informiert.	

你了解一下这件事情吧！	Bitte erkundige dich kurz mal nach dieser Angelegenheit!
你向老师了解一下吧！	Erkundige dich doch kurz mal beim Lehrer!
你向老师了解一下这件事情吧！	Bitte erkundige dich kurz mal beim Lehrer nach dieser Angelegenheit!
地方 dìfang	Ort, Gegend *Substantiv*
一个地方	eine Gegend, ein Ort
这个地方很好玩！	Dieser Ort ist sehr spaßig!
你在中国去了哪些地方？	In welche Gegenden bist du in China gegangen?

Grammatik und Worterklärungen

才

Das Adverb „**才**" (cái) bedeutet „erst". Es kennzeichnet, dass ein Ereignis erst später eingetreten ist oder eintreten wird, als es der Sprecher erwartet hätte. Es steht vor dem Verb, aber hinter einer Zeitangabe.

他每天十点**才**开始上班。	Er fängt jeden Tag erst um 10 Uhr mit der Arbeit an.
我们明天十点**才**上课。	Wir haben morgen erst um 10 Uhr Unterricht.

Achtung: Ein Satz in der Vergangenheitsform mit „**才**" hat kein „了".

他昨天晚上十一点**才**回家。	Er ist gestern Abend erst um 11 Uhr nach Hause zurückgekehrt.

一边

Die Konjunktion „**一边**" (yìbiān) bedeutet „während". Sie verknüpft zwei zeitgleich stattfindende Handlungen. Beide Handlungen müssen das gleiche Subjekt haben.

她们**一边**游泳，**一边**说话。	Während sie schwimmen, unterhalten sie sich.
他们**一边**吃饭，**一边**看电视。	Während sie essen, schauen sie fern.

Die Konjunktion kann auch für die Zeitform der Vergangenheit verwendet werden. Wird ein Zustand beschrieben, wird kein „了" benutzt. Soll betont werden, dass die Handlung fertig ist, steht hinter dem zweiten Verb ein „了".

昨天，他**一边**开车，**一边**吃苹果。	Während er gestern Auto fuhr, aß er Äpfel.
昨天，他**一边**开车，**一边**吃**了**苹果。	Während er gestern Auto fuhr, hatte er Äpfel gegessen.

Der Ausdruck „**…的时候**“ (de shíhòu) bedeutet „zu der Zeit, als“, „während“ oder „wenn“ im zeitlichen Sinne. Im Unterschied zu „**一边…一边**“ können bei „**…的时候**“ zwei unterschiedliche Subjekte verwendet werden.

我看电视**的时候**，他在做作业。	Während ich ferngesehen hatte, war er beim Hausaufgaben machen.
你明天来**的时候**，能不能给我买一杯咖啡？	Wenn du morgen kommst, kannst du mir bitte eine Tasse Kaffee kaufen?
我小**的时候**，不爱吃菜。	Als ich klein war, mochte ich kein Gemüse.

Beim Stellen einer Frage benutzt man „什么时候“ .

你**什么时候**不爱吃菜？	Wann war es, dass Du nicht gerne Gemüse gegessen hast?

„**一会儿**“ (yíhuìr) kennzeichnet, dass etwas von kurzer Dauer ist. Da es eine Zeitspanne beschreibt, steht es als Ergänzungswort hinter dem Verb, aber vor dem Objekt. Es kann ins Deutsche mit „ein bisschen“ oder „eine kurze Weile“ übersetzt werden. Das Gefühl der Zeitdauer ist bei „**一会儿**“ (ein bisschen) länger als bei dem Adverb „一下“ (kurz mal).

她坐了**一会儿**。	Sie hatte sich ein bisschen hingesetzt.
请等**一会儿**。	Bitte warte ein bisschen.
他喝了**一会儿**茶。	Er hatte kurz Tee getrunken.
他学了**一会儿**汉语。	Er hat eine kurze Weile Chinesisch gelernt.

Hinweis: „**不一会儿**“ heißt „kein bisschen“ oder „nicht lange Zeit“.

不一会儿，他就来了。	Es hat kein bisschen gedauert, da ist er schon gekommen.

Achtung: Bitte „**一会儿**" nicht mit „**一点儿**" verwechseln! Beide heißen im Deutschen „ein bisschen", aber „**一点儿**" bezieht sich auf Mengen, „**一会儿**" auf Zeitdauern.

他喝了**一点儿**茶。	Er hat ein bisschen Tee getrunken. *(Menge)*
他喝了**一会儿**茶，可是喝了很多茶。	Er hat kurz Tee getrunken, aber sehr viel. *(Zeitdauer)*

Die Wörter „**帮**" (bāng), „**帮助**" (bāngzhù) und „**帮忙**" (bāngmáng) bedeuten alle „helfen". Was ist eigentlich der Unterschied?

帮助

„**帮助**" ist ein Verb (helfen) oder ein Substantiv (Hilfe). Die Kurzform des Verbs „**帮助**" lautet „**帮**".

请你**帮助**妈妈。= 请你**帮**妈妈。	Bitte hilf Mutter.
谢谢你的**帮助**！	Danke für deine Hilfe!

帮忙

„**帮忙**" ist eigentlich eine Zusammensetzung aus dem Verb „**帮**" (helfen) und dem Substantiv „**忙**" (Tätigkeit). Entsprechend muss derjenige, dem geholfen wird, als Attribut vor „**忙**" gestellt werden:

请你**帮忙**！	Bitte hilf!
请你**帮**他的**忙**！	Bitte hilf ihm!
谢谢你**帮**我的**忙**！	Danke, dass du mir geholfen hast!

Ergänzungen wie „一下", „一次"... werden entsprechend auch direkt hinter das Verb gestellt.

我想请你**帮**一下**忙**。	Ich möchte dich bitten, kurz mal zu helfen.
他没**帮**一次**忙**。	Er hat kein einziges Mal geholfen.

以前

Das Wort „**以前**" (yǐqián) bedeutet „früher" oder „vorher". Es ist eigentlich ein Substantiv, kann aber als Zeitangabe ein Verb beschreiben.

我**以前**爱喝咖啡。	Früher habe ich es gemocht, Kaffee zu trinken.

„**以前**" kann auch als Konjunktion verwendet werden, um zwei Sätze zeitlich zu verbinden. Es kann dann mit „bevor" übersetzt werden.

她来这里**以前**，在家做了蛋糕。	Bevor sie hierher gekommen ist, hat sie zu Hause Kuchen gebacken..

Hinweis: In diesem Fall ist „**以前**" eigentlich die Kurzform von „**在…以前**".

在来这里**以前**，她在家做了蛋糕。	Bevor sie hierher gekommen ist, hat sie zu Hause Kuchen gebacken.

了解 知道

Die beiden Verben „**了解**" (liǎojiě) und „**知道**" (zhīdào) werden oft in der Anwendung verwechselt, da beide „kennen", „wissen", „verstehen" oder „informiert sein" bedeuten. Was ist der Unterschied?

„**知道**" bedeutet ein Wissen oder Kennen in dem Sinn, dass man um eine Sache weiß oder oberflächlich informiert ist. „**了解**" bedeutet, dass man umfassend informiert ist. Diese Information hat man durch eigenes Bemühen erhalten.

我**知道**这个人，但是，我不**了解**他。	Ich habe von diesem Menschen gehört, aber ich kenne ihn nicht wirklich.

认识

Hinweis: Mit „**认识**" (rènshi) gibt es noch ein weiteres Wort, dass „kennen" bedeutet. „**认识**" ist ein Kennen in dem Sinne, etwas wiedererkennen zu können.

我**认识**很多汉字。	Ich kenne sehr viele Schriftzeichen.

了解

Das Verb „**了解**" (liǎojiě) kann bezüglich der Satzstellung auf zwei Arten verwendet werden: „Subjekt + 了解 + Objekt" oder „Subjekt + 对 + Objekt + 了解". Im Deutschen gibt es bei der Übersetzung keinen Unterschied.

他很**了解**中国。	Er kennt China sehr gut.
他**对**中国很**了解**。	Er kennt China sehr gut.

Will man ausdrücken, bei wem man sich erkundigt oder informiert, benutzt man die Präposition „向" (xiàng).

我**向**老师**了解**一下。	Ich werde mich ein bischen beim Lehrer erkundigen.
我想**向**她**了解**这件事。	Ich möchte mich bei ihr über diese Sache informieren.

1-11
1-12

很忙的一天

这个星期五，米习先生一家**才**从北京回来。这是他们第二次去中国了。这次，他们在北京玩了三个星期。他们从机场回来的时候已经很晚了。因为坐了很长时间的飞机，所以，他们一家人都觉得很累。

昨天是星期六，他们在家休息了一天。今天米习先生的妻子很早就起了床，因为她要洗很多的衣服。这是他们到家的第三天，家里的电话很多。她就**一边**洗衣服，**一边**接电话。米习先生昨天就已经给他的爸爸妈妈打了电话。今天打电话来的都是他们的几个朋友，还有米习先生的两个**同事**。他们的朋友问她，下午能不能来他们家听一听他们在北京的故事。米习先生的妻子笑着说："我们很欢迎你们来玩。"

这个时候，米习先生正在**打扫**房间。他想在朋友来**以前**，**打扫**一下房间。他五岁的女儿在他的旁边，想给爸爸**帮忙**。有的时候，她可以**帮**爸爸**拿**一点儿东西。不**一会儿**，房间就**打扫**得很**干净**了。

下午，他们的朋友来了。有几个朋友给他们**拿**来了蛋糕。米习先生在家准备了咖啡，还有茶。他们请朋友们喝咖啡，喝茶，吃蛋糕。米习先生给他们看他们一家人在北京的**照片**。有的**照片**是在公园照的，有的**照片**是在饭馆照的。还有很多是中国菜的**照片**。米习先生的女儿说："中国菜很好吃。我很喜欢吃中国饭。"他们**一边**喝咖啡，喝茶，吃蛋糕，**一边**看**照片**。

米习先生的妻子做了一些介绍，他们在这里做了什么，那里是什么好玩的**地方**。几张**照片**就能让她讲出一个小故事。她还**拿**出在中国买的衣服给大家看。朋友们都说衣服很漂亮。**照片**很多，他们从下午两点开始看，看了快两个多小时。一个朋友说："虽然在听你们讲这些事情**以前**，我很不**了解**中国。但是看了这些**照片**以后，我也想去中国旅游了。”

下午五点，他们看完了**照片**。因为天很好，所以，他们一起去离家很近的公园走一走。朋友们在回家的时候，谢谢米习一家给他们看了中国的**照片**，让他们**了解**了中国。

Verständnistest

请看下面的句子对不对。你想知道你做得怎么样，请看第 35 页。

1. 米习先生一家以前也去过中国。 （ ）
2. 他们回到家觉得很累，是因为他们在北京玩的时间太长了。 （ ）
3. 他们从中国回来了几天都很忙，所以还没有给他们的爸爸妈妈打电话。 （ ）
4. 米习先生的妻子和朋友打电话的时候，米习正在打扫房间。 （ ）
5. 他们的房间很大，要很长的时间才能打扫完。所以，他的女儿也帮助他们。 （ ）
6. 他们给朋友准备了咖啡，没有准备茶。 （ ）
7. 米习先生给大家介绍了每一张照片。 （ ）
8. 照片都是在公园照的。 （ ）
9. 他们的朋友以前对中国就很了解。 （ ）
10. 他们看完照片，还去公园玩了一会儿。 （ ）

Ein sehr geschäftiger Tag

Diesen Freitag sind Herr Michi und seine Familie erst aus Peking zurückgekommen. Dies ist das zweite Mal, dass sie nach China gereist waren. Dieses Mal hatten sie in Peking drei Wochen Sightseeing gemacht. Als sie vom Flughafen nach Hause zurückgekommen waren, war es schon sehr spät. Wegen des langen Fluges war die gesamte Familie sehr müde.

Gestern war Samstag. Sie hatten sich den ganzen Tag zu Hause erholt. Heute ist Herr Michis Ehefrau sehr früh aufgestanden, weil sie viel Wäsche zu waschen hat. Dies ist der dritte Tag, nachdem sie zurückgekommen sind. Es gibt zu Hause sehr viele Anrufe. Während sie die Wäsche wäscht, nimmt sie die Telefonate entgegen. Herr Michi hatte schon gestern seine Eltern angerufen. Diejenigen, die heute anrufen, sind alles ein paar Freunde und noch zwei Kollegen von Herrn Michi. Ihre Freunde fragen sie, ob sie nachmittags zu ihnen nach Hause kommen können, um die Geschichten aus Peking zu hören. Herr Michis Frau antwortet lächelnd: „Herzlich willkommen zu einem Plausch!“

Zu dieser Zeit putzt Herr Michi die Räume. Er möchte, bevor die Freunde kommen, ein bisschen die Zimmer aufräumen. Seine fünfjährige Tochter steht neben ihm und möchte ihm helfen. Ab und zu kann sie für ihren Vater etwas bringen. Nicht lange danach sind die Räume schon sehr schön sauber geputzt.

Am Nachmittag sind die Freunde eingetroffen. Einige Freunden haben ihnen Kuchen gebracht. Herr Michi hat zu Hause Kaffee und Tee vorbereitet. Sie laden die Freunde ein, Kaffee und Tee zu trinken und Kuchen zu essen. Herr Michi zeigt ihnen die Fotos, die die Familie in Peking aufgenommen hatte. Einige Fotos sind in Parks aufgenommen worden. Einige sind in Restaurants aufgenommen worden. Es gibt noch viele Fotos von chinesischem Essen. Die Tochter von Herr Michi sagt: „Das chinesische Gemüse schmeckt mir sehr gut. Ich mag es sehr, chinesisches Essen zu essen.“ Während sie Kaffee und Tee trinken und die Kuchen essen, schauen sie die Fotos an.

Die Ehefrau von Herrn Michi hat einiges vorgestellt: Was sie hier gemacht hatten und was es dort für interessante Orte gibt. Ein paar Fotos ermöglichen ihr es schon, eine kleine Geschichte zu erzählen. Sie bringt auch die Kleidung herbei, die sie in China gekauft hat, und zeigt sie allen. Alle Freunde sagen, die Kleidung sei sehr hübsch. Es gibt sehr viele Fotos. Sie hatten um zwei Uhr nachmittags angefangen und schauen jetzt schon mehr als zwei Stunden lang. Ein Freund sagt: „Bevor ich diese Dinge gehört hatte, war ich über China sehr wenig informiert. Aber nachdem ich eure Fotos gesehen habe, möchte ich auch mal nach China reisen.“

Nachmittags um fünf Uhr haben sie die Fotos zu Ende angeschaut. Weil das Wetter sehr schön ist, gehen sie zusammen zu einem Park in der Nähe des Hauses und spazieren ein bisschen. Als die Freunde nach Hause aufbrechen, bedanken sie sich bei der Familie Michi für die Fotos, die sie ihnen gezeigt hatten, und dafür, über China informiert worden zu sein.

Lösung Verständnistest

（1）对，（2）错，（3）错，（4）对，（5）错，（6）错，（7）错，（8）错，（9）错，（10）对

04 男人和女人

Vokabeln

1-13
1-14

只	**zhǐ**	**nur, bloß**	*Adverb*
我只有一块蛋糕。		Ich habe nur ein Stück Kuchen.	
我只会说一点儿汉语。		Ich kann bloß ein bisschen Chinesisch sprechen.	
我只想打扫一下房间。		Ich möchte nur kurz mal das Zimmer putzen.	
他只是一个孩子。		Er ist bloß ein Kind.	
见面	**jiàn miàn**	**sich treffen**	*Verb + Substantiv*
见了面、和他见面		sich getroffen haben, sich mit ihm treffen	
他们在医院见了面。		Sie haben sich im Krankenhaus getroffen.	
我们在哪里见面？		Wo treffen wir uns?	
我和向老师见了面。		Ich habe mich mit Lehrer Xiang getroffen.	
经常	**jīngcháng**	**oft**	*Adverb*
我经常早上喝咖啡。		Ich trinke oft morgens Kaffee.	
他经常学习到很晚。		Er lernt oft bis sehr spät.	
他去年经常来这里。		Er ist vergangenes Jahr oft hergekommen.	
一定	**yídìng**	**bestimmt, auf jeden Fall**	*Adverb*
他一定知道这件事。		Er kennt bestimmt diese Angelegenheit.	
我一定来。		Ich werde auf jeden Fall kommen.	
我一定要认识她。		Ich will sie auf jeden Fall kennenlernen.	
他也一定来。他一定也来。		Er kommt bestimmt auch.	
筷子	**kuàizi**	**Essstäbchen**	*Substantiv*
一双筷子		ein Paar Essstäbchen	

这双筷子不干净。		Dieses Paar Essstäbchen ist nicht sauber.	
用	**yòng**	**verwenden, benutzen**	*Verb*
用了		benutzt haben	
你会用筷子吃饭吗？		Kannst du mit Essstäbchen essen?	
我能不能用一下你的电脑？		Darf ich kurz deinen Rechner benutzen?	
马上	**mǎshàng**	**sofort**	*Adverb*
你马上过来吧！		Komm *(bitte)* sofort herüber!	
快回家！马上就要吃饭了！		Komm schnell nach Hause! Wir werden sofort essen.	
喂	**wèi**	**füttern**	*Verb*
喂了		gefüttert haben	
妈妈喂小孩子。		Die Mutter füttert das kleine Kind.	
别喂小狗米饭！		Nicht dem kleinen Hund Reis füttern!	
你还要妈妈喂你吃饭吗？		Brauchst du es noch, dass Mama dich beim Essen füttert?	
愿意	**yuànyì**	**gewillt sein *(freiwillig)***	*Modalverb*
愿不愿意？		Bist du gewillt oder nicht?	
他那时不愿意住在我这里。		Zu jener Zeit wollte er nicht bei mir wohnen.	
我不愿意帮她的忙。		Ich bin nicht gewillt, ihr zu helfen.	
饿	**è**	**hungrig (sein)**	*Adjektiv*
你饿不饿？		Bist du hungrig?	
孩子饿了，就要吃东西。		Wenn Kinder hungrig sind, wollen sie gleich etwas essen.	
饱	**bǎo**	**satt (sein)**	*Adjektiv*
谢谢，我吃饱了。		Danke, ich habe mich satt gegessen.	
你们饱了吗？		Seid ihr satt?	

渴 kě	durstig (sein) *Adjektiv*
我很渴。	Ich bin sehr durstig.
不要等到渴了，才喝水。	Man sollte nicht warten, bis man durstig ist, und erst dann Wasser trinken.
舒服 shūfu	**angenehm (sein)** *Adjektiv*
坐火车旅游真舒服。	Mit dem Zug zu reisen, ist wahrhaft angenehm.
天气不冷不热，很舒服。	Das Wetter ist weder warm, noch kalt. Das ist sehr angenehm.

Grammatik und Worterklärungen

愿意

Das Modalverb „**愿意**“ (yuànyì) beschreibt die Bereitschaft, etwas zu tun. Es entspricht im Deutschen dem Ausdruck „gewillt sein“.

他**愿意**帮助我。	Er ist gewillt, mir zu helfen.
吃了一会儿，孩子就不**愿意**吃了。	Ein bisschen gegessen, schon war das Kind nicht mehr gewillt, weiter zu essen.

见面

„**见面**“ (jiàn miàn) bedeutet „sich treffen“ oder „treffen“. Im ersten Fall (sich treffen) wird kein Objekt benötigt, da „面“ (Gesicht) schon ein Objekt ist.

我们明天七点**见面**。	Wir treffen uns morgen um sieben Uhr.
他们八点在学校**见面**。	Sie treffen sich um acht Uhr an der Schule.

和…见面

Im zweiten Fall (treffen) wird die Person, die getroffen wird, über die Präposition „**和**“ (hé, mit) angegeben. Es ergibt sich somit eine Kombination aus „**和…见面**“.

我明天**和**老师**见面**。	Ich treffe mich morgen mit dem Lehrer.
他要下午**和**我**见面**。	Er will sich am Nachmittag mit mir treffen.

Auch die Konjunktion „**和**“ (hé, und) ist möglich. In diesem Fall wird die zu treffende Person Bestandteil des Subjekts.

我**和**老师明天**见面**。	Der Lehrer und ich treffen uns morgen.

他**和**朋友要下午**见面**。	Er und Freunde wollen sich am Nachmittag treffen.

Hinweis: Die Vergangenheit von „见面“ heißt „**见了面**“.

他们昨天中午**见了面**。	Sie hatten sich gestern Mittag getroffen.
我昨天和白医生**见了面**。	Ich habe mich gestern mit Arzt Bai getroffen.

只

Das Adverb „**只**“ (zhǐ) bedeutet „nur“ und steht vor dem Verb. Kommt es in Verbindung mit anderen Adverbien vor, so stehen diese Adverbien vor dem „**只**“.

我经常**只**喝水。	Ich trinke oft nur Wasser.
我昨天**只**喝了水。	Ich habe gestern nur Wasser getrunken.

Steht „**只**“ in Verbindung mit einem Modalverb, so steht „**只**“ vor dem Modalverb.

我**只**想喝水。	Ich möchte nur Wasser trinken.
我昨天**只**想喝水。	Ich wollte gestern nur Wasser trinken.

男人和女人

1-15
1-16

我的一个好朋友有一个女儿叫果果。她今年五岁了。我有一个儿子，叫点点。他**只**比果果小一岁。我们两家住得很远，很少有时间**见面**。但是，我们大家**经常**打电话。这次，我们到我朋友家去玩。点点很高兴能和果果姐姐**见面**，能和姐姐一起玩游戏，因为我们**经常**说到果果。这次，点点还给姐姐准备了一个小礼物，是他喜欢的一个小汽车。

这天中午，我们在一起吃中饭。果果的妈妈准备了很多好吃的东西。点点**一定**要和姐姐坐在一起。果果问弟弟：“弟弟，你会不会**用筷子**吃饭？”点点说：“我还小，还不会**用筷子**吃饭呢。”果果真是一个好姐姐，她**马上**说：“没关系，弟弟，我**用筷子喂**你吃饭。”说完，她就**用筷子喂**弟弟吃饭。弟弟呢，也就让姐姐**喂**。

吃了一会儿，点点就不**愿意**吃了。他说：“我不**饿**了，我吃得太**饱**了！”说完，他就去玩他的小汽车了。我们都觉得点点吃得太少了。果果听到我们说的话，就对弟弟说：“弟弟，你多吃一点儿吧！等一会儿，你就会觉得**饿**的。”这时，我的先生说：“你们看，一个男人有了一个女人，他就要做他不**愿意**做的事情。”

过了一会儿，点点叫到：“我**渴**了，我想喝水。”果果姐姐**马上**回答说：“弟弟，你等一下，我去给你拿水。”这时，我的先生笑着说：“你们看，一个男人有了一个女人，就会觉得很**舒服**。”我们大家听了，都笑了。

姐姐吃完饭以后，也和弟弟一起玩。虽然姐姐不很喜欢玩小汽车，但是，他们现在也不**渴**，也不**饿**，在一起玩得很好。不一会儿，姐姐就教弟弟唱歌。

“一，二，三，四，五，六，七，我们一起做游戏。”

“你说一，我说一，一是小猫坐飞机……”

孩子们玩得很高兴，我们就可以说我们的话了。

Verständnistest

请看下面的句子对不对。你想知道你做得怎么样，请看第 42 页。

1. 果果是女孩子，点点是男孩子。 ( )
2. 我和我的朋友经常见面。 ( )
3. 点点一定要和姐姐坐在一起，是因为他想让姐姐喂他吃饭。 ( )

4. 点点不吃了，是因为他吃得很多。 ( )
5. 弟弟渴了，果果姐姐马上去给他拿水。 ( )
6. 果果不喜欢玩小汽车，所以也就不和弟弟一起玩。 ( )
7. 果果虽然只比点点大一岁，但是她会用筷子吃饭。 ( )
8. 点点送给了姐姐他喜欢的小汽车。 ( )
9. 一个男人有了女人，也好也不好。 ( )
10. 我的孩子今年五岁了。 ( )

Männer und Frauen

Eine gute Freundin von mir hat eine Tochter, die Guǒguo heißt. Sie wird dieses Jahr 5 Jahre alt. Ich habe einen Sohn, der Diǎndian heißt. Er ist nur ein Jahr jünger als Guǒguo. Wir wohnen sehr weit voneinander entfernt und haben wenig Zeit, uns zu treffen. Aber wir telefonieren oft zusammen. Dieses Mal fahren wir zu Besuch zu meiner Freundin nach Hause. Diǎndian freut sich sehr darauf, die ältere Schwester Guǒguo zu treffen und mit ihr zusammen spielen zu können. Weil wir sehr oft über Guǒguo sprechen. Dieses Mal hat Diǎndian sogar ein kleines Geschenk für die ältere Schwester vorbereitet. Es ist ein kleines Auto, das er gerne hat.

Diesen Mittag essen wir zusammen Mittagessen. Guǒguos Mutter hat sehr viele leckere Sachen zum Essen vorbereitet. Diǎndian will auf jeden Fall neben der Schwester sitzen. Guǒguo fragt den jüngeren Bruder: „Jüngerer Bruder, kannst du mit Essstäbchen essen?“ Diǎndian sagt: „Ich bin noch klein. Ich kann doch noch nicht mit Essstäbchen essen.“ Guǒguo ist wahrhaftig eine nette Schwester und sagt sofort: „Das macht nichts, Brüderchen. Ich füttere dich mit Essstäbchen.“ Nachdem sie das gesagt hat, füttert sie das Brüderchen mit den Essstäbchen. Und das Brüderchen? Er lässt doch die Schwester ihn füttern.

Nach einer kurzen Weile will Diǎndian nicht mehr essen. Er sagt: „Ich bin nicht mehr hungrig. Ich habe mich zu satt gegessen!“ Kaum fertig gesprochen, geht er, um mit seinen kleinen Autos zu spielen. Wir finden alle, dass Diǎndian zu wenig gegessen hat. Guǒguo hat unser Gespräch gehört und sagt gleich zu ihrem Brüderchen: “Brüderchen, iss doch ein bisschen mehr! Später wirst du dich hungrig fühlen.“ Zu dieser Zeit sagt mein Mann: „Schaut, wenn ein Mann eine Frau hat, muss er Sachen tun, die er nicht will.“

Nachdem eine kurze Zeit vergangen ist, ruft Diǎndian: „Ich bin durstig. Ich möchte Wasser trinken.“ Schwester Guǒguo antwortet sofort: „Brüderchen, warte mal kurz. Ich gehe und hole Wasser für dich.“ Diesmal sagt mein Mann schmunzelnd: „Schaut, wenn ein Mann eine Frau hat, dann kann das sehr bequem sein.“ Alle haben gelacht, nachdem sie das gehört hatten.

Nach die Schwester fertig gegessen hat, spielt auch sie zusammen mit dem Brüderchen. Obwohl die Schwester nicht so gerne mit kleinen Autos spielt, spielen die beiden sehr schön zusammen. Sie sind jetzt nicht mehr hungrig oder durstig. Nicht lange danach bringt die Schwester dem Brüderchen bei, Lieder zu singen.

„Eins, zwei, drei, vier, fünf, sechs, sieben, wir zusammen Spiele spielen.“

„Du sagst eins, ich sage eins. Eins ist ein Kätzchen, das im Flugzeug sitzt.“

Die Kinder spielen zusammen sehr glücklich. Wir können uns nun doch über die Themen unterhalten, die uns betreffen.

Lösung Verständnistest

（1）对，（2）错，（3）错，（4）错，（5）对，（6）错，（7）对，（8）对，（9）对，（10）错

05 "把"字的故事（一）

Vokabeln

大学	**dàxué**	**Universität**	*Substantiv*
一所大学，一些大学		eine Universität, einige Universitäten	
我明年要去北京大学读汉语。		Ich will nächstes Jahr an die Pekinger Universität gehen, um Chinesisch zu studieren.	
一直	**yìzhí**	**immer, ununterbrochen**	*Adverb*
他一直考试考得很好。		Er schreibt immer sehr gute Prüfungen.	
天一直在下雨。		Es regnet ununterbrochen.	
使	**shǐ**	**machen, bereiten**	*Modalverb*
使我高兴		lasse mich glücklich sein	
我有一个问题使我不能睡觉。		Ich habe ein Problem, das mir schlaflose Nächte bereitet.	
疼	**téng**	**weh, weh tun**	*Adjektiv*
疼不疼？		Tut es weh?	
你哪里疼？		Wo tut es dir weh?	
头	**tóu**	**Kopf**	*Substantiv*
一个头		ein Kopf	
他的头很大。		Sein Kopf ist sehr groß.	
头都大了！		Ich schaffe es nicht mehr! (wörtlich: Der Kopf ist größer geworden!) Es reicht!	
头疼	**tóu téng**	**Kopfschmerzen haben**	*Substantiv + Adjektiv*
我头疼。		Ich habe Kopfschmerzen	
昨天，我妻子的头很疼。		Gestern hatte meine Frau starke Kopfschmerzen.	

1-17
1-18

把	bǎ		*Partikel*

Hinweis: Die Partikel „把" wird bezüglich Bedeutung und Grammatik in Lektion 7 erklärt.

练习	liànxí	Übung	*Substantiv*
一个练习，一些练习		eine Übung, einige Übungen	
请看练习一。		Bitte schauen Sie sich die Übung 1 an.	
你知道怎么做这个练习吗？		Weißt du, wie man diese Übung macht?	

练习	liànxí	üben	*Verb*
练习了		geübt haben	
练习，练习，再练习。		Üben, üben und wieder üben.	
请再练习一下！		Bitte übe es kurz noch einmal!	

又	yòu	**schon wieder, noch zusätzlich**	*Adverb*
今天他又喝了很多的酒。		Heute hat er schon wieder sehr viel Alkohol getrunken.	
你为什么又来了？		Warum bist du schon wieder gekommen?	
他吃了一个苹果，又吃了两块蛋糕。		Er hat einen Apfel und noch zusätzlich zwei Stücke Kuchen gegessen.	

图书馆	túshūguǎn	**Bibliothek**	*Substantiv*
一家图书馆，一些图书馆		eine Bibliothek, einige Bibliotheken	
大学的图书馆有很多的书。		Die Uni-Bibliothek hat sehr viele Bücher.	

借	jiè	**leihen**	*Verb*
借了		sich geliehen haben	
我借了一本书。		Ich habe ein Buch geliehen.	
我从图书馆借了一本书。		Ich habe von der Bibliothek ein Buch geliehen.	
我向他借了一本书。		Ich habe vom ihm ein Buch geliehen.	
我想去图书馆借书。		Ich möchte in die Bibliothek gehen, um Bücher zu leihen.	

借给	jiègěi	jemandem ausleihen	*Verb*
借给他一本书		ihm ein Buch ausleihen	
我想借给他一些钱。		Ich möchte ihm etwas Geld ausleihen.	
借给了		ausgeliehen haben	
妈妈借给了我一些钱。		Mama hat mir etwas Geld ausgeliehen.	
办法	**bànfǎ**	**Methode, Lösung**	*Substantiv*
一个办法，好办法		eine Lösung, eine gute Lösung	
想办法		eine Lösung ausdenken	
你想办法想得很快。		Du hast die Lösung sehr schnell ausgedacht.	
决定	**juédìng**	**entscheiden**	*Verb*
决定了		entschieden haben	
你决定了去哪儿旅游吗？		Hast du dich entschieden, wohin du reist?	
决定	**juédìng**	**Entscheidung**	*Substantiv*
一个决定		eine Entscheidung	
做决定		eine Entscheidung treffen	
还是	**háishì**	**trotzdem, immer noch, oder**	*Konjunktion*
我读了很多书，但是还是觉得不很懂。		Ich habe viele Bücher gelesen, aber trotzdem habe ich das Gefühl, es nicht sehr gut verstanden zu haben.	
你想喝茶，还是想喝咖啡？		Möchtest du Tee oder Kaffee trinken?	

Grammatik und Worterklärungen

一直

Das Adverb „**一直**" (yìzhí) bedeutet „immer" oder „ununterbrochen". Es wird oft mit dem Adverb „**总是**" (zǒngshì) verwechselt. Was ist der Unterschied?

„**一直**" kennzeichnet ein kontinuierliches, ununterbrochenes Ereignis und steht damit für die Dauer einer Handlung.

我**一直**很爱你。	Ich liebe dich immer.
他**一直**很努力。	Er ist ununterbrochen sehr fleißig.

„**总是**" bedeutet „immer" oder „stets". Es kann auch „oft" in Sinne von „immer wieder" bedeuten. Es beschreibt die Häufigkeit einer Handlung.

他每次来这儿，**总是**喝一杯茶。	Jedes Mal, wenn er herkommt, trinkt er stets eine Tasse Tee.
他**总是**很早去工作。	Er geht stets sehr früh zur Arbeit.
在这里，早上**总是**下雨。	Hier regnet es morgens oft.

Also macht der Satz „我**总是**爱你" keinen Sinn, denn man liebt jemanden ja nicht in regelmäßigen Abständen, sondern ununterbrochen oder gar nicht.

又

Das Adverb „**又**" (yòu) hat als eine Bedeutung „schon wieder". Es beschreibt eine Wiederholung oder die Fortsetzung von etwas Vergangenem. Diese wiederholte Handlung ist schon geschehen.

今天他**又**喝了很多的酒。	Heute hat er schon wieder sehr viel Alkohol getrunken.
你为什么**又**来了？	Warum bist du schon wieder gekommen?
孩子**又**没有吃菜吗？	Hat das Kind schon wieder kein Gemüse gegessen?

再

Oft werden „**又**" (yòu) und „**再**" (zài) in der Anwendung verwechselt. „**再**" bezieht sich auf die Zukunft, während sich „**又**" auf die Vergangenheit bezieht.

昨天，他吃了鱼。今天早上，他也吃了鱼。	→	今天他**又**吃**了**鱼。
昨天，他来了。明天，他也想来。	→	**明天**，他想**再**来。

又

Das Wort „**又**“ hat noch eine zweite Bedeutung, nämlich „noch zusätzlich“. In diesem Fall beschreibt „**又**“ eine Intensivierung.

天很黑，**又**下着雨。	Der Himmel ist sehr dunkel; zusätzlich regnet es noch.
他喝了一杯咖啡，**又**喝了几杯啤酒。	Er hat eine Tasse Kaffee und noch zusätzlich einige Gläser Bier getrunken.

还是

„**还是**“ (háishì) bedeutet „oder“ oder „trotzdem“ und verknüpft als Konjunktion zwei Sätze. Beide verknüpften Sätze müssen über ein Verb verfügen, auch wenn das Verb dabei wiederholt wird!

In seiner Bedeutung als „oder“ verknüpft „**还是**“ zwei Alternativen. „**还是**“ steht dabei zwischen den beiden Alternativen.

你想喝茶，**还是**想喝咖啡？	Möchtest du Tee oder Kaffee trinken?
我们明年去上海，**还是**去北京？	Fahren wir nächstes Jahr nach Schanghai oder nach Peking?

Wenn die Konjunktion zwei Sätze verknüpft, deren Verb „是“ ist, so kann das zweite Verb weggelassen werden.

你是老师，**还是**学生？	Bist du Lehrer oder Schüler?
这是茶，**还是**咖啡？	Ist dies Tee oder Kaffee?

In seiner Bedeutung als „trotzdem“ verknüpft „**还是**“ etwas Gegensätzliches. „**还是**“ steht dabei wie ein Adverb vor dem Verb des zweiten Satzes. Oft wird „**还是**“ mit „**但是**“ intensiviert.

这个练习他给我讲了两次，**但是**我**还是**不懂。	Diese Übung hat er mir zweimal erklärt, aber trotzdem verstehe ich sie nicht.
我儿子吃了两块蛋糕，**但是还是**觉得饿。	Mein Sohn hat zwei Stücke Kuchen gegessen, aber trotzdem fühlt er sich noch hungrig.

Hinweis: „**还是**“ kann auch Adverb sein. In diesem Fall hat es die Bedeutung „immer noch“.

他**还是**不愿意来。	Er ist trotzdem immer noch nicht gewillt zu kommen.

地

Die Partikel „**地**“ (de) hat die Funktion, ein Adjektiv mit einem Verb zu verknüpfen und die Art und Weise der Handlung zu beschreiben.

他高兴**地**笑了。	Er hat freudig gelacht.
他认真**地**回答说。	Er antwortet gewissenhaft.

的地得

„**的**“, „**地**“ und „**得**“ werden oft in der Anwendung verwechselt. Hier ein Überblick:

的 + Substantiv:	Substantiv +	**的**	+ Substantiv	学校**的**老师
	Pronomen +	**的**	+ Substantiv	我**的**书
	Adjektiv +	**的**	+ Substantiv	可爱**的**孩子
	Verbgruppe +	**的**	+ Substantiv	我做**的**饭
	Ortspräposition +	**的**	+ Substantiv	桌子上**的**书
地 + Verb:	Adjektiv +	**地**	+ Verb	高兴**地**说
得 + Adjektiv:	Verb +	**得**	+ Adjektiv	跑**得**快

得地

Für einen Deutschen ist es oft schwierig, sich bei einer Übersetzung vom Deutschen ins Chinesische für „**得**“ oder „**地**“ zu entscheiden.

„说**得**很快“ und „很快**地**说“ können beide mit „schnell sprechen“ übersetzt werden. „**得**很快“ ist eine Bewertung für den Grad oder das Ausmaß der Handlung. „很快**地**“ beschreibt die Art und Weise der Handlung.

怎么:	他怎么说？	他很快**地**说。
	她怎么吃？	她很慢**地**吃。
怎么样:	他说得怎么样？	他说**得**很快。
	她吃的怎么样？	她吃得**很**干净。

Nicht jedes Adjektiv kann zur Bewertung eines Ausmaßes und zur Beschreibung einer Art und Weise herangezogen werden. Das wird am Beispiel des Adjektivs „对“ für „richtig“ ersichtlich. „对“ ist im Chinesischen ein Ergebnis, aber keine Art und Weise. Daher kann es nur „说**得**很对“ geben, nicht aber „~~很对**地**说~~“.

使

Das Verb „**使**“ (shǐ) bedeutet „machen“, „bereiten“ oder auch „bewirken“. Das Subjekt ist meistens eine Sache oder Angelegenheit

头疼**使**我不能睡觉。	Die Kopfschmerzen lassen mich nicht schlafen.
今天的游泳**使**我很累。	Das heutige Schwimmen hat mich müde gemacht.

让

„**让**“ (ràng) wird mit „lassen“ oder „veranlassen“ übersetzt. Das Subjekt kann eine Sache, eine Angelegenheit oder auch ein Mensch sein.

妈妈**让**我去买菜。	Mutter lässt mich einkaufen gehen.
我**让**孩子用筷子吃饭。	Ich lasse die Kinder mit Essstäbchen essen.

Bei Sachen oder Angelegenheiten können „**让**“ und auch „**使**“ verwendet werden. „**使**“ steht dabei meistens in einem negativen Kontext. „**让**“ ist neutral.

头疼**让**我不能睡觉。	Die Kopfschmerzen lassen mich nicht schlafen.
今天的游泳**让**我很累。	Das heutige Schwimmen hat mich müde gemacht.

“把”字的故事（一）

大家好！我叫张明，这是我的中国名字。我在一所**大学**学汉语。1-19
我很喜欢学汉语，学得也很努力。大家都说我的汉语很好。他们不知 1-20
道，我每天在家都要学很长时间的汉语。这几天，我有一件事**一直使**我很**头疼**。你们一定想知道为什么，我告诉你们吧！

这个星期，我们在学校学了“**把**”这个字。老师上课讲的时候，我都听懂了。但是回到家，做**练习**的时候，我**又**不知道怎么做了。我去**图书馆借**了很多书看，但是**还是**觉得不很懂。什么时候可以用“**把**”字，为什么我做的**练习**是错的呢？我真想大叫：“中国人为什么喜欢用‘**把**’字？可不可以不用这个‘**把**’字？”我想，我真没有**办法**了。我**决定**去找我的中国同学方红帮忙。

昨天下午三点，我给方红打了电话。我不知道，我给她打电话的时候，她正在家里打扫房间。

张明：方红，我是张明。你好吗？

方红：我很好，你呢？你现在忙什么呢？

张明：我每天努力**地**学习汉语。没有别的事让我忙了。你正在做什么呢？

方红：我正在打扫房间。今天是星期天，天**又**很好。昨天，**一直**在下雨，我在家也学习了一天。**头**都有一点儿**疼**了。今天上午，我也看了书，做了很多**练习**，现在可以休息一下了。等一会儿，我还要洗衣服。

张明：对不起，我有一件事情想请你帮一下忙。不知道你有没有时间？

方红：没有关系，你说吧！虽然我现在有一点儿忙，但是我可以一边打扫一边听你说。

她听了我学习上的问题，笑着说：“我们中国人很喜欢用‘**把**’字，也经常用。我会想**办法**帮助你的，一定让你学会。你看，你明天下午下了课，四点钟来我家，我给你讲一下，可以吗？”

“太谢谢了！我们明天见！”我马上高兴**地**回答说。

Verständnistest

请看下面的句子对不对。你想知道你做得怎么样，请看第 52 页。

1. 张明的汉语很好，是因为他学习很努力。 （ ）
2. 他虽然很努力地学习汉语，但是他一看到汉语，头就很疼。 （ ）
3. 张明上课的时候，不好好地听老师讲，所以他回到家就不懂了。 （ ）
4. 张明不会用“把”字，是因为他不喜欢做练习。 （ ）
5. 方红是张明的同学。他们从一个地方来。 （ ）
6. 方红昨天头疼，是因为她昨天在家看了一天的书。 （ ）
7. 方红虽然现在很忙，但是她很愿意帮助张明。 （ ）
8. 方红决定借一些书给张明看。 （ ）
9. 方红让张明第二天去她那里帮她想办法，他非常高兴。 （ ）
10. 张明有很多事让他非常忙。 （ ）

Eine Geschichte über das Wort „ba“ – Teil 1

Hallo, allerseits! Ich heiße Zhang Ming. Das ist mein chinesischer Name. Ich lerne Chinesisch in einer Universität. Ich mag sehr gerne, Chinesisch zu lernen, und lerne auch sehr fleißig. Alle sagen, dass mein Chinesisch sehr gut sei. Ihr wisst nicht, dass ich jeden Tag zu Hause sehr lange Zeit Chinesisch lerne. Diese Tage habe ich eine Angelegenheit, die mir kontinuierlich Kopfschmerzen bereitet. Ihr möchtet sicherlich gerne den Grund wissen? Ich sage euch, was es ist!

Diese Woche haben wir an der Uni das Schriftzeichen „ba“ gelernt. Während der Lehrer es im Unterricht erklärt hatte, hatte ich alles verstanden. Aber als ich nach Hause kam und die Übungen machte, dann wusste ich wieder nicht mehr, wie man es verwendet. Ich bin in die Bibliothek gegangen und habe viele Bücher zum Lesen ausgeliehen. Aber trotzdem glaube ich noch immer, dass ich es nicht ganz verstanden habe. Wann darf man „ba“ benutzen? Warum sind die Übungen, die ich gemacht habe, falsch? Ich möchte wahrhaft laut schreien: „Warum mögen es die Chinesen so gerne, das „ba“ zu benutzen? Kann man es vermeiden, dieses „ba“ zu benutzen?“ Ich glaube, ich bin echt am Ende meiner Weisheit. Ich habe mich entschieden, meine chinesische Mitschülerin Fang Hong um Hilfe aufzusuchen.

Gestern Nachmittag um 3 Uhr hatte ich Fang Hong angerufen. Ich wusste nicht, dass sie gerade zu Hause beim Putzen war, als ich sie anrief.

Zhang Ming: „Hallo Fang Hong, ich bin Zhang Ming. Wie geht es dir?“

Fang Hong: „Es geht mir sehr gut. Und dir? Womit bist du jetzt beschäftigt?“

Zhang Ming: „Ich lerne jeden Tag fleißig Chinesisch. Es gibt nichts, was mich mehr beschäftigt. Was machst du jetzt gerade?“

Fang Hong: „Ich putze gerade das Zimmer. Heute ist Sonntag. Das Wetter ist auch sehr schön. Gestern hatte es ununterbrochen geregnet. Ich war den ganzen Tag zu Hause geblieben und hatte auch gelernt. Mein Kopf hatte schon weh getan. Heute Vormittag habe ich auch Bücher gelesen und viele Übungen gemacht. Jetzt kann ich ein bisschen Pause machen. Später werde ich noch Wäsche waschen.“

Zhang Ming: „Entschuldige, ich habe eine Sache, bei der ich dich kurz mal um Hilfe bitten möchte. Ich weiß nicht, ob du Zeit hast.“

Fang Hong: „Das macht nichts. Erzähl es doch! Obwohl ich jetzt ein bisschen beschäftigt bin, aber, während ich putze, kann ich ja zuhören, was du sagst.“

Sie hatte mein Lernproblem angehört und dann lächelnd gesagt: „Wir Chinesen benutzen sehr gerne das „Ba“ und benutzen es auch oft. Ich werde mir eine Lösung überlegen und dir helfen. Ich lasse es dich auf jedem Fall wissen, wie du es lernen kannst. Wie wäre es, wenn du morgen Nachmittag nach dem Unterricht um 4 Uhr zu mir nach Hause kommst? Ich erkläre es dir dann mal kurz, wäre das so in Ordnung?“

„Vielen, vielen Dank! Wir sehen uns morgen!“, hatte ich sofort freudig geantwortet.

Lösung Verständnistest

（1）对，（2）错，（3）错，（4）错，（5）错，（6）对，（7）对，（8）错，（9）错，（10）错

06 “把”字的故事（二）

Vokabeln

1-21
1-22

骑	**qí**	**reiten, fahren**	*Verb*
骑了		gerittten sein, gefahren sein	
骑自行车，骑了马		Fahrrad fahren, Pferd geritten sein	
我会骑自行车。		Ich kann Fahrrad fahren.	
热情	**rèqíng**	**herzlich (sein)**	*Adjektiv*
她是很热情的人。		Sie ist ein sehr herzlicher Mensch.	
她总是很热情。		Sie ist stets sehr herzlich.	
先	**xiān**	**zuerst**	*Adverb*
你先坐一下。		Setz dich zuerst mal kurz hin.	
绿	**lǜ**	**grün (sein)**	*Adjektiv*
绿茶，绿色		grüner Tee, Grün	
我喜欢绿色。		Ich mag (die Farbe) Grün.	
苹果太绿了，别买！		Die Äpfel sind zu grün. Kauf sie nicht!	
带	**dài**	**mitbringen, mitnehmen**	*Verb*
带了，带了钱		mitgebracht haben, Geld dabeihaben	
你带了今天的报纸吗？		Hast du die heutige Zeitung mitgebracht?	
你为什么没有带衣服？		Warum hast du keine Kleidung mitgenommen?	
我带孩子去公园里玩。		Ich nehme die Kinder in den Park zum Spielen mit.	
作业	**zuòyè**	**Hausaufgabe**	*Substantiv*
一个作业，一些作业		eine Hausaufgabe, einige Hausaufgaben	
做作业		Hausaufgaben machen	

我还没有做我的作业。	Ich habe meine Hausaufgaben noch nicht gemacht.
半 bàn	**halb** *Zahlwort*
半个小时，半杯茶	eine halbe Stunde, eine halbe Tasse Tee
两点半	halb drei
把 bǎ	*Partikel*

Die Partikel „把“ dient dazu, Satzteile im Satz nach vorne zu ziehen. Sie wird bezüglich ihrer Bedeutung und Grammatik in Lektion 7 erklärt.

清楚 qīngchu	**erkennen, begreifen** *Verb*
清楚了	erkannt haben, begriffen haben
我看了书，也就清楚了很多。	Nachdem ich das Buch gelesen hatte, hatte ich es sofort sehr viel klarer gesehen.
清楚 qīngchu	**deutlich, klar (sein)** *Adjektiv*
他的字写得很清楚。	Seine Schrift ist sehr deutlich geschrieben.
我看不清楚。	Ich kann es nicht klar sehen.
句子 jùzi	**Satz** *Substantiv*
一个句子，一些句子	ein Satz, einige Sätze
我不懂这个句子。	Diesen Satz verstehe ich nicht.
这个句子不好，用别的吧！	Dieser Satz ist nicht gut. Verwende doch einen anderen!
句	Kurzform von „句子“
我不会用“把”字句。	Ich kann nicht Sätze mit dem Schriftzeichen „ba“ benutzen.
着急 zháojí	**besorgt sein, sich aufregen, eilig sein** *Verb*
你不用着急。	Du brauchst dich nicht aufzuregen.
我们大家都为他着急。	Wir sind alle um ihn besorgt.
你着什么急？	Warum hast du es so eilig? Warum regst du dich auf?

你不用着急回家。	Du brauchst nicht so eilig zu sein, nach Hause zu gehen.	
着急 zháojí	**eilig, dringend (sein)**	*Adjektiv*
这件事不着急。	Diese Angelegenheit ist nicht eilig.	
这是一件着急的事。	Das ist eine dringende Sache.	
为 wèi	**für**	*Partikel*
妈妈为孩子准备晚饭。	Die Mutter bereitet für die Kinder das Abendessen vor.	
我为她买了报纸。	Ich habe für sie eine Zeitung gekauft.	
为他好	für ihn gut (sein)	
然后 ránhòu	**dann**	*Konjunktion*
我先吃饭，然后出去。	Ich esse erst, dann gehe ich raus.	
我先做作业，然后看电视。	Ich mache zuerst Hausaufgaben, dann sehe ich fern.	

Grammatik und Worterklärungen

先…然后

Mit dem Adverb „**先**" (xiān) und der Konjunktion „**然后**" (ránhòu) können zwei Sätze in eine zeitliche Abfolge (zuerst…, dann…) gebracht werden. „**先**" steht vor dem Verb des ersten Satzes, „**然后**" leitet den zweiten Satz ein. Steht „**先**" zusammen mit einer Zeit oder einem Adverb, so stehen diese vor dem „**先**".

我**先**去游泳，**然后**吃饭。	Ich gehe zuerst schwimmen, dann esse ich.
她昨天**先**做了作业，**然后**看了电视。	Sie hatte gestern zuerst Hausaufgaben gemacht und dann ferngeschaut.

为

Die Partikel „**为**" (wèi) kennzeichnet die Ursache oder den Grund einer Handlung. Für eine Person, für ein Ziel oder wegen eines Grundes wird etwas getan. Ins Deutsche kann „**为**" mit „für" übersetzt werden. „**为**" steht vor dem Ausdruck, der gekennzeichnet ist.

妈妈正在**为**孩子做饭。	Mutter kocht soeben für die Kinder.
为这件事，他准备了一天。	Für diese Sache hat er sich einen Tag lang vorbereitet.

给

Wie grenzt sich „**为**" zu „**给**" (gěi) ab? Bei „**为**" steht der Grund der Handlung im Vordergrund, bei „**给**" die Richtung der Handlung.

我**给**我妻子买了一个礼物。	Ich habe meiner Ehefrau ein Geschenk gekauft.
我**为**我妻子买了一个礼物。	Ich habe für meine Ehefrau ein Geschenk gekauft.

带

Das Verb „**带**" (dài) bedeutet „mitnehmen" oder „mitbringen".

你**带**了钱吗？	Hast du Geld mitgenommen?
我**带**孩子去买东西。	Ich nehme die Kinder mit zum Einkaufen.

拿

Wie grenzt sich „**带**" von „**拿**" (ná) ab? Die ursprüngliche Bedeutung von „**拿**" ist, etwas mit der Hand zu nehmen. Das Objekt von „**拿**" können nur Dinge sein, die sich auch mit der Hand tragen lassen. „**带**" ist ein allgemeines Bringen – auch über große Entfernungen.

我**拿**这本书给我妹妹。	Ich bringe dieses Buch meiner Schwester.
我**带**这本书去中国。	Ich nehme dieses Buch nach China mit.

来去走给

Die Verben „**带**" und „**拿**" können durch die Wörter „**来**" (her), „**去**" (hin), „**走**" (weg) und „**给**" (jemandem) ergänzt werden. In diesen vier Fällen muss die Partikel „**把**" verwendet werden. Nur wenn „**来**" und „**去**" zusammen mit „**给**" gleichzeitig verwendet werden, ist kein „**把**" notwendig.

拿：	was	was und wem
bringen	我不想**拿**这本书。	请**把**这本书**拿给**奶奶。
herbringen	请**把**我的书**拿来**。	我**给**奶奶**拿来**了一些书。
hinbringen	请**把**这本书**拿去**。	我**给**奶奶**拿去**了一些书。
wegbringen	请**把**报纸**拿走**。	×

带：	was	was und wem
mitbringen	我想**带**这本书。	请**把**这本书**带给**谢老师。

herbringen	请**把**我的那本书**带来**。	我**给**谢老师**带来**了他要的书。
hinbringen	我想**把**这本书**带去**学校。	我**给**谢老师**带去**了他要的书。
wegbringen	请**把**这只猫**带走**。	×

半

Das Zahlwort „**半**" (bàn) bedeutet „halb". Es gibt drei Anwendungsbereiche. Bei Uhrzeiten wird „**半**" verwendet, um halbe Stunden auszudrücken.

一点**半**	halb zwei (1:30 Uhr)	两点**半**	halb drei (2:30 Uhr)

Bei Zeitspannen oder Mengenangaben wird „**半**" verwendet, um halbe Einheiten auszudrücken. „**半**" steht dabei vor dem Zähleinheitswort.

半个小时	eine halbe Stunde	**半**杯茶	eine halbe Tasse Tee
半天	ein halber Tag	**半**块蛋糕	ein halbes Stück Kuchen
半个星期	eine halbe Woche	**半**个苹果	ein halber Apfel
半个月	ein halber Monat	**半**张纸	ein halbes Blatt Papier
半年	ein halbes Jahr	**半**碗饭	eine halbe Schüssel Reis

Handelt es sich bei der Mengen- oder Zeitangabe um eine Menge plus eine halbe Einheit, so rutscht das „**半**" hinter das Zähleinheitswort.

一个**半**小时	anderthalb Stunden	一个**半**月	anderthalb Monate
一天**半**	anderthalb Tage	一年**半**	anderthalb Jahre
一个**半**星期	anderthalb Wochen		

Generell kann „**半**" in Form von „**一半**" auch als Substantiv verwendet werden. „**一半**" heißt „die Hälfte" oder „eine Hälfte".

你吃**一半**，我吃**一半**，好吗？	Ich esse eine Hälfte, du isst eine Hälfte, in Ordnung?
他用了**一半**的时间睡觉。	Er hat die Hälfte der Zeit verwendet, um zu schlafen.

1-23
1-24

“把”字的故事（二）

今天天很好，我吃过中饭，回家睡了一会儿觉。下午的课不很多，我们只上到下午两点**半**。我回到家，**先**洗了衣服，**然后**打扫了一下房间。三点**半**，我准备出门了。我**带**着我从图书馆借来的书，我做的**作业**，还有我买的蛋糕，**骑**着自行车去了方红家。

方红的家离学校的图书馆不很远。她的房间不大也不小，一个人住很舒服。我和方红认识了很长时间。她是一个很**热情**的人。每次去，她都给我准备一些吃的、喝的。她在我们学校学德语。有时候，她有德语的问题，也经常找我帮忙。

她**先**请我喝中国**绿**茶。我们一边喝**绿**茶，一边吃我**带**来的蛋糕。我们也有很长时间没有见面了，所以，我们**先**说了很长时间的话。她说，她现在的德语**作业**很多，考试也很多。上课的时候，老师经常让他们听写。老师读得很快，他们都没有听懂，但是没有办法。回到家，她再认真地学习。

我们喝完**绿**茶，一看手表，快四点**半**了。方红说，她虽然是中国人，但是，还是让她**先**看一下我从图书馆借来的书，再说。她一边看，一边说：“我们中国人会用这个‘**把**’字，但是我们也不知道，什么时候可以用，什么时候不能用。我看了书，也就**清楚**了很多。书上虽然讲得很**清楚**，但是没有练习，还是不知道怎么用。”她的话说得让人听着觉得真舒服。也就是说，我不会用“**把**”字句，不是我的错。我不是不努力学习的学生。

她看完书，认真地对我说：“**把**你的**作业**也给我看一看吧！”她一边认真地看，一边想。她一定在想我为什么会写错**句子**。她对我说：“你不用**着急**。我在这里**为**你准备了几个**句子**，你**先**看一看吧！你看完了，我再讲给你听。”

我又有一点儿渴了，我问方红，能不能**先**喝一点儿**绿**茶，**然后**看她**为**我准备的**句子**。她笑了，对我说：“没问题。”方红的**绿**茶很好喝。她说都是她从中国**带**回来的。有的是在中国买的，有的是别人送给她爸爸妈妈的礼物。方红又问我饿不饿，是不是还想吃一点儿蛋糕。我买的蛋糕很多，还没有吃完。我们又开始吃蛋糕，不一会儿，蛋糕吃完了，我开始看她**为**我准备的**句子**。

Verständnistest

请看下面的句子对不对。你想知道你做得怎么样，请看第 61 页。

1. 今天天很好，只有上午有课。我吃过中饭，就回家睡觉了。（ ）
2. 我在家先做了一会儿作业，然后洗了衣服。（ ）
3. 方红觉得德语不很好学，所以经常帮助她的同学。（ ）
4. 他们先一边喝绿茶，一边说话。（ ）
5. 方红觉得每一个中国人都知道怎么用“把”字句。（ ）
6. 方红是一个很认真的人。在她给我讲“把”字句以前，她认真地看了我从图书馆借来的书。（ ）
7. 方红为我准备了很多问题。（ ）
8. 方红觉得书上讲得很清楚，但是没有练习，也不行。（ ）
9. 我还想喝她的绿茶，是因为我又有一点儿渴了。（ ）
10. 她的绿茶有的是在中国买的，有的是爸爸妈妈送给她的礼物。（ ）

Eine Geschichte über das Wort „ba“ – Teil 2

Heute ist das Wetter sehr gut. Nachdem ich mittaggegessen hatte, war ich nach Hause gegangen und hatte mich ein bisschen hingelegt. Der Unterricht am Nachmittag war nicht sehr viel. Wir hatten nur bis nachmittags 2:30 Uhr Unterricht. Zu Hause angekommen, hatte ich zuerst Wäsche gewaschen und dann ein bisschen das Zimmer geputzt. Um 3:30 Uhr hatte ich mich vorbereitet aufzubrechen. Ich hatte die Bücher, die ich aus der Bibliothek ausgeliehen hatte, die Hausaufgaben, die ich gemacht hatte, sowie den Kuchen, den ich gekauft hatte, mitgenommen und war dann mit dem Fahrrad zu Fang Hongs zu Hause gefahren.

Fang Hongs zu Hause ist nicht sehr weit von der Uni-Bibliothek entfernt. Ihr Zimmer ist nicht groß, aber auch nicht klein. Alleine dort zu wohnen, ist sehr bequem. Fang Hong und ich kennen uns sehr lange Zeit. Sie ist ein sehr herzlicher Mensch. Jedes Mal, wenn ich zu ihr gehe, bereitet sie für mich etwas zu Essen und zu Trinken vor. Sie lernt an unserer Uni Deutsch. Manchmal hat sie Fragen zur deutschen Sprache und bittet mich auch oft um Hilfe.

Sie bat mich, zuerst chinesischen grünen Tee zu trinken. Während wir den grünen Tee tranken, aßen wir den von mir mitgebrachten Kuchen. Wir hatten uns auch lange Zeit nicht mehr getroffen. Deshalb hatten wir zuerst eine lange Zeit geplaudert. Sie sagte, sie hätte jetzt sehr viele deutsche Hausaufgaben und auch sehr viele Prüfungen. Im Unterricht ließe der Lehrer sie oft Diktate schreiben. Der Lehrer läse sehr schnell. Sie hätten nicht alles verstanden, aber es gäbe keine Alternative. Zu Hause müsste sie noch angestrengt lernen.

Als wir den Tee fertig getrunken haben, schaue ich auf meine Armbanduhr. Es ist fast 4:30 Uhr. Fang Hong sagt, obwohl sie eine Chinesin sei, müsse sie trotzdem zuerst mal kurz in die Bücher schauen, die ich aus der Bibliothek ausgeliehen hatte, dann könne sie es erklären. Während sie liest, sagt sie: „Wir Chinesen können diese BA-Struktur benutzen, wissen aber auch nicht, wann man sie benutzen darf und wann nicht. Nachdem ich das Buch angeschaut habe, ist es mir schon viel klarer. Obwohl das Buch es sehr klar erklärt, weiß man ohne Übung trotzdem nicht, wie man es benutzt.“ Was sie sagt, lässt einen so wohl fühlen. Das heißt, dass ich die BA-Struktur nicht benutzen kann, ist nicht mein Fehler. Ich bin doch nicht ein Schüler, der sich nicht bemüht.

Nachdem sie die Bücher fertig gelesen hat, sagt sie zu mir gewissenhaft: „Bitte lass mich auch mal kurz deine Hausaufgaben anschauen!“ Während sie genau liest, denkt sie nach. Sie denkt bestimmt, warum ich die Sätze falsch geschrieben haben könnte. Sie sagt zu mir: „Mach dir keine Sorgen. Ich habe hier für dich ein paar

Sätze vorbereitet. Lies sie zuerst mal kurz! Wenn du fertig gelesen hast, erkläre ich es dir.“

Ich bin wieder ein bisschen durstig. Ich frage Fang Hong, ob wir zuerst noch ein bisschen grünen Tee trinken können und danach die Sätze lesen, die sie für mich vorbereitet hat. Sie lächelt und sagt zu mir: „Kein Problem.“ Der grüne Tee von Fang Hong schmeckt sehr gut. Sie sagt, dass alles von ihr aus China hierher mitgebracht worden sei. Einiges habe sie selbst gekauft, einiges seien Geschenke, die andere ihren Eltern gegeben hätten. Fang Hong fragt mich noch, ob ich Hunger habe und ob ich noch ein bisschen Kuchen essen möchte. Der Kuchen, den ich gekauft hatte, ist sehr reichlich und noch nicht fertig gegessen. Also fangen wir wieder an, Kuchen zu essen. Nach kurzer Zeit ist der Kuchen fertig gegessen, und ich fange an, die Sätze zu lesen, die sie für mich vorbereitet hat.

Lösung Verständnistest

（1）错，（2）错，（3）错，（4）对，（5）错，（6）对，（7）错，（8）对，（9）对，（10）错

07 “把”字的故事（三）

Vokabeln

1-25
1-26

香蕉	xiāngjiāo	Banane	*Substantiv*
一个香蕉，一些香蕉		eine Banane, einige Bananen	
我把香蕉吃完了。		Ich habe die Banane fertig gegessen.	

放	fàng	liegen lassen, legen	*Verb*
放了		gelegt haben	
他在杯子里放了一些绿茶。		Er hat in die Tasse einigen grünen Tee getan.	
请把杯子放在这儿。		Bitte stelle die Tasse hier hin.	
你把我的手机放在哪里了？		Wo hast du mein Handy hingelegt?	
先放牛奶，再放鸡蛋。		Zuerst die Milch hineintun, dann die Eier.	

洗	xǐ	waschen, spülen, entwickeln	*Verb*
洗了		gewaschen haben, gespült haben	
洗手，洗了手，洗了照片		Hände waschen, Hände gewaschen haben, Fotos entwickelt haben	
我把照片洗好了。		Ich habe die Fotos fertig entwickeln lassen.	

还	huán	zurückgeben	*Verb*
还了		zurückgegeben haben	
还书，还了钱		Bücher zurückgeben, Geld zurückgegeben haben	
我去图书馆还我借的书。		Ich gehe zur Bibliothek, die Bücher zurückzugeben, die ich ausgeliehen habe.	
还给…		an… zurückgeben	
他把这些书还给了老师。		Er hat diese Bücher dem Lehrer zurückgegeben.	
他把书还给了图书馆。		Er hat die Bücher der Bibliothek zurückgegeben.	

明白	**míngbai**	**verstehen, nachvollziehen**	*Verb*
明白了		verstanden haben	
你写的这些句子，我不明白。		Ich verstehe diese Sätze nicht, die du geschrieben hast.	
我不明白女人是怎么想的。		Ich kann nicht nachvollziehen, wie Frauen denken.	
明白	**míngbai**	**verständlich, klar, nachvollziehbar**	*Adjektiv*
他说得很明白。		Er sagt das sehr nachvollziehbar.	
这件事很明白。		Diese Angelegenheit ist sehr klar.	
可爱	**kě'ài**	**niedlich (sein)**	*Adjektiv*
你的小女儿真可爱。		Deine kleine Tochter ist echt niedlich.	
他们是可爱的孩子。		Sie sind niedliche Kinder.	
一般	**yìbān**	**üblicherweise, normalerweise**	*Adverb*
一般，人们喜欢从这里坐船去上海。		Üblicherweise mag man es gerne, von hier aus mit dem Schiff nach Schanghai zu fahren.	
一般这个时候，灯不亮。		Normalerweise ist zu dieser Zeit das Licht nicht eingeschaltet.	
你一般几点钟去睡觉？		Um wieviel Uhr gehst du üblicherweise schlafen?	
表示	**biǎoshì**	**zeigen, ausdrücken, äußern**	*Verb*
表示了		geäußert haben	
这个字不表示这个意思。		Dieses Schriftzeichen drückt nicht diese Bedeutung aus.	
对学生的决定，老师表示欢迎。		Die Lehrerin zeigt sich gegenüber der Entscheidung der Studenten aufgeschlossen.	
结果	**jiēguǒ**	**Ergebnis**	*Substantiv*
一个结果		ein Ergebnis	
考试的结果已经出来了。		Das Prüfungsergebnis ist schon herausgekommen.	

结果怎么样呢？		Wie war denn das Ergebnis?	
方向	**fāngxiàng**	**Richtung**	*Substantiv*
一个方向，两个方向		eine Richtung, zwei Richtungen	
这个方向是错的。		Diese Richtung ist die falsche.	
去火车站要向那个方向走。		Zum Bahnhof muss man in jene Richtung gehen.	
词语	**cíyǔ**	**Vokabel, Ausdruck, Wort**	*Substantiv*
一个词语，一些词语		ein Wort, einige Wörter	
你学了新的词语吗？		Hast du die neuen Vokabeln gelernt?	
我不认识这个词*)。	*) Kurzform	Ich kenne dieses Wort nicht.	
其实	**qíshí**	**tatsächlich, eigentlich**	*Adverb*
其实，他还没有吃饱。		Eigentlich hat er sich noch nicht satt gegessen.	
他其实没有懂。		Er hat es eigentlich nicht verstanden.	
敢	**gǎn**	**sich getrauen, wagen**	*Modalverb*
敢		sich getraut haben (*ohne 了!*)	
你敢不敢？		Traust du dich oder nicht?	
他昨天不敢来。		Er hatte sich gestern nicht getraut zu kommen.	
我不敢多用"把"字句。		Ich traue mich nicht, oft BA-Ausdrücke zu benutzen.	
你女儿敢骑马吗？		Traut sich deine Tochter, auf einem Pferd zu reiten?	
或者	**huòzhě**	**oder**	*Konjunktion*
你去或者他去，都行。		Du gehst hin oder er geht hin. Beides ist in Ordnung.	
他想去北京或者去上海旅游。		Er möchte nach Peking oder nach Shanghai reisen.	

Grammatik und Worterklärungen

Die Partikel „**把**“ (ba) wird benutzt, um ein Objekt zu kennzeichnen, dessen Ort oder Zustand als das Ergebnis einer Handlung geändert wird. „**把**“ und das Objekt stehen hinter dem Subjekt, das die Änderung verursacht.

Ergebnis: Änderung des Zustands

我吃了**蛋糕**。	Ich habe den Kuchen gegessen.
我**把蛋糕**吃了。	Ich habe den Kuchen gegessen.
请给我**钱**。	Bitte gib mir Geld.
请**把钱**给我。	Bitte gib mir Geld.

Hat der Satz ein Modalverb oder ein Zeitadverb, so steht das „**把**“ hinter dem Modalverb oder Zeitadverb.

我**想把**蛋糕吃完。	Ich möchte den Kuchen aufessen.
我不**能**现在**把**书给您。	Ich kann Ihnen das Buch jetzt nicht geben.
我不**敢把**这件事告诉她。	Ich traue mich nicht, ihr diese Sache mitzuteilen.

Ein BA-Satz wird verneint, indem die Verneinungswörter „没有“ oder „不“ vor das „把“ gestellt werden.

我**没有把**书还给他。	Ich habe ihm die Bücher nicht zurückgegeben.
请**不把**钱给他。	Bitte gib ihm nicht das Geld.

Das Ergebnis kann in einem BA-Satz explizit ausgedrückt sein. Ein eindeutiger Indikator für ein Ergebnis ist das Wort „完“.

他**把**作业做完了。	Er hat die Hausaufgaben fertig gemacht.
我**不想把**香蕉吃完。	Ich möchte nicht die Bananen fertig essen.

In vielen Fällen muss das Ergebnis aus dem Zusammenhang abgeleitet werden.

我**把**苹果吃了。	Ich habe den Apfel (auf)gegessen.
她**把**房间打扫干净了。	Sie hat das Zimmer sauber geputzt.
他还**没有把**车洗好。	Er hat das Auto noch nicht fertig gewaschen.

Hinweis: Ein Ergebnis kann im Chinesischen auch ohne „把" ausgedrückt werden.

我想吃完蛋糕。	= 我想把蛋糕吃完。
她打扫干净了房间。	= 她把房间打扫干净了。
他还没有洗好车。	= 他还没有把车洗好。

Ergebnis: Änderungs des Ortes

Ein BA-Satz, der als Ergebnis eine Ortsänderung beschreibt, muss zwingend immer auch eine explizite (z.B. auf den Tisch, in die Postfiliale…) oder implizite Ortsangabe besitzen (z.B. hinbringen, hertragen…).

他**把**手表放在**桌子上**。	Er hat seine Armbanduhr auf den Tisch gelegt. *(explizit)*
你**把**钱带**来**了吗？	Hast du das Geld hergebracht? *(implizit)*
我**没有把**书还**回去**。	Ich habe die Bücher nicht zurückgegeben. *(implizit)*

Die Vergangenheitsform eines BA-Satzes mit expliziter Ortsangabe gibt es in zwei Varianten: Das „**了**" kann am Satzende oder hinter dem letzten Verb stehen.

她**把**书**放在**桌子上**了**。 她**把**书**放在了**桌子上。	Sie hat das Buch auf den Tisch gelegt.

Hinweis zum Beispiel: Im ersten Satz ist „在" eine Präposition. Im zweiten Satz ist „在" das Verb „sich befinden" als Ergebnisergänzung zu „放".

或者

Die Konjunktion „**或者**" (huòzhě) verknüpft zwei Möglichkeiten. „**或者**" kann ganze Sätze oder auch nur Satzteile in positiven Aussagesätzen verknüpfen.

Verknüpft die Konjunktion zwei Sätze, so werden beide durch „**或者**" verbunden. Haben beide das gleiche Subjekt, so wird es im zweiten Satz weggelassen.

你看电视，**或者**玩电子游戏，都行。	Du schaust Fernsehen oder spielst Videospiele. Beides ist OK.
你去买火车票，**或者**我去买火车票，都行。	Du gehst, die Zugfahrkarten kaufen, oder ich gehe, die Zugfahrkarten kaufen. Beides geht.

Verknüpft die Konjunktion zwei Satzteile, so werden sie durch „**或者**" verbunden. In diesem Fall wird kein Komma benutzt.

他今天下午**或者**明天上午能到家。	Er kann heute Nachmittag oder morgen Vormittag zu Hause ankommen.
把这本书给小白**或者**小张。	Gib dieses Buch Xiao Bai oder Xiao Zhang.

Wie grenzt sich die Konjunktion „**或者**“ in der Anwendung von der Konjunktion „**还是**“ (L05) ab? „**还是**“ kann nur in einem Fragesatz verwendet werden, die Konjunktion „**或者**“ nur in einem Aussagesatz.

你想喝咖啡，**还是**喝茶？	Möchtest du Kaffee oder Tee trinken?
他喝咖啡，**或者**喝茶。	Er trinkt Kaffee oder Tee.

Was ist der Unterschied zwischen „**明白**“ (míngbai) und „**清楚**“ (qīngchu)?

明白

Das Wort „**明白**“ bedeutet als Verb „verstehen“ im Sinne von Nachvollziehen. Jemand versteht etwas, kann also etwas geistig nachvollziehen. Als Adjektiv bedeutet „**明白**“ „verständlich“ oder „klar“. Etwas ist also nachvollziehbar.

我**明白**你的意思。	Ich verstehe deine Meinung.
这个事情很**明白**。	Diese Angelegenheit ist sehr klar.
我不懂，是因为我不**明白**你的意思。	Ich kapiere es nicht, weil ich deine Meinung nicht verstehe.

清楚

Das Wort „**清楚**“ bedeutet als Verb „wahrnehmen“ im Sinne von Erfassen, Begreifen oder Erkennen. Als Adjektiv bedeutet es „klar“, „deutlich“ oder „scharf“.

把这个字写**清楚**！	Schreibe diese Schriftzeichen deutlich!
你听**清楚**了吗？	Hast du es deutlich gehört?
他讲得不**清楚**，所以我不**明白**。	Er hat es nicht klar erklärt, deshalb verstehe ich es nicht.
我看不**清楚**，是因为字太小了。	Dass ich es nicht scharf sehen kann, ist, weil die Schriftzeichen zu klein sind.

Aber auch ein Sachverhalt kann begriffen werden. In diesem Fall kann „**清楚**“ leicht mit „**明白**“ verwechselt werden. Hier eine Abgrenzung:

我**清楚**你的意思。但是，我不**明白**为什么你不做。	Ich begreife, was du meinst. Aber ich verstehe nicht, warum du es nicht machst.

“把”字的故事（三）

1-27
1-28

你们看，这是方红为我准备的几个句子。她让我告诉她哪些句子是对的，哪些是错的。

句子一：我把**香蕉**吃完了。

句子二：我把盘子**放**在桌子上了。

句子三：我把房间打扫干净了。

句子四：他把自行车骑走了。

句子五：我把照片**洗**出来了。

句子六：他把借的书**还**了。

我非常认真地看了以后说：“我觉得，每个句子都是对的。没有错句子。你写的这些句子我都懂，但是我不**明白**，为什么人们不能说：‘他把自行车骑了。’‘我把盘子**放**了。’为什么这些句子就是错的呢？”我把我不懂的地方讲给方红听。她**可爱**地笑了。她说：“**一般**，‘把’字句里一定要有**表示‘结果、方向’**的**词语**。在这里，‘干净’、‘还’、‘完’都**表示结果**；‘骑走了’、‘**放**在桌子上’是**表示‘方向’**。所以，我们不能说‘他把自行车骑了’。这里没有**表示‘结果**和**方向’**的**词语**。人们经常说：‘我把葡萄吃了。’**其实**是‘我把葡萄吃完了’的意思。‘完’字没有说出来。”

我想我有一点儿懂了。但是，我还是不**敢**多用“把”字句，我怎么知道这个句子一定会有**表示“方向”或者“结果”**的**词语**呢？说到一半，没有**表示方向或者结果**的**词语**，怎么办呢？方红又对我说：“只有多练习才能学会用‘把’字句。我在这里给你准备了作业。你先回去把它做完，有问题你再给我打电话问我，可以吗？”我说：“好！太谢谢你了！”

方红还告诉我说，有一些**词语**不能用“把”字：有、在、觉得、是、知道、来、去、喜欢、想……

那天我回家的时候，一边骑自行车，一边用“把”字句说话。“我把同学的蛋糕吃完了！”“我把书看完了。”我说了很多“把”字句，希望我这次真的学会用它了。

两个星期以后，我们有一次考试，就是考“把”字句，我都做对了。我非常高兴地把这件事告诉方红。她也很为我高兴。在考试的时候，看到每个句子，我都想，在这个句子里有没有**表示方向或者结果**的**词语**。有，我就**敢**说是对的。没有，就要看，是不是没有把**表示方向或者结果**的**词语**说出来。**一般**，**表示结果**的**词语**有时候可以不说出来，用一个“了”字**表示**。但是，**表示方向**的**词语**不能没有。我希望大家在学习中慢慢多用“把”字句。你问为什么？因为，中国人爱用“把”字句。

Verständnistest

请看下面的句子对不对。你想知道你做得怎么样，请看第 71 页。

1. 我不敢用“把”字句，是因为我不知道句子里会不会有表示“方向”或者“结果”的词语。（ ）
2. 有时候，表示结果的词语用一个“了”字表示，人们没有说出来，这不是错句子。（ ）

请看下面的句子，用它写一个有“把”字的句子。

3. 爷爷看完了报纸。
4. 我做完了作业。
5. 他写错了这个字。
6. 不要吃完香蕉！
7. 他骑坏了自行车。

请看下面的词语。用它们写一个有“把”字的句子。

8. 学生的作业 ❖ 在桌子上了 ❖ 谢老师 ❖ 放
9. 奶奶 ❖ 孩子的照片 ❖ 到她的房间里 ❖ 拿
10. 新买的灯 ❖ 妈妈 ❖ 放 ❖ 到洗手间里
11. 弟弟 ❖ 开 ❖ 我的车 ❖ 走了

Eine Geschichte über das Wort „ba“ – Teil 3

Schaut her, dies sind einige Sätze, die Fang Hong für mich vorbereitet hat. Sie lässt mich ihr sagen, welche Sätze richtig und welche falsch sind.

Satz 1: Ich habe die Bananen fertig gegessen.

Satz 2: Den Teller habe ich auf den Tisch gelegt.

Satz 3: Das Zimmer habe ich sauber geputzt.

Satz 4: Er hat das Fahrrad weggefahren.

Satz 5: Ich habe die Fotos vom Entwickeln geholt.

Satz 6: Die entliehenen Bücher hat er zurückgegeben.

Nachdem ich das äußerst gewissenhaft gelesen habe, sage ich: „Ich finde, jeder Satz ist ein richtiger. Es gibt keinen falschen Satz. Die Sätze, die du geschrieben hast, verstehe ich alle. Aber ich verstehe nicht, warum man nicht sagen kann: ‚Das Fahrrad hat er gefahren‘ oder ‚den Teller habe ich gelegt‘. Warum sind solche Sätze falsch?“ Ich habe Fang Hong die Stellen genannt, die ich nicht verstehe. Sie lächelt liebenswert und sagt: „Normalerweise hat eine BA-Struktur immer einen Ausdruck, der ein Ergebnis oder eine Richtung ausdrückt. ‚Sauber‘, ‚zurückgeben‘ und ‚fertig‘ drücken hier das Ergebnis aus. ‚Weggefahren haben‘ oder ‚auf den Tisch legen‘ geben eine Richtung an. Deshalb können wir nicht ‚er hat das Fahrrad gefahren‘ sagen. Hier gibt es kein Wort, das ein Ergebnis oder eine Richtung ausdrückt. Menschen sagen sehr oft: ‚Die Trauben habe ich gegessen.‘ Eigentlich hat es die

Bedeutung: ‚Ich habe die Trauben fertig gegessen.‘ ‚Fertig‘ wird aber nicht direkt ausgesprochen.“

Ich glaube, ich habe es ein bisschen verstanden. Aber ich traue mich noch immer nicht, BA-Ausdrücke oft zu benutzen. Wie weiß ich, dass ein Satz auf jedem Fall ein Wort besitzt, das ein Ergebnis oder eine Richtung ausdrückt? Falls ich die Hälfte eines Satzes gesprochen habe und mir fällt kein Wort für das Ergebnis oder die Richtung ein, was mache ich denn? Fang Hong sagt noch zu mir: „Nur durch viel Übung kann man erst die BA-Struktur beherrschen. Ich habe hier für dich Hausaufgaben vorbereitet. Du gehst zuerst heim und machst sie zu Ende. Falls du Fragen hast, rufst du mich nochmal an und fragst mich. Geht das so?“ Ich sage: „Gerne! Ich danke dir sehr!“

Fang Hong informiert mich noch, dass es einige Wörter gibt, bei denen man kein „Ba“ benutzen kann: haben, befinden, meinen, sein, wissen, kommen, hingehen, mögen und möchten.

An jenem Tag auf dem Weg nach Hause sprach ich BA-Ausdrücke vor mich hin, während ich mit dem Fahrrad fuhr. „Ich habe den Kuchen meiner Mitschülerin fertig gegessen.“ „Ich habe das Buch fertig gelesen.“ Ich hatte viele BA-Sätze gesagt und hoffte, dieses Mal wirklich gelernt zu haben, wie man sie verwendet.

Zwei Wochen danach hatten wir eine Prüfung, in der auch schon BA-Ausdrücke getestet wurden. Ich hatte alles richtig gemacht. Außerordentlich erfreut hatte ich diese Nachricht Fang Hong mitgeteilt. Sie freute sich auch sehr für mich. Bei der Prüfung hatte ich bei jedem Satz nachgedacht, ob dieser Satz ein Wort für ein Ergebnis oder eine Richtung enthält. Wenn ja, dann traute ich mich zu sagen, er sei richtig. Wenn nicht, dann musste ich nachprüfen, ob der Ausdruck für ein Ergebnis oder eine Richtung nur nicht explizit ausgesprochen war. Oft kann man Wörter weglassen, die ein Ergebnis beschreiben. Stattdessen wird ein „le“ benutzt. Aber Wörter für eine Richtung dürfen nicht weggelassen werden. Ich hoffe, dass alle, die lernen, allmählich die BA-Satzstruktur öfters benutzen. Du fragst, warum? Weil die Chinesen die BA-Struktur lieben.

Lösung Verständnistest

（1）对，（2）对，（3）爷爷把报纸看完了。（4）我把作业做完了。（5）他把这个字写错了。（6）不要把香蕉吃完！（7）他把自行车骑坏了。（8）谢老师把学生的作业放在桌子上了。（9）奶奶把孩子的照片拿到她的房间里。（10）妈妈把新买的灯放到洗手间里。（11）弟弟把我的车开走了。

08 妻子和裙子

Vokabeln

1-29
1-30

长	**zhǎng**	**wachsen *(Lebewesen)***	*Verb*
长了		gewachsen sein	
你儿子长大了。		Dein Sohn ist groß geworden.	
你每天喂小狗吃东西，它就长大了。		Fütterst du das Hündchen jeden Tag, dann wächst es groß.	
他长得像他爸爸。		Er ist nach seinem Vater gewachsen.	
像	**xiàng**	**ähneln**	*Verb*
她小的时候像她姐姐。		In jungen Jahren ähnelte sie ihrer älteren Schwester.	
他很像他爸爸，很爱吃苹果。		Er ähnelt seinem Vater sehr und isst sehr gerne Äpfel.	
条	**tiáo**	**ZEW für Streifen**	*ZEW*
一条鱼、一条大狗、一条路		ein Fisch, ein großer Hund, eine Straße	
裙子	**qúnzi**	**Rock**	*Substantiv*
一条裙子，一些裙子		ein Rock, einige Röcke	
我喜欢你经常穿裙子。		Ich mag es, wenn du oft Röcke anziehst.	
一般	**yìbān**	**normal, durchschnittlich (sein)**	*Adjektiv*
他是一个很一般的人。		Er ist ein sehr durchschnittlicher Mensch.	
他学汉语学得一般。		Er lernt Chinesisch durchschnittlich.	
而且	**érqiě**	**und auch, und außerdem**	*Konjunktion*
蛋糕不贵，而且很好吃。		Der Kuchen ist nicht teuer und schmeckt außerdem sehr gut.	

这条裙子很好看，而且很便宜。	Dieser Rock sieht sehr gut aus und ist auch sehr preiswert.
结婚 jié hūn	**heiraten** *Verb + Substantiv*
结了婚	geheiratet haben, verheiratet sein
和她结了婚	mit ihr verheiratet sein
你结婚了吗？	Bist du verheiratet?
他们想明年结婚。	Sie möchten nächstes Jahr heiraten.
胖 pàng	**dick (sein)** *Adjektiv*
胖了	dick geworden sein (*nur für Menschen!*)
吃得太多了，就会长胖。	Isst man zu viel, kann man dick werden.
他比五年前胖了很多。	Er ist viel dicker als vor fünf Jahren.
付钱 fù qián	**bezahlen** *Verb + Substantiv*
付了钱	bezahlt haben
服务员，我要付钱！	Bedienung, ich will zahlen!
请问，我可以在哪里付钱？	Darf ich fragen, wo kann ich bezahlen?
发现 fāxiàn	**herausfinden, entdecken** *Verb*
发现了	herausgefunden haben
我发现我朋友很爱吃香蕉。	Ich habe herausgefunden, dass mein Freund sehr Bananen liebt.
你发现了什么问题？	Was für ein Problem hast du entdeckt?
信用卡 xìnyòngkǎ	**Kreditkarte** *Substantiv*
一张信用卡，一些信用卡	eine Kreditkarte, einige Kreditkarten
用信用卡付钱	mit Kreditkarte bezahlen
用信用卡最好。	Am besten ist es, eine Kreditkarte zu benutzen.
我可以用外国信用卡付钱吗？	Kann ich mit einer ausländischen Kreditkarte bezahlen?

终于 zhōngyú	endlich *Adverb*
她终于有时间去游泳了。	Sie hatte endlich Zeit, zum Schwimmen zu gehen.
他终于懂了。	Er hatte es endlich verstanden.
我终于会用这个词语了。	Ich kann endlich diesen Ausdruck benutzen.
终于，天热了。	Endlich ist das Wetter warm geworden.

以为 yǐwéi	glauben, denken *Verb*
我以为他爱我，其实他爱我的钱。	Ich hatte gedacht, er würde mich lieben. Eigentlich liebt er mein Geld.
我以为孩子做完了作业。	Ich hatte geglaubt, die Kinder hätten die Hausaufgaben fertig gemacht.
我以为他是你的爷爷呢！	Ich habe gedacht, er sei dein Opa!

奇怪 qíguài	seltsam (sein) *Adjektiv*
这是一件奇怪的事情。	Das ist eine seltsame Angelegenheit.
怎么用这个奇怪的东西？	Wie benutzt man dieses seltsame Ding?
这件事很奇怪。	Diese Sache ist sehr seltsam.

Grammatik und Worterklärungen

而且

Die Konjunktion „**而且**“ (érqiě) bedeutet „und auch“ oder „und außerdem“. Sie verbindet zwei Verben oder Sätze, die sich auf das gleiche Subjekt beziehen. Vor einem „**而且**“ wird in der Regel ein Komma geschrieben.

她很渴，**而且**很饿。	Sie ist sehr durstig und auch sehr hungrig.
这件衣服很漂亮，**而且**很便宜。	Diese Kleidung ist sehr hübsch und außerdem sehr preiswert.

Anders als im Deutschen wird auch ein gleiches Verb in beiden Sätzen wiederholt.

他想去北京旅游，**而且**也想去上海旅游。	Er möchte nach Peking und außerdem auch nach Schanghai reisen.

以为

Das Verb „**以为**“ (yǐwéi) bedeutet „glauben“, „denken“, oder „vermuten“. Es dient dazu auszudrücken, dass etwas anders ist oder war, als man vermutet hätte.

我**以为**你不来呢。	Ich hatte gedacht, dass du nicht kommen würdest.
我**以为**你不饿，就没有给你做吃的。	Ich hatte gedacht, du wärest nicht hungrig, und habe daher für dich kein Essen gemacht.

长

Das Verb „**长**“ (zhǎng) bedeutet „wachsen“ oder „werden“. Die Beschreibung, wie etwas oder jemand geworden ist, wird als Adjektiv mit „**得**“ hinter „**长**“ angehängt (Regel: **长得** + Adjektiv).

这个小女孩**长得**很漂亮。	Das kleine Mädchen ist sehr hübsch geworden.
这个菜**长得**很快。	Dieses Gemüse wächst sehr schnell.

Hinweis: Der Ausdruck „**长得像**“ bedeutet „sich ähnlich sein“ und wird verwendet, um die Ähnlichkeit von Menschen oder Lebewesen zu beschreiben.

A **长得像** B。	A ist B ähnlich.
她**长得像**她妈妈。	Sie ist ihrer Mutter ähnlich.
A 和 B **长得像**。	A und B ähneln einander.
她和她妈妈**长得**很**像**。	Sie und ihre Mutter ähneln sich sehr.

最后 终于

„**终于**“ (zhōngyú) bedeutet „endlich“ in dem Sinne, dass nach einem langen Warten oder einem längeren Prozess etwas geschehen ist. Dabei schwingt eine Erleichterung mit.

我**终于**懂了。	Endlich habe ich es verstanden.
天**终于**下雨了。	Endlich regnet es.

„**最后**“ (zuìhòu) bedeutet „zum Schluss“ im Sinne eines zeitlichen „zuletzt“.

他**最后**才来。	Er ist erst als letzter gekommen.
最后来的人等在外面。	Die zuletzt gekommenen Personen haben draußen gewartet.
我讲了半天，他**最后终于**懂了。	Ich habe es ihm sehr lange erklärt. Zuletzt hat er es endlich verstanden.

付钱

Der Ausdruck „**付钱**“ (fù qián) heißt „Geld zahlen“. Er setzt sich aus dem Verb „**付**“ und dem Substantiv „**钱**“ zusammen. In dem Ausdruck ist also schon ein Objekt vorhanden. Will man sagen, „ich zahle den Kaffee“, kann man nicht einfach noch ein Objekt anhängen, sondern man muss das wie folgt formulieren:

我**付**咖啡的**钱**。	Ich zahle den Kaffee.
我给你**付**蛋糕的**钱**。	Ich zahle den Kuchen für dich.

妻子和裙子

1-31
1-32

我的妻子**长**得**像**她妈妈，虽然不是很漂亮，但是很会穿衣服、买衣服。她也喜欢买漂亮的衣服。她想买就买吧！但是，她总是喜欢叫我和她一起去。

有一次，我们在商店里看到一**条裙子**。她觉得很好看。她一边穿，一边问在旁边帮她拿衣服的我：“你看，这**条裙子**怎么样？”我觉得这**条裙子**很**一般**，颜色也不很好看，**而且**要三百五十块。我觉得太贵了。我说了我是怎么想的。她听了以后，有一点儿不高兴。她说我不愿意看她穿漂亮的衣服，不愿意给她买漂亮的**裙子**。她说得不对。她穿得漂亮，觉得高兴。我是她的丈夫，看到妻子高兴，我也就高兴。其实，这**条裙子**我觉得有一点儿小了。妻子和我**结婚**以后，**长胖**了一点儿。我不敢告诉她。我看她有一点儿不高兴，就马上笑着对她说：“我知道，这**条裙子**虽然不很好看，但是你穿上就很漂亮！人漂亮，穿什么都漂亮。你穿着漂亮，喜欢就买，贵一点儿也没有关系。”

她听了我说的话，也笑了。我们正准备去**付钱**，这时我们才**发现**，那天我们去买了回中国的飞机票，把钱用完了，又没有带**信用卡**。我们没有别的办法，最后把**裙子**放了回去。

以后的几天，我妻子经常说要去买。但是，总是因为有别的事情要做，没有时间去。这个星期六，她**终于**有时间去了。我**以为**她一定会把那**条裙子**买回来呢！让我觉得**奇怪**的是，她没有买那**条裙子**。我问她为什么没有买那**条裙子**。她回答说："那**条裙子**放在那儿都一个多星期了也没有人买，一定不很好看。我看我也就不买了。"

我真不明白女人是怎么想的。你们说我的妻子是不是很可爱？

Verständnistest

请看下面的句子对不对。你想知道你做得怎么样，请看第 78 页。

1. 我的妻子不能穿那条裙子，因为她长得太胖了。 ( )
2. 我的妻子喜欢穿漂亮的衣服，也很会买衣服。 ( )
3. 妻子不高兴是因为她觉得我不愿意让她穿得漂亮。 ( )
4. 我们那天没有钱了，因为钱都给妻子买了新裙子。 ( )
5. 我觉得那条裙子很不好看，而且还有一点儿小。 ( )
6. 我和妻子去买衣服的时候，我就帮她拿衣服。 ( )
7. 妻子因为很忙，所以不想去买那条裙子。 ( )
8. 妻子觉得没有人要的东西一定也不好。 ( )
9. 妻子做了一件让我觉得很奇怪的事。 ( )
10. 我觉得我的妻子不很可爱。 ( )

Meine Ehefrau und der Rock

Meine Ehefrau ist ihrer Mutter sehr ähnlich. Obwohl sie nicht sehr hübsch ist, weiß sie sich aber geschickt zu kleiden und Kleidung zu kaufen. Sie mag es auch sehr gerne, schöne Kleidung zu kaufen. Wenn sie welche kaufen möchte, dann soll sie doch welche kaufen! Aber sie mag immer gerne, wenn ich mit ihr zusammen zum

Einkaufen gehe.

Einmal hatten wir in einem Laden einen Rock gesehen. Sie fand ihn sehr schön. Während sie ihn anprobierte, fragte sie mich, der neben ihr stand und ihre Kleidung hielt: „Schau, wie findest du diesen Rock?“ Ich fand diesen Rock ganz durchschnittlich. Die Farbe sah auch nicht nur schlecht aus, sondern er kostete auch noch 350 Yuan. Ich fand ihn zu teuer. Ich hatte ihr gesagt, was ich darüber dachte. Sie fühlte sich nicht glücklich, nachdem sie es gehört hatte. Sie sagte, ich würde es nicht gerne sehen, wenn sie sich hübsch anzöge. Ich würde nicht gerne schöne Kleidung für sie kaufen wollen. Sie hatte das nicht richtig gesagt. Wenn sie sich schön anzieht, fühlt sie sich wohl. Ich bin ihr Ehemann. Wenn ich sehe, dass meine Frau glücklich ist, bin ich es auch. In der Tat war dieser Rock ein bisschen zu klein für sie. Seit meine Frau mich geheiratet hat, hat sie ein bisschen zugenommen. Ich traue mich nicht, ihr das zu sagen. Ich merkte, dass sie sich nicht glücklich fühlte, und sagte sofort lächelnd zu ihr: „Ich weiß, obwohl dieser Rock nicht besonders hübsch ist, aber wenn du ihn anziehst, dann steht er dir sehr gut. Wenn Menschen hübsch sind, sind sie in jeder Kleidung hübsch. Wenn du dich darin hübsch findest und ihn möchtest, dann kauf ihn doch. Es macht überhaupt nichts, dass er ein bisschen teuer ist.“

Nachdem sie hörte, was ich gesagt hatte, lachte sie auch. Wir wollten gerade aufbrechen, um zu zahlen, da entdeckten wir, dass wir das Bargeld nach dem Kauf der Flugscheine nach China aufgebraucht und auch keine Kreditkarte dabei hatten. Wir hatten keine andere Wahl. Letztendlich legten wir den Rock zurück.

Die Tage danach sagte meine Frau oft, dass sie hingehen wollte, den Rock zu kaufen. Aber es gab immer andere Dinge zu erledigen. Dadurch hatte sie keine Zeit hinzugehen. Diesen Samstag hatte sie endlich mal Zeit hinzugehen. Ich glaubte, dass sie zurückkehren würde und bestimmt diesen Rock gekauft hätte. Zu meiner Überraschung hatte sie ihn doch nicht gekauft. Ich fragte sie, warum sie jenen Rock nicht gekauft hatte. Sie antwortete: „Jener Rock hängt dort mehr als eine Woche lang. Niemand hat ihn gekauft. Der ist bestimmt nicht hübsch. Ich sehe das so, dass ich ihn doch auch nicht kaufe.“

Ich verstehe echt nicht, wie Frauen denken. Sagt mal, ist meine Frau nicht sehr niedlich?

Lösung Verständnistest

（1）错，（2）对，（3）对，（4）错，（5）错，（6）对，（7）错，（8）对，（9）对，（10）错

09 怎么让孩子在家接电话

Vokabeln

1-33
1-34

这样 zhèyàng	so wie, so *(in dieser Art)* *Adverb*
请像我这样拿筷子。	Bitte nimm die Essstäbchen so wie ich.
这样做不行！	Es so zu machen, geht nicht
我们这样讲，别人不觉得很奇怪吗？	Wenn wir es so erzählen, werden sich die anderen Leute nicht komisch fühlen?

如果 rúguǒ	wenn, falls *Konjunktion*
但是，如果妈妈来了，你就能开门。	Aber, wenn die Mama kommt, dann kannst du die Türe öffnen.
如果我渴了，我能喝什么？	Wenn ich Durst habe, was darf ich trinken?
如果是这样，…	Wenn es so ist, …
如果我是你，我就不这样做。	Wenn ich du wäre, würde ich es nicht so machen.

应该 yīnggāi	sollen *Modalverb*
孩子应该怎么回答呢？	Wie sollte denn ein Kind antworten?
我们明天应该六点起床。	Wir sollen morgen um 6 Uhr aufstehen.
我们应不应该告诉她？	Sollen wir ihr Bescheid sagen oder nicht?
这是我应该做的。	Das ist, was ich machen soll.

重要 zhòngyào	wichtig (sein) *Adjektiv*
我有很重要的事要告诉你。	Ich habe eine sehr wichtige Sache, die ich dir mitteilen will.
这个结果很重要。	Dieses Ergebnis ist sehr wichtig.
重要的事情应该先做。	Wichtige Angelegenheiten sollte man zuerst erledigen.

别人	biéren	andere	*Personalpronomen*
别人不应该知道这件事。		Andere sollen nicht diese Sache wissen.	
别人要喝酒，就喝酒。		Wenn andere Alkohol trinken wollen, sollen sie doch welchen trinken.	

突然	tūrán	plötzlich, unerwartet	*Adverb / Adjektiv*
他突然觉得有一点儿不舒服。		Er fühlte sich plötzlich ein bisschen unwohl.	
突然，她发现她的信用卡不见了。		Sie entdeckte plötzlich, dass ihre Kreditkarte verschwunden war.	
这件事太突然了。		Diese Sache ist zu plötzlich.	

习惯	xíguàn	sich anpassen, gewöhnt sein	*Verb*
习惯了，对…习惯		sich gewöhnt haben, sich an… gewöhnen	
他习惯用冷水洗手。		Er ist es gewohnt, mit kaltem Wasser die Hände zu waschen.	
她不习惯这里的天气。		Sie ist nicht an das Wetter hier gewöhnt.	
他对新工作已经习惯了。		Er hat sich schon an die neue Aufgabe gewöhnt.	

习惯	xíguàn	Gewohnheit	*Substantiv*
这个孩子有很多好习惯。		Dieses Kind hat sehr viele gute Gewohnheiten.	
早睡早起是一个好习惯。		Es ist eine gute Gewohnheit, früh ins Bett zu gehen und früh aufzustehen.	
这是一个习惯的问题。		Dies ist eine Frage der Gewohnheit.	

响	xiǎng	klingeln	*Verb*
响了		geklingelt haben	
你的手机响了。电话响了。		Dein Handy klingelt. Das Telefon klingelt.	
什么东西在响？		Was läutet?	

响 xiǎng	laut (sein) *Adjektiv*
请把电视关小一点儿，太响了！	Bitte drehe den Fernseher leiser. Es ist zu laut.
电视很响。	Der Fernseher ist sehr laut.

为了 wèile	um zu, damit *Konjunktion*
为了不让妈妈走，孩子开始哭了。	Um zu verhindern, dass die Mama weggeht, fing das Kind an zu weinen.
为了使妻子的生日过得高兴，他给她买了一条漂亮的裙子。	Um seine Frau den Geburtstag fröhlich verbringen zu lassen, hatte er ihr einen schönen Rock gekauft.

其他 qítā	anderer, -e, -es *Pronomen*
其他的事情	andere Sachen
如果你生病了，只喝热水。别喝其他的东西！	Wenn du krank bist, trinke nur warmes Wasser. Nicht andere Getränke trinken!

客人 kèrén	Gast *Substantiv*
一个客人，一些客人	ein Gast, einige Gäste
有客人来了！	Es gibt Gäste, die gekommen sind!
他是从中国来的客人。	Er ist der Gast, der aus China gekommen ist.

方便 fāngbiàn	praktisch (sein), bequem (sein) *Adjektiv*
在这里买菜很方便。	Hier ist es sehr bequem, Lebensmittel zu kaufen.
对面有一家电影院。看电影很方便。	Gegenüber gibt es ein Kino Filme zu schauen, ist sehr praktisch.
方便	auch: verkehrsgünstig (sein)

Grammatik und Worterklärungen

为了

Die Konjunktion „**为了**" (wèile) bedeutet „um zu" oder „damit". Sie verknüpft einen Aussagesatz mit einem (größeren) Zweck.

Steht der den Zweck beschreibende Satz zuerst, so wird „**为了**" direkt vor den Satz gestellt.

为了不长胖，她每天只吃一点儿。	Um nicht dick zu werden, isst sie jeden Tag nur ein bisschen.
为了孩子有吃的，他要去找工作。	Damit die Kinder etwas zu essen haben, muss er eine Arbeit suchen gehen.

Steht der den Zweck beschreibende Satz als zweites, so wird dieser mit „**是为了**" an den anderen Satz angehängt.

她每天只吃一点儿，**是为了**不长胖。	Sie isst jeden Tag nur ein bisschen, um nicht dick zu werden.
他要去找工作，**是为了**孩子有吃的。	Er muss eine Arbeit suchen gehen, damit die Kinder etwas zu essen haben.

如果

Die Konjunktion „**如果**" (rúguǒ) bedeutet „wenn" oder „falls". Sie leitet eine Bedingung ein. „**如果**" steht am Anfang des Satzes, der die Bedingung beschreibt.

如果你有信用卡，你能在网上买火车票。	Wenn du eine Kreditkarte hast, kannst du im Internet Zugfahrkarten kaufen.
如果那个人把书还了，你可以借那本书。	Wenn jener Mensch das Buch zurückgegeben hat, kannst du jenes Buch ausleihen.

„**如果**" kann auch eine Hypothese beschreiben, die im Deutschen oft im Konjunktiv steht.

如果我是你，我就不去。	Wenn ich du wäre, würde ich nicht hingehen.
如果现在天很热，我就穿裙子。	Falls es jetzt sehr warm wäre, würde ich schon einen Rock anziehen.

Im mündlichen Sprachgebrauch wird eine Hypothese auch oft mit „**如果…的话**" formuliert. Diese Formulierung ist von der Bedeutung her mit der oben beschriebenen Hypothese gleich.

如果我是你**的话**，我就不去。	Wenn ich du wäre, würde ich nicht hingehen.
如果现在天很热**的话**，我就穿裙子。	Wenn es jetzt sehr warm wäre, würde ich schon einen Rock anziehen.

应该要

Was ist eigentlich der Unterschied zwischen „**应该**“ (yīnggāi) und „**要**“ (yào)? „**应该**“ bedeutet „sollen“. „**要**“ bedeutet „wollen“ oder „müssen“

爸爸说，我**应该**读大学。	Vater sagt, ich soll an der Universität studieren.
我**要**去，没有办法。	Ich muss hingehen und habe keine Alternative.
我**要**学习汉语。	Ich will Chinesisch lernen

这个这样

Die beiden Ausdrücke „**这个**“ (zhège) und „**这样**“ (zhè yàng) sind scheinbar ähnlich, sind sie aber nicht. „**这个**“ heißt wörtlich übersetzt „dieses (Stück)“ oder „das (Stück)“ und ist ein Substantiv. „**这样**“ bedeutet „so (wie dieses)“. Es ist ein Adverb. Aus diesem Grund kann „**这个**“ hinter einem Verb als Objekt und vor einem Verb als Subjekt verwendet werden. „**这样**“ muss als Adverb immer vor dem Verb stehen.

这个很好吃。我要吃**这个**。	Dies ist lecker. Ich möchte das essen.
你要**这样**写这个。	Du solltest dies so schreiben.

怎么让孩子在家接电话

1-35
1-36

昨天晚上，孩子的爷爷奶奶给我打来电话，问昨天下午，我们是不是在家。昨天是星期一。星期一下午我们一般都在家。对了，昨天天很好。我下午洗了衣服。我让九岁的儿子一个人在家，我去下面洗衣服了。可能就在这个时候，他奶奶给我们打了电话。因为没有人接电话，所以她以为家里没有人。我对孩子说过，爸爸妈妈不在家的时候，有人来电话，也不要接。

我**这样**做，我觉得没有错。但是，**如果**是认识的人来电话，有**重要**的事找我们，要告诉我们，怎么办呢？孩子一个人在家**应**不**应该**接电话呢？**如果**接了电话，**别人**知道家里就只有一个孩子，**这样**不是很不好吗？我看了一本书。书上是**这样**写的：

小孩子一个人在家，**突然**来了电话。一般，孩子不**习惯**去接电话，但是电话一直在**响**，孩子就会去接。**如果**孩子去接电话，打电话的人是不认识的人，**应该**怎么回答呢？**为了**不让**别人**知道孩子是一个人在家，我们要告诉孩子**应该**怎么样回答**别人**的问题，而且还不让人觉得很奇怪。

你一定要先问清楚打电话的人是谁。**如果**你不认识这个人，不要告诉他**其他**的事情。不要让他知道只有你一个人在家。一定要问清楚打电话的人的名字和电话。**如果**那个人一定要你爸爸妈妈接电话，你可以告诉他，爸爸妈妈正在休息，请他过几分钟以后，再打电话。或者说家里有**客人**，现在爸爸妈妈接电话不**方便**。**这样**，**别人**就不会知道你是一个人在家了。

我把这本书拿给我儿子看。他非常认真地读了。我们问他懂不懂，他说他懂书上写的，也觉得书上讲的办法很好。以后，他一个人在家，我们也让他接电话。家人有什么**重要**的事，**这样**总能找到我们。

这是中国人经常用的办法，不知道大家有什么别的好办法。**如果**有，请一定告诉我，好吗？

Verständnistest

请看下面的句子对不对。你想知道你做得怎么样，请看第 86 页。

1. 星期一，我们一般都在家。 （ ）
2. 孩子奶奶给我们打电话的时候，我正在外面洗衣服。 （ ）
3. 家里没有一个人，所以没有人接她的电话。 （ ）
4. 突然来了电话，孩子们会习惯地去接电话。 （ ）
5. 孩子们都知道怎么回答别人的问题。 （ ）
6. 我们要教孩子回答不认识的人的问题。 （ ）
7. 爸爸妈妈应该告诉别人家里只有孩子的时候，不要打电话。 （ ）
8. 因为家里有客人，爸爸妈妈不能休息，也不能接电话。 （ ）
9. 孩子在电话上回答别人的问题，让人觉得很奇怪。 （ ）
10. 告诉孩子要问清楚打电话的人的名字和电话。 （ ）

Wie man Kinder zu Hause Telefonate entgegennehmen lässt

Gestern Abend hatten mich der Opa und die Oma meines Kindes angerufen. Sie hatten gefragt, ob wir gestern Nachmittag zu Hause gewesen wären. Gestern war Montag. Montagnachmittag sind wir normalerweise alle zu Hause. Da fällt mir ein, gestern war das Wetter sehr schön. Ich hatte am Nachmittag Wäsche gewaschen. Ich ließ den 9-jährigen Sohn alleine in der Wohnung und ging nach unten, um Wäsche zu waschen. Vielleicht war es doch zu dieser Zeit, dass seine Oma uns angerufen hatte. Weil niemand den Anruf abgenommen hatte, deshalb glaubte sie, dass niemand zu Hause wäre. Ich habe dem Kind Bescheid gesagt, dass es Anrufe nicht entgegennehmen soll, wenn die Eltern nicht zu Hause sind.

Ich glaube, es so zu tun, habe ich nicht falsch gemacht. Aber, falls ein Anruf von einem Bekannten kommt und der eine ganz wichtige Sache mitzuteilen hat, was sollte man denn machen? Sollte ein Kind, das alleine zu Hause ist, das Telefon abnehmen oder nicht? Wenn andere Leute wissen, nachdem das Telefon abgehoben wurde, dass zu Hause ein Kind alleine ist, so wäre das doch nicht gut? Ich habe ein Buch gelesen. Im Buch steht es so geschrieben:

Wenn ein kleines Kind alleine zu Hause ist und das Telefon plötzlich klingelt, ist es nicht daran gewöhnt, zum Telefon zu gehen und es abzunehmen. Aber, wenn das Telefon ununterbrochen klingelt, könnte das Kind doch hingehen und abnehmen. Falls es das Telefon abgehoben hat und der Anrufer ein Unbekannter ist, was sollte das Kind dann antworten? Um andere nicht wissen zu lassen, dass das Kind alleine zu Hause ist, müssen wir dem Kind beibringen, wie es auf die Fragen des Anrufers antworten soll, damit der Anrufer nicht Verdacht schöpft.

Es sollte unbedingt zuerst den Anrufer klar fragen, wer er ist. Wenn es diese Person nicht kennt, darf es ihm nichts Anderes mitteilen. Es sollte ihn nicht wissen lassen, dass es alleine zu Hause ist. Es sollte unbedingt nach dem Namen und der Telefonnummer des Anrufers fragen. In dem Fall, dass er unbedingt mit seinen Eltern sprechen will, dann kann es sagen, dass die Eltern sich gerade ausruhen. Es könnte ihn darum bitten, ein paar Minuten später noch einmal anzurufen. Oder es sagt ihm, dass es zu Hause Gäste gibt und es jetzt ungünstig für seine Eltern ist, mit ihm zu sprechen. Dadurch kann der Anrufer nicht wissen, dass es alleine zu Hause ist.

Ich habe meinem Sohn dieses Buch gezeigt. Er hat es äußerst gewissenhaft gelesen. Wir haben ihn gefragt, ob er es verstanden hat. Er hat gesagt, er habe verstanden, was im Buch geschrieben steht, und fände, dass die Lösung im Buch auch sehr gut sei. Seitdem erlauben wir ihm, wenn er alleine zu Hause ist, auch Anrufe entgegenzunehmen. Wenn Familienmitglieder wichtige Angelegenheiten haben, können sie uns so immer erreichen.

Dies ist in China eine oft benutzte Vorgehensweise. Ich weiß nicht, ob ihr eine andere bessere Lösung habt. Falls es eine gibt, informiert mich bitte unbedingt, in Ordnung?

Lösung Verständnistest

（1）对，（2）错，（3）错，（4）错，（5）错，（6）对，（7）错，（8）错，（9）错，（10）对

10 办签证

Vokabeln

1-37
1-38

办	**bàn**	**erledigen**	*Verb*
办了，办事情		erledigt haben, eine Angelegenheit erledigen	
我要办这些事。		Ich muss diese Sachen erledigen.	
我今天有很多事情要办。		Ich habe heute sehr viele Angelegenheiten zu erledigen.	
签证	**qiānzhèng**	**Visum**	*Substantiv*
这个签证		dieses Visum	
办签证		Visum beantragen	
德国人去中国需要签证。		Deutsche, die nach China reisen, benötigen ein Visum.	
你有没有去德国的签证？		Hast du ein Visum für Deutschland?	
邻居	**línjū**	**Nachbar**	*Substantiv*
一个邻居，一些邻居		ein Nachbar, einige Nachbarn	
你们的邻居叫什么名字？		Wie heißt euer Nachbar?	
你的邻居是中国人吧？		Dein Nachbar ist vermutlich Chinese?	
关系	**guānxi**	**Beziehung, Verhältnis**	*Substantiv*
这个关系		diese Beziehung	
和…有关系		mit… in Beziehung stehen	
这件事和我们大家都有关系。		Diese Angelegenheit hat mit uns allen zu tun.	
两家的关系很好。		Das Verhältnis zwischen beiden Familien ist sehr gut.	
你和邻居的关系怎么样？		Wie ist die Beziehung zwischen dir und deinem Nachbarn?	

中医 zhōngyī	chinesische Medizin *Substantiv*
他在中国学中医。	Er studiert in China chinesische Medizin.
我的邻居喜欢去看中医。	Mein Nachbar mag es, sich nach chinesischer Medizin behandeln zu lassen.

跟 gēn	folgen; mit; wie *Verb / Präposition*
跟着我	mir folgen
请跟我来！	Bitte komm mit mir!
我跟他都很努力地学习汉语。	Ich lerne wie er sehr fleißig Chinesisch.
我跟他去北京旅游。	Ich reise mit ihm nach Peking.

遇到 yùdào	begegnen *Verb*
遇到了	begegnet sein
她在汽车上遇到了她的新邻居。	Sie war im Bus ihrem neuen Nachbarn begegnet.
我已经遇到过这个问题。	Ich bin diesem Problem schon mal begegnet.

需要 xūyào	brauchen, benötigen *Verb*
昨天需要	gestern benötigt haben *(Zustand ohne 了!)*
我去外国旅游需要什么？	Wenn ich ins Ausland reise, was benötige ich?
这里不干净，需要打扫一下。	Hier ist es nicht sauber, Putzen wäre mal nötig.
我饿了。我需要吃一点儿东西。	Ich habe Hunger. Ich benötige ein bisschen was zu Essen.

需要 xūyào	Bedarf *Substantiv*
这个需要	dieser Bedarf
我没有这个需要。	Ich habe nicht diesen Bedarf.

检查 jiǎnchá	nachprüfen, kontrollieren *Verb*
检查了	kontrolliert haben

检查作业，检查工作	Hausaufgaben kontrollieren, Arbeit kontrollieren
妈妈检查儿子做作业做得好不好。	Die Mutter kontrolliert, ob der Sohn die Hausaufgaben gut gemacht hat.
护照 **hùzhào**	**Reisepass** *Substantiv*
一本护照，这本护照	ein Reisepass, dieser Reisepass
我先检查一下您的护照。	Ich kontrolliere zuerst mal kurz Ihren Reisepass.
请把您的护照给我看一下。	Bitte zeigen Sie mir kurz Ihren Reisepass.
大使馆 **dàshǐguǎn**	**Botschaft** *Substantiv*
一个大使馆，这个大使馆	eine Botschaft, diese Botschaft
我去大使馆办签证。	Ich gehe zur Botschaft, um ein Visum zu beantragen.
大使馆今天下午三点关门。	Die Botschaft schließt heute Nachmittag um drei Uhr.
特别 **tèbié**	**besonders** *Adverb*
他是一个特别好的儿子。	Er ist ein besonders guter Sohn.
她做饭做得特别好吃。	Sie kocht besonders gut.
特别 **tèbié**	**besonders, außergewöhnlich (sein)** *Adjektiv*
特别的人，特别的礼物	ein besonderer Mensch, ein besonderes Geschenk
她很特别。	Sie ist sehr außergewöhnlich.
一样 **yíyàng**	**gleich (sein)** *Adjektiv*
和…一样，跟…一样	gleich sein wie…, mit… gleich sein
这个电脑和那个一样。	Dieser Computer ist gleich wie jener.
这个电脑跟那个一样。	Dieser Computer ist mit jenem gleich.
是一样的！	Es ist gleich!
一样贵，一样好，一样漂亮	gleich teuer, gleich gut, gleich hübsch

Grammatik und Worterklärungen

一样

Das Adjektiv „**一样**" (yíyàng) bedeutet „gleich" oder als Adjektiv in verbialer Funktion „gleich sein".

Anbei einige Beispiele als Adjektiv:

这些笔是**一样**的。	Diese Stifte sind die gleichen.
这两个是**一样**的颜色。	Diese beiden haben die gleichen Farben.

Anbei ein Beispiel als Adjektiv in verbialer Funktion:

它们**一样**。	Sie sind gleich.

Soll angegeben werden, womit etwas gleich ist, so wird dies mit „**和**" oder „**跟**" gekennzeichnet.

Der Ausdruck „A **和** B **一样**" bedeutet „A und B sind gleich".

他**和**他姐姐**一样**高。	Er und seine ältere Schwester sind gleich groß.

„A **跟** B **一样**" bedeutet „A ist gleich wie B".

他**跟**他姐姐**一样**高。	Er ist gleich groß wie seine ältere Schwester.

Die beiden Ausdrücke „**和…一样**" und „**跟…一样**" sagen das gleiche aus, nur die Färbung ist ein bisschen anders. „**和**" betont, dass etwas gleichwertig ist. „**跟**" deutet dagegen eine Reihenfolge oder Hierarchie an.

跟

Das Wort „**跟**" (gēn) kann ein Verb oder eine Präposition sein.

Als Verb bedeutet es „folgen". Anbei sind einige Beispiele aufgeführt:

我不知道怎么走。我**跟**着你吧！	Ich weiß nicht, wie man hingeht. Ich folge dir!
请您**跟**我来。	Bitte folgen Sie mir nach.

Als Präposition bedeutet es „mit". In diesem Fall hat „**跟**" fast eine gleiche Bedeutung wie „**和**". „**和**" betont, dass etwas gleichwertig ist. „**跟**" deutet dagegen eine Hierarchie oder Reihenfolge an.

我**和**你在一起。	Du und ich sind zusammen. (我和你一样重要)

我**跟**你在一起。	Ich bin mit dir zusammen. (你在先，我在后)

Das Verb „**需要**“ (xūyào) bedeutet „brauchen“ oder „benötigen“. Wie grenzt sich „**需要**“ von „**要**“ ab, das „benötigen“, „wollen“ oder auch „haben wollen“ heißt?

In Fall von „brauchen“ und „benötigen“ können beide Verben verwendet werden.

我**需要**钱。= 我**要**钱。	Ich brauche Geld.

In Fall von „wollen“ oder auch „haben wollen“ kann nur „**要**“ benutzt werden.

我**要**钱。	Ich will Geld. *oder* Ich will Geld haben.

Fazit: „**需要**“ drückt eindeutig eine Notwendigkeit aus. „**要**“ ist mehrdeutig. „**需要**“ kann zusätzlich ein Substantiv sein, „**要**“ nicht.

我没有这个**需要**。	Ich habe nicht diesen Bedarf.

Das Deutsche wie auch das Chinesische kennen die Möglichkeit, nicht ganz exakte Mengen- oder Zeitangaben zu treffen. Ein Beispiel wäre „drei vier Äpfel“ als Abkürzung für „drei oder vier Äpfel“ oder „drei bis vier Äpfel“.

So eine Mengen- oder Zeitangabe wird formuliert, indem zwei aufeinanderfolgende Zahlen gefolgt von einem Zähleinheitswort und dem gezählten Gegenstand hintereinander aufgeführt werden.

两三个苹果	zwei drei Äpfel
五六块蛋糕	fünf oder sechs Stücke Kuchen
十二三岁	zwölf dreizehn Jahre alt
二三十个学生	zwanzig bis dreißig Schüler
四五百本书	vier- bis fünfhundert Bücher
两三千元	zweitausend oder dreitausend Yuan

Hinweis: Es werden also immer zwei aufeinanderfolgende Zahlen verwendet. Nur die Pärchen „九“ und „十“ sowie „十“ und „十一“ sind nicht möglich.

特别

Das Wort „**特别**" (tèbié) kann als Adverb und als Adjektiv benutzt werden.

Als Adverb beschreibt es ein Adjektiv.

特别快，**特别**好	besonders schnell, besonders gut

Als Adjektiv kann „**特别**" als Attribut ein Substantiv beschreiben oder von einem Adverb beschrieben werden.

他是一个**特别**的人。	Er ist ein besonderer Mensch.
这件事情非常**特别**。	Diese Sache ist unglaublich außergewöhnlich.

同事小李

Im Deutschen werden vor einen Namen oft Anreden und erklärende Ergänzungswörter gesetzt (Herr Müller, Kollege Kraus, Familie Schmidt, Gattin Marie, Ehemann Klaus…). Im Chinesischen gibt es so etwas auch, man unterscheidet aber, ob es sich um eine Anrede oder ein Ergänzungswort handelt.

Die Anrede steht immer hinter dem Namen. Eine Merkhilfe ist: Da man den Nachnamen einer Person nicht alleine benutzt, benötigt man eine Anrede.

Das Ergänzungswort steht immer vor dem Namen. Eine Merkhilfe ist: Name und Ergänzungswort können auch alleine im Satz benutzt werden. Über ein Ergänzungswort werden mehrere Informationen verdichtet. Die Informationen „小李来了", „同事来了" und „小李是我的同事" werden zu „同事小李来了".

Ergänzungswort	Anrede
同事小李，妻子小马，邻居小谢	李经理，马先生，高女士，李小姐

办签证

1-39
1-40

马可今年快三十五岁了。他和他妻子有一个女儿。他们的女儿今年五岁了。他们有一个**邻居**是中国人。虽然他们两家认识的时间不长，但是他们的**关系**很好。

这家中国人，丈夫姓张，妻子姓高。他们有一个儿子，**跟**马可的女儿**一样**大，今年快五岁了。小张在中国读完大学，又来德国读书。

现在他在一家电子公司工作。妻子小高在中国是医生。她在中国学的是**中医**。因为，她在中国只学了一点儿德语，所以她现在还要在学校学习德语。他们一家人非常热情。妻子小高和丈夫小张都很会做中国饭，做的中国饭也都很好吃。他们经常做了好吃的东西就给马可一家送去。马可的小女儿很喜欢吃中国饭，而且也很喜欢和他们的儿子一起玩。两个小孩儿上一个幼儿园，所以，他们经常见面。

马可上个月找到了一个新工作。这家公司很大，离他们住的地方也不远。马可做的工作**跟**中国有很多**关系**。

有一天，马可在回家的路上**遇到**了**邻居**小张。他高兴地对小张说："小张，我下个月要去中国。你说，我需不**需要办签证**呢？"小张说："你要**办签证**。你还应该先**检查**一下你的**护照**。**护照**没有问题就可以去**大使馆办签证**。一定要带上你的照片。你也可以在网上看一看**大使馆需要**什么。"马可说："谢谢你！这一点很重要。我回家一定先看一看我的那本老**护照**。我有五六年没有用它了。"

过了几天，小张又**遇到**了马可，想到了马可要去中国的事，就问他："马可，你说要去中国，你的**护照**和**签证办**好了吗？准备什么时候走？"

"**办**好了！下个星期三的飞机。谢谢你告诉我要先**检查护照**。**大使馆**的人**办**得很快，只要一个星期。一个星期以后，我去拿**护照**和**签证**，一点儿问题都没有。对了，你说我去中国见到中国同事，给他们带一点儿什么礼物去呢？""带一点儿小东西就行。这是一个**特别**让人头疼的事情。以前，在中国买不到很多东西，现在不**一样**了。有钱，什么东西都可以买到。德国有很多小东西还都是从中国来的呢。所以，在这里买，再把它们带去中国，让人觉得很奇怪。这件事我也不很清楚。我回家问问我妻子，再打电话告诉你，怎么样？”

“太好了！先谢谢你了！”马可回答说。小张客气地说：“不客气！我还没有告诉你呢。告诉了你，再谢谢我吧！”马可听了笑了。

Verständnistest

请看下面的句子对不对。你想知道你做得怎么样，请看第 96 页。

1. 马可和小张的关系很好，是因为他们以前在一起工作过。 ( )
2. 小张的妻子和他一样也姓张。 ( )
3. 马可的女儿和小张的儿子上一个幼儿园。 ( )
4. 马可的新工作跟中国有很多关系。 ( )
5. 马可请小张到他家来玩，也想问他去中国的事情。 ( )
6. 马可没有检查他的护照就去办了签证，也没有问题。 ( )
7. 在中国只要有钱，什么东西都可以买得到。 ( )
8. 小张很清楚应该带什么礼物给中国同事。 ( )
9. 马可很客气，小张也很客气。 ( )
10. 德国人去中国习惯给中国同事带中国的礼物。 ( )

Visum beantragen

Marc wird dieses Jahr schon 35 Jahre alt. Er und seine Frau haben eine Tochter. Ihre Tochter ist dieses Jahr 5 Jahre alt. Sie haben Nachbarn, die Chinesen sind. Die beiden Familien kennen sich zwar nicht sehr lange, aber die Beziehung zwischen den beiden Familien ist sehr gut.

In dieser chinesischen Familie heißt der Ehemann „Zhang“, die Ehefrau „Gao“. Sie haben einen Sohn, der genauso alt wie Marcs Tochter ist. Er wird dieses Jahr schon 5 Jahre alt. Xiao Zhang hatte in China fertig studiert und war zusätzlich nach Deutschland gekommen, um weiter zu studieren. Jetzt arbeitet er in einer Elektrofirma. Die Ehefrau, Xiao Gao, war eine Ärztin in China. Sie hat in China chinesische Medizin studiert. Weil sie in China nur ein bisschen Deutsch gelernt hatte, deshalb muss sie jetzt noch in die Schule gehen, um Deutsch zu lernen. Die ganze Familie ist außerordentlich warmherzig. Die Ehefrau Xiao Gao und der Ehemann Xiao Zhang können beide sehr gut chinesisch kochen, und das chinesische Essen, das sie kochen, schmeckt sehr gut. Sie bringen sehr oft Essen zu der Familie von Marc, wenn sie etwas Gutes gekocht haben. Die Tochter von Marcs Familie mag sehr gerne chinesisches Essen. Sie spielt auch sehr gerne mit deren Sohn. Die beiden Kinder besuchen den gleichen Kindergarten. Deshalb sehen sie sich oft.

Marc hat im vergangenen Monat eine neue Arbeit gefunden. Diese Firma ist sehr groß und auch nicht weit von dem Ort weg, wo sie wohnen. Die Arbeit, die Marc macht, hat sehr viel mit China zu tun.

Eines Tages trifft Marc auf dem Weg nach Hause den Nachbarn Xiao Zhang. Er erzählt fröhlich Xiao Zhang: „Xiao Zhang, ich muss nächsten Monat nach China gehen. Sag mal, ob ich ein Visum beantragen muss?“ Xiao Zhang sagt: „Du brauchst ein Visum. Du solltest zuerst mal deinen Pass prüfen. Wenn dein Pass kein Problem hat, dann kannst du zu der Botschaft gehen, um ein Visum zu beantragen. Auf jedem Fall ein Foto von dir mitnehmen! Du kannst auch mal im Internet nachschauen, was die Botschaft noch benötigt.“ Marc erwidert: „Ich danke dir! Dieser Punkt ist sehr wichtig. Wenn ich zu Hause bin, werfe ich auf jeden Fall zuerst einmal einen Blick auf meinen alten Pass. Ich habe ihn schon fünf bis sechs Jahre nicht benutzt.“

Ein paar Tage später begegnet Xiao Zhang wieder Marc. Es fällt ihm ein, dass Marc nach China fliegen muss. Er fragt: „Marc, du hast gesagt, dass du nach China reisen musst. Sind dein Pass und das Visum erledigt? Wann planst du wegzufahren?“

„Alles ist erledigt! Der Flug ist nächsten Mittwoch. Danke, dass du mir Bescheid gesagt hattest, dass ich zuerst meinen Pass prüfen sollte. Die Angestellten in der Botschaft haben es ganz schnell erledigt. Es hat nur eine Woche gedauert. Eine Woche später bin ich dorthin gegangen, um den Pass und das Visum abzuholen. Es gab nicht das geringste Problem. Da fällt mir ein, sag mal, was für ein Geschenk sollte ich meinen chinesischen Kollegen mitbringen?“ „Eine Kleinigkeit mitzunehmen, genügt schon. Das ist eine Frage, die einem oft Kopfzerbrechen bereitet.

Früher gab es in China nicht so viele Sachen zu kaufen. Aber jetzt ist das anders. Mit Geld kann man alles kaufen. Viele kleine Sachen, die es in Deutschland gibt, kommen meistens sogar aus China. Oft kauft man hier etwas und bringt es dann zurück nach China. Das ist doch ein bisschen komisch. In dieser Angelegenheit kenne ich mich auch nicht sehr gut aus. Ich gehe nach Hause und frage meine Frau. Dann rufe ich dich an und gebe dir Bescheid. Wie wäre das denn?“

„Super! Danke im Voraus!“, antwortet Marc. Xiao Zhang antwortet höflich: „Keine Ursache! Ich habe dir doch noch nicht Bescheid gesagt. Danke mir, nachdem ich dich informiert habe!“ Nachdem Marc das gehört hat, lächelt er.

Lösung Verständnistest

（1）错，（2）错，（3）对，（4）对，（5）错，（6）错，（7）对，（8）错，（9）对，（10）错

11 写给爷爷奶奶的信

Vokabeln

1-41
1-42

信	**xìn**	**Brief**	*Substantiv*
一封信（封, fēng）		ein Brief	
写信，给…写信		Briefe schreiben, … einen Brief schreiben	
他每个星期给她写信。		Er schreibt ihr jede Woche einen Brief.	
今天，谁还写信？		Wer schreibt heutzutage noch Briefe?	
最近	**zuìjìn**	**kürzlich, in naher Zeit, in letzter Zeit**	*Adverb*
我最近遇到了他。		Ich bin ihm kürzlich begegnet.	
他最近到了中国。		Er ist kürzlich in China eingetroffen.	
我最近要去中国。		Ich werde in naher Zeit nach China gehen.	
最近，你忙不忙？		Warst du in der letzten Zeit beschäftigt?	
放心	**fàngxīn**	**sich beruhigen, sorglos sein**	*Verb*
放心		sich beruhigt haben *(ohne 了!)*	
我对他放心。		Ich mache mir um ihn keine Sorgen.	
我对这件事不放心。		Ich mache mir Sorgen um diese Angelegenheit.	
她让我不放心。		Sie lässt mich nicht sorglos sein.	
年级	**niánjí**	**Schuljahr, Jahrgang, Klasse**	*Substantiv*
一年级，二年级		erstes Schuljahr, zweites Schuljahr	
上五年级		das fünfte Schuljahr besuchen	
两个年级		zwei Schuljahre	
你上几年级？		In welchem Schuljahr bist du?	
我在小学上四年级。		Ich gehe in der Grundschule in die vierte Klasse.	

我们学校每个年级有三个班。		In unserer Schule hat jeder Jahrgang drei Klassen.	
放学	**fàng xué**	**Schule aus sein**	*Verb + Substantiv*
放了学		die Schule ist aus	
你今天几点钟放学？		Um wie viel Uhr hast du heute Schule aus?	
黑板	**hēibǎn**	**Tafel**	*Substantiv*
一块黑板，这块黑板		eine Tafel, diese Tafel	
你能看得清楚黑板上的字吗？		Kannst du die Schrift an der Tafel lesen?	
老师经常用黑板。		Der Lehrer benutzt oft die Tafel.	
动	**dòng**	**sich bewegen, bewegen**	*Verb*
动了		sich bewegt haben, bewegt haben	
小心！别动！		Achtung! Beweg dich nicht!	
不要动我的杯子！		Nicht meine Tasse berühen!	
你看！汽车动了！		Schau! Das Auto hat sich bewegt.	
分数	**fēnshù**	**Note, Prüfungsergebnis**	*Substantiv*
这个分数		diese Note	
这次汉语考试的分数不好。		Dieses Mal sind die Noten der Chinesischprüfung nicht gut.	
他考试的分数总是第一。		Er steht mit den Prüfungsergebnissen stets an erster Stelle.	
数学	**shùxué**	**Mathematik**	*Substantiv*
我女儿不喜欢数学。		Meine Tochter mag Mathematik nicht.	
她考数学考得很好。		Sie hat die Mathematikprüfung sehr gut absolviert.	
他是数学老师。		Er ist Mathematiklehrer.	

校长	xiàozhǎng	Schuldirektor, Schulleiter	*Substantiv*
一个校长，那个校长		ein Schuldirektor, jener Schuldirektor	
我们学校有一个新校长。		Unsere Schule hat einen neuen Schulleiter.	
祝	**zhù**	**wünschen** *(Glückwunsch)*	*Verb*
祝你生日快乐！		Alles Gute zu deinem Geburtstag!	
祝大家新年好！		Ich wünsche allen ein gutes neues Jahr!	
健康	**jiànkāng**	**gesund (sein)**	*Adjektiv*
健康的孩子		gesundes Kind	
因为他每天做运动，所以他很健康。		Weil er jeden Tag Sport treibt, deshalb ist er sehr gesund.	
多吃菜很健康。		Viel Gemüse zu essen, ist sehr gesund.	

Grammatik und Worterklärungen

Das Wort „**年级**“ (niánjí) bedeutet „Schuljahr“ oder „Jahrgangstufe“. Um innerhalb einer Jahrgangstufe die einzelnen Klassen zu unterscheiden, wird das Wort „班“ (bān) verwendet. 年级

一年级二班（1B）	zweite Klasse der ersten Jahrgangstufe
中国的小学有几个年级？	Wie viele Jahrgangstufen hat die Grundschule in China?

Die Prüfungsergebnisse (分数, fēnshù) in China – wie auch das HSK-Prüfungsergebnis – werden meistens in Punkten (**分**, fēn, Teil) angegeben. Viele Lehrer definieren als maximale Punktzahl 100 Punkte, so dass die Punkte in diesen Fällen den Prozentzahlen entsprechen. 分数

我的分数是 90 **分**。	Mein Prüfungsergebnis beträgt 90 Punkte.
我考了 95 **分**。	Ich habe 95 Punkte (Prozent) geschafft.

只有才能

Die deutsche Redensart „nur durch… kann man…" gibt es im Chinesischen auch. Hier heißt es „**只有**…，**才能**…" (zhǐ yǒu…, cái néng…).

只有努力学习，**才能**考得好。	Nur durch fleißiges Lernen kann man eine gute Prüfung machen.
只有经常做运动，**才能**使身体健康。	Nur durch häufigen Sport kann man den Körper gesund halten.

会…的

Um zu betonen, dass eine Aussage oder Vermutung mit äußerster Wahrscheinlichkeit richtig ist, wird im Chinesischen der Ausdruck „**会**…**的**" (huì…de) verwendet. „**会**" steht dabei vor dem Verb, das „**的**" am Satzende. Im Deutschen kann das mit dem Adverb „sicherlich" oder „garantiert" übersetzt werden.

她**会**来**的**。	Sie wird sicherlich herkommen.
你放心吧。她**会**努力地学习数学**的**。	Sei unbesorgt. Sie wird mit Sicherheit fleißig Mathematik lernen.

Wie grenzt sich die Satzstruktur „**会**…**的**" eigentlich von dem Adverb „**一定**" (yídìng) ab? „**一定**" betont, dass eine Vermutung sehr sicher stimmt, und kann für die Zukunft und Vergangenheit verwendet werden. „**会**…**的**" bezieht sich nur auf die Zukunft.

	…会…的。	一定	一定会…的。
Zukunft	他明天会来的。	他明天一定来。	他明天一定会来的。
Vergangenheit		他昨天一定来了。	

写给爷爷奶奶的信

1-43 爷爷奶奶：你们好！
1-44

最近你们身体好吗？

我和爸爸妈妈来德国已经有三个月了。我们在这里很好，请你们**放心**。

我现在在这里的一所中学上四**年级**。你们打电话经常问我，德国的学校和中国的学校有什么不一样。我想了一下这个问题。我发现了几点。

德国的学校比中国小，每个班的学生只有二十几个人，不像在中国每个班有五十几个人。这里的教室很大很干净。对了，德国学校的学生不用**放学**以前打扫教室，学校请人来打扫。教室里的**黑板**还可以上下**动**，我觉得很方便。这里的学生上课很喜欢问很多问题。他们经常到**黑板**前，给大家介绍他们读的一本书，讲他们学习的结果，或者讲他们做的一件有意思的事情。

让我很不习惯的是这里的**分数**。上次，我的**数学**考试考了 95 分，但是，一个考 89 分的同学最后和我的**分数**是一样的。那 6 分就没有用了吗？这让我觉得很不高兴。95 分和 89 分怎么能是一样的呢？我觉得这一点没有中国的好。我真想给学校的**校长**写**信**，告诉他这件事，但是我不敢。其实，我们的**校长**是一个很好的人，见到我们这些学生，总是笑着问我们，在学校学习好不好。特别是对我这个中国孩子，总是问我听不听得懂德语。

现在，我每天早上五点半就起床了。你们不是经常说，早睡早起是一个好习惯吗？起床以后的第一件事就是读德语。妈妈说，只有这样，才能把德语学好。

我每天骑自行车上学。从我们家骑自行车上学只要十分钟。还有一点不一样。他们下午没有很多课，作业也没有中国的学校多，所以我有时间给你们写**信**，也有时间做我喜欢的事情。

爸爸妈妈每个星期六送我去这里的汉语学校学汉语。他们学的东西其实我都会，所以，我只是去那里玩一玩，认识一下新的朋友。

好了，今天就写到这里。外面开始下小雪了。你们那里的天气怎么样？开始下雪了吗？对了，我和同学上个星期二去电影院看了电影。我的德语还不很好，没有都看懂。你们**放心**，我一定会努力学习德语的。

下次再多给你们写。这里有一张我和同学打篮球的时候照的照片，送给你们。

祝爷爷奶奶身体**健康**！

想你们的小健

2012 年 2 月 8 日，德国

Verständnistest

请看下面的句子对不对。你想知道你做得怎么样，请看第 104 页。

1. 德国的学校和中国的学校没有什么不一样。 ( )
2. 德国每个班的学生比中国学校每个班的学生少。 ( )
3. 中国的学生下课以后要打扫教室。 ( )
4. 我不敢给校长写信，因为我找不到校长。 ( )
5. 德国学生不用做很多作业。 ( )
6. 我每个星期六骑自行车去汉语学校，也可以认识一些新的朋友。 ( )
7. 今天的信就写到这里，因为天开始下雪了。 ( )
8. 德国学生上课喜欢问很多问题。 ( )

9. 我觉得德国学校的什么都比中国的好。 （ ）

10. 在信里，小健还给爷爷奶奶一张他和同学一起的照片。 （ ）

Ein Brief an Opa und Oma

Lieber Opa, liebe Oma,

wie geht es Euch gesundheitlich in der letzten Zeit?

Meine Eltern und ich sind schon drei Monate lang hier in Deutschland. Es geht uns hier sehr gut. Bitte macht Euch keine Sorgen.

Ich besuche jetzt die vierte Klasse einer Mittelschule hier. Ihr fragt mich oft am Telefon, was für Unterschiede es zwischen deutschen und chinesischen Schulen gibt. Ich habe mir zu dieser Frage Gedanken gemacht. Ich habe ein paar Punkte herausgefunden.

Die Schulen in Deutschland sind kleiner als in China. Jede Klasse hat nur etwa 20 Schüler, nicht wie in China, wo jede Klasse etwa 50 Schüler hat. Die Klassenzimmer hier sind sehr groß und sehr sauber. Da fällt mir ein: Die Schüler an deutschen Schulen brauchen nicht das Klassenzimmer vor dem Schulende zu putzen. Die Schule bittet andere Leute zu putzen. Die Tafeln im Klassenzimmer sind nach oben oder unten bewegbar. Ich finde, das ist sehr bequem. Die Schüler hier fragen im Unterricht gerne sehr viele Fragen. Sie gehen sehr oft an die Tafel und stellen den anderen das Buch vor, das sie lesen. Sie tragen ihre Lernergebnisse vor oder erzählen über eine interessante Sache, die sie gemacht haben.

Eine Sache, an die ich mich nicht gewöhnen kann, sind die Noten hier. Ich hatte letztes Mal bei der Mathematik-Prüfung 95 Punkte erreicht. Aber ein Schüler, der 89 Punkte bekommt hatte, hatte zum Schluss die gleiche Note wie ich. Haben diese 6 Punkte keine Wirkung, oder? Das macht mich nicht glücklich. Wie können denn 95 Punkte und 89 Punkte gleich sein? Ich meine, dieser Punkt ist nicht so gut wie in China. Ich möchte am liebsten einen Brief an den Schuldirektor schreiben, um ihm diese Angelegenheit mitzuteilen. Aber ich traue mich nicht. Eigentlich ist unser Schuldirektor ein ganz netter Mensch. Wenn er solche Schüler wie uns trifft, fragt er uns immer lächelnd, ob uns das Lernen an der Schule gefällt. Besonders mich, dieses chinesische Kind, fragt er immer, ob ich Deutsch verstehe.

Jetzt stehe ich jeden Morgen schon um halb sechs auf. Habt ihr nicht doch oft gesagt, früh ins Bett zu gehen und früh aufzustehen, sei eine gute Gewohnheit? Die erste

Sache, die ich nach dem Aufstehen mache, ist, Deutsch zu lesen. Mama sagt, nur so kann man die deutsche Sprache gut lernen.

Ich fahre jeden Tag mit dem Fahrrad zur Schule. Man benötigt nur 10 Minuten, um mit dem Fahrrad von unserem zu Hause aus zur Schule zu fahren. Es gibt noch einen Unterschied. Die Schüler hier haben nicht so viel Unterricht am Nachmittag. Die Hausaufgaben sind auch nicht so viele wie in der Schule in China. Deshalb habe ich Zeit, Euch Briefe zu schreiben und zu tun, was ich gerne mache.

Mein Vater und meine Mutter bringen mich jeden Samstag zu einer Chinesisch-Schule hier, um Chinesisch zu lernen. Was sie dort lernen, kann ich eigentlich schon alles. Ich gehe nur deshalb hin, um dort zu spielen und einige neue Freunde kennenzulernen.

Gut, heute schreibe ich nur bis hier. Es fängt draußen an, leicht zu schneien. Wie ist das Wetter bei Euch dort? Hat es angefangen zu schneien? Oh, meine Mitschüler und ich sind am letzten Dienstag ins Kino gegangen und haben einen Film angeschaut. Mein Deutsch ist noch nicht sehr gut. Ich hatte nicht alles verstanden. Aber bitte macht Euch keine Sorgen. Ich lerne bestimmt ganz fleißig Deutsch.

Nächstes Mal schreibe ich Euch noch mehr. Hier ist ein Foto von mir und meinen Mitschülern, das wir beim Basketballspielen aufgenommen haben. Ich schenke es Euch.

Ich wünsche Euch, Opa und Oma, Gesundheit!

Der Euch vermissende Xiao Jian

08.02.2012, Deutschland

Lösung Verständnistest

（1）错，（2）对，（3）对，（4）错，（5）对，（6）错，（7）错，（8）对，（9）错，（10）对

12 三只小熊去游泳

Vokabeln

熊	**xióng**	**Bär**	*Substantiv*	
一只熊，两只熊		ein Bär, zwei Bären		1-45
学校里没有熊。		In Schulen gibt es keine Bären.		1-46
太阳	**tàiyáng**	**Sonne**	*Substantiv*	
一个太阳，天上的太阳		eine Sonne, die Sonne am Himmel		
太阳很大。		Die Sonne scheint sehr stark.		
天下着雨，没有太阳。		Während es regnet, gibt es keine Sonne.		
记住	**jì zhù**	**sich merken**	*Verb + Ergänzungswort*	
记住了，记不住		sich gemerkt haben, sich nicht merken		
请记住回家的路。		Bitte merke dir den Weg nach Hause.		
你记住了房间号吗？		Hast du dir die Zimmernummer gemerkt?		
点头	**diǎn tóu**	**mit dem Kopf nicken**	*Verb + Substantiv*	
点了头，点点头		mit dem Kopf genickt haben, kurz mit dem Kopf nicken *(als Einverständnis)*		
三个校长都点了头。		Die drei Schulleiter nickten alle mit den Köpfen.		
熊猫	**xióngmāo**	**Panda**	*Substantiv*	
一只熊猫，两只熊猫		ein Panda, zwei Pandas		
小朋友很喜欢熊猫。		Kleine Kinder mögen sehr gerne Pandas.		
河	**hé**	**Fluss**	*Substantiv*	
一条河，两条河		ein Fluss, zwei Flüsse		
你看，河边有一只熊！		Schau mal, am Fluss ist ein Bär!		

河上的小船开得很快。	Das kleine Boot auf dem Fluss fährt sehr schnell.
鼻子 bízi	**Nase** *Substantiv*
一个鼻子	eine Nase
你儿子的鼻子像你的。	Die Nase deines Sohnes ähnelt deiner.
外国人的鼻子很高。	Die Nase von Ausländern ist sehr groß.
大象 dàxiàng	**Elefant** *Substantiv*
一只大象，一头大象	ein Elefant
大象的鼻子很长。	Elefanten haben lange Rüssel.
草地 cǎodì	**Wiese** *Substantiv*
一片草地	eine Wiese
草地上跑的马很漂亮。	Die Pferde, die auf der Wiese laufen, sind sehr anmutig.
我住的地方有很多草地。	Der Ort, wo ich wohne, hat viele Wiesen.
鸟 niǎo	**Vogel** *Substantiv*
一只鸟，两只鸟	ein Vogel, zwei Vögel
那里的鸟叫得很好听。	Der Vogel dort twitschert sehr schön.
你看，天上有很多鸟！	Schau mal, am Himmel sind sehr viele Vögel!
树 shù	**Baum** *Substantiv*
一棵树，两棵树 （棵, kē）	ein Baum, zwei Bäume
树上有很多鸟。	Auf dem Baum sind viele Vögel.
河边有很多很高的树。	Am Fluss gibt es sehr viele, sehr hohe Bäume.
山 shān	**Berg** *Substantiv*
一座山，两座山（座, zuò）	ein Berg, zwei Berge
山上的水很干净。	Das Wasser auf dem Berg ist sehr sauber.

山下的房子很漂亮。		Das Haus unten am Berg ist sehr hübsch.	
哭	**kū**	**weinen**	***Verb***
哭了		geweint haben	
你哭什么？		Über was weinst du?	
你为什么哭？		Warum weinst du?	
他哭着对我说。		Er sprach weinend zu mir.	
越来越	**yuè lái yuè**	**immer… (werden)**	***Adverb***
越来越好，越来越贵		immer besser werden, immer teurer werden	
他的工作越来越多。		Seine Arbeit wird immer mehr.	
他的时间越来越少。		Seine Zeit wird immer weniger.	
小女孩长得越来越漂亮。		Das kleine Mädchen wird immer hübscher.	
他吃得越来越多。		Er isst immer mehr.	
越... 越...	**yuè... yuè...**	**je mehr…, desto…**	***Konjunktion***
他越等越着急。		Je länger er wartete, desto ungeduldiger wurde er.	
小女孩越长越漂亮。		Je größer das kleine Mädchen wird, desto hübscher wird es.	
他越吃越胖。		Je mehr er isst, desto dicker wird er.	

Grammatik und Worterklärungen

Mit der Konjunktion „**越**" (yuè) kann eine logische Kette der Art „je mehr…, desto…" gebildet werden. Dazu wird „**越**" jeweils vor ein Verb und vor ein Adjektiv gestellt, die auf diese Art verbunden werden (**越** + Verb +**越** − Adjektiv).

她**越**长**越**漂亮。	Je mehr sie wächst, desto schöner wird sie.
雨**越**下**越**大。	Je mehr es regnete, desto stärker wurde es.

越来越

In Verbindung mit dem Verb „**来**" (lái) bildet „**越**" den feststehenden Ausdruck „**越来越**". Er steigert ein Adjektiv in der Form „immer…" (**越来越** + Adjektiv).

他**越来越**胖。	Er wird immer dicker.
他工作得**越来越**多。	Er arbeitet immer mehr.

„**越来越**" mit einem Adjektiv kann auch als Attribut ein Substantiv beschreiben.

越来越多**的**人喜欢用手机。	Immer mehr Menschen benutzen gerne ein Handy.

三只小熊去游泳

1-47 1-48

今天天气特别好，**太阳**很大。三只小**熊**很想去游泳。他们正在家里准备游泳要用的东西。一会儿，东西都准备好了。妈妈还过来检查了一下他们要带的东西。妈妈检查完了，三只小**熊**就对妈妈说再见。妈妈对他们说："一定要**记住**回家的路！"三只小**熊点点头**，回答妈妈说："**记住**了，妈妈放心吧！我们一定**记住**回家的路。"

他们走了一会儿，看到大**树**下有一只小**熊猫**在睡觉。**熊**哥哥说："我**记住**了，**树**下有一只小**熊猫**在睡觉。"他们又走了一会儿，看到**河**边有一头**大象**正在用他的**鼻子**喝水。**熊**妹妹说："我**记住**了，**河**边有一头**大象**在用**鼻子**喝水。"他们又走了一会儿，看到**草地**上有两只小**鸟**在找东西吃。**熊**弟弟说："我**记住**了，**草地**上有两只小**鸟**在找东西吃。"

三只小**熊**到了**河**边可以游泳的地方，就高兴地跳到水里游泳了。

太阳快要下山了。三只小**熊**游完泳，也要回家了。可是，在**草地**上找东西吃的小**鸟**不见了；在**河**边用**鼻子**喝水的**大象**也不在了；在**树**

下睡觉的小**熊猫**也没有了。他们不知道怎么回家了，天**越来越**黑了，他们就着急地**哭**了起来[1]。

熊妈妈在家等三只小**熊**回家，她**越**等**越**着急。“**太阳**快要下**山**了，天快要黑了。他们怎么还不回来呢？”**熊**妈妈心里想。最后，**熊**妈妈决定去找三只小**熊**。她走了一会儿，就听见了三只小**熊**在**哭**。三只小**熊**看见妈妈来了，高兴地跑向了妈妈。

他们回到家，妈妈问他们为什么不认识回家的路了。他们也不知道为什么。他们说：“我们看见的东西都不见了！”妈妈觉得很奇怪，就问，“怎么会是这样呢？你们都看见了什么？又**记住**了什么？”

熊哥哥先说：“我**记住**了，**树**下有一只小**熊猫**在睡觉。”**熊**妹妹说：“我**记住**了，**河**边有一头**大象**在用**鼻子**喝水。”**熊**弟弟最后说：“我**记住**了，**草地**上有两只小**鸟**在找东西吃。”妈妈听了笑了。她说：“可爱的孩子，记路的时候，要**记住**那些不能动、不能走的东西，像大**树**、小**树**，还有小**河**。那些会动的东西，他们会走。你们说，是吗？”三只小**熊点点头**，说：“我们懂了！下次，就**记住**那些不会动的东西。”

[1] beginnen, etwas zu machen

Verständnistest

请看下面的句子对不对。你想知道你做得怎么样，请看第 111 页。

1. 小熊他们用了很长时间准备游泳用的东西。 ( )
2. 妈妈对三只小熊说要检查好要带的东西。 ( )
3. 熊哥哥看见一只小熊在树下睡觉。 ( )

4. 熊妹妹记住一头大象在河边玩水。 ( )

5. 他们记住的东西都不见了。 ( )

6. 太阳要下山了，天也越来越黑了。 ( )

7. 他们哭了，因为他们不知道怎么回家。 ( )

8. 熊妈妈上午在家里听到三只小熊在哭。 ( )

9. 妈妈觉得很奇怪，因为三只小熊记住的东西都不见了。 ( )

10. 记路，只能记那些不能动的东西。 ( )

Drei kleine Bären gehen schwimmen

Heute ist das Wetter besonders gut. Die Sonne scheint. Drei Bärchen möchten sehr gerne zum Schwimmen gehen. Sie bereiten jetzt gerade zu Hause die Dinge vor, die sie zum Schwimmen benötigen. Nach einer Weile sind alle Sachen vorbereitet. Ihre Mama kommt noch vorbei und kontrolliert die Sachen, die sie mitnehmen wollen. Nachdem die Mutter fertig kontrolliert hat, sagen die drei Bärchen zu ihrer Mutter auf Wiedersehen. Mama sagt zu ihnen: „Merkt euch auf jedem Fall den Weg nach Hause!“ Die drei Bärchen nicken mit den Köpfen und antworten: „Jawohl! Mach dir bitte keine Sorgen, Mama! Wir merken uns auf jeden Fall den Weg heim.“

Sie sind eine kurze Weile gegangen, da sehen sie einen kleinen Panda unter einem großen Baum schlafen. Der ältere Bärchen-Bruder sagt: „Ich habe es mir gemerkt. Es gibt einen kleinen Panda, der unter einem Baum schläft.“ Sie laufen wieder eine kurze Weile, da sehen sie einen großen Elefanten neben dem Fluss, der gerade mit seinem Rüssel Wasser trinkt. Die jüngere Bärchen-Schwester sagt: „Ich habe es mir gemerkt. Es gibt einen Elefanten neben dem Fluss, der mit seinem Rüssel Wasser trinkt.“ Sie sind wieder eine Weile gegangen, da sehen sie auf einer Wiese zwei Vögelchen, die etwas zum Essen suchen. Der jüngerer Bärchen-Bruder sagt: „Ich habe es mir gemerkt. Es gibt zwei Vögelchen auf einer Wiese, die etwas zu Essen suchen.“

Die drei kleinen Bärchen kommen an eine Stelle am Fluss, an der sie schwimmen können. Gleich springen sie voller Freude ins Wasser und schwimmen.

Die Sonne wird gleich hinter den Bergen untergehen. Die drei Bärchen haben fertig geschwommen und wollen auch nach Hause gehen. Aber die Vögelchen, die auf der Wiese etwas zu Essen suchten, sind nicht mehr da. Auch der Elefant, der neben dem Fluss mit seinem Rüssel Wasser trank, ist nicht mehr da. Der kleine Panda, der unter dem Baum geschlafen hatte, ist auch nicht mehr zu sehen. Sie wissen nicht mehr, wie sie nach Hause gehen sollen. Der Himmel wird immer dunkler. Schon fangen sie an, vor Sorge zu weinen.

Die Bär-Mama wartet zu Hause darauf, dass ihre drei Kinder nach Hause kommen. Je länger sie wartet, desto sorgenvoller wird sie. „Die Sonne verschwindet bald hinter den Bergen. Es wird bald dunkel sein. Wieso sind sie immer noch nicht zurückgekommen?“, denkt die Bär-Mama im Herzen. Zum Schluss entschließt sich die Bär-Mama, die drei Bärchen suchen zu gehen. Sie ist eine kurze Weile gegangen, als sie schon das Weinen der drei Bärchen hört. Die drei Bärchen sehen ihre Mama kommen und laufen überglücklich zu ihrer Mutter.

Zu Hause angekommen, fragt die Bär-Mama, warum sie den Weg nach Hause nicht mehr gekannt hatten. Sie wissen auch nicht, warum. Sie sagen: „Alle Sachen, die wir gesehen hatten, waren nicht mehr da!“ Die Bär-Mama findet das sehr seltsam und fragt: „Wie kann das denn sein? Was habt ihr alles gesehen, und was habt ihr euch alles gemerkt?“

Der ältere Bärchen-Bruder fängt zuerst an: „Ich hatte mir gemerkt, dass ein kleiner Panda unter einem Baum schläft.“ Die jüngere Bärchen-Schwester sagt: „Ich hatte mir gemerkt, dass ein Elefant neben dem Fluss mit seinem Rüssel Wasser trinkt.“ Zum Schluss sagt der jüngere Bärchen-Bruder: „Ich hatte mir gemerkt, dass zwei Vögelchen auf einer Wiese etwas zum Essen suchen.“ Als die Bär-Mama das hört, lacht sie. Sie sagt: „Liebe Kinder, wenn man sich einen Weg merkt, muss man sich Sachen merken, die sich nicht bewegen oder fortlaufen können: wie einen großen Baum, einen kleinen Baum oder einen kleinen Fluss. Sachen, die sich bewegen können, können auch weggehen. Sagt, habe ich recht?“ Die drei Bärchen nicken mit den Köpfen und antworten: „Wir haben es verstanden! Nächstes Mal merken wir uns nur Dinge, die sich nicht bewegen können.“

Lösung Verständnistest

（1）错，（2）错，（3）错，（4）错，（5）对，（6）对，（7）对，（8）错，（9）对，（10）对

13 小李的新家

Vokabeln

1-49
1-50

办公室	bàngōngshì	Büro	*Substantiv*
一个办公室，两个办公室		ein Büro, zwei Büros	
我的办公室就在他的旁边。		Mein Büro ist gleich neben seinem.	
我们办公室有四个人。		In unserem Büro sitzen vier Leute.	
安静	**ānjìng**	**ruhig (sein)**	*Adjektiv*
安静的地方		ein ruhiger Ort	
这里很安静，很舒服。		Hier ist es sehr ruhig, sehr angenehm.	
请你们安静一下！		Seid doch bitte ein bisschen ruhig!	
比较	**bǐjiào**	**relativ, verhältnismäßig**	*Adverb*
他是一个比较安静的人。		Er ist ein verhältnismäßig ruhiger Mensch.	
他现在比较高兴。		Er ist jetzt relativ glücklich.	
搬	**bān**	**tragen**	*Verb*
搬了		getragen haben	
我搬得动这张桌子。		Ich schaffe es, diesen Tisch zu tragen.	
我搬不动这张桌子。		Ich schaffe es nicht, diesen Tisch zu tragen.	
请把椅子搬到那边。		Bitte trage den Stuhl nach dort drüben.	
搬家，搬了家		umziehen, umgezogen sein	
我们明天搬家。		Wir werden morgen umziehen.	
迟到	**chídào**	**sich verspäten**	*Verb*
迟到了		sich verspätet haben	
对不起，我迟到了。		Entschuldigung, ich habe mich verspätet.	

我想告诉你，我要迟到两个小时。		Ich möchte dich informieren, dass ich mich um zwei Stunden verspäten werde.	
车站	**chēzhàn**	**Bushaltestelle**	*Substantiv*
一个车站，那个车站		eine Bushaltestelle, jene Bushaltestelle	
车站的人很多。		An der Bushaltestelle sind viele Leute.	
车站离这里不很远。		Die Bushaltstelle ist von hier aus nicht weit.	
面包	**miànbāo**	**Brot**	*Substantiv*
一个面包，一块面包		ein Brot, ein Stück Brot	
我爱吃黑面包。		Ich liebe es, Schwarzbrot zu essen.	
她每个星期做面包。		Sie bäckt jede Woche Brot.	
地图	**dìtú**	**Landkarte, Stadtplan**	*Substantiv*
一张地图，两张地图		eine Landkarte, zwei Landkarten	
你知道怎么看地图吗？		Weiß du, wie man eine Landkarte liest?	
这是爷爷的地图。我们买一张新的吧！		Das ist Großvaters Landkarte. Lass uns eine neue kaufen!	
客厅	**kètīng**	**Wohnzimmer**	*Substantiv*
一个客厅，两个客厅		ein Wohnzimmer, zwei Wohnzimmer	
你们的客厅很舒服。		Euer Wohnzimmer ist sehr gemütlich.	
他们正在客厅喝茶。		Sie trinken soeben im Wohnzimmer Tee.	
洗澡	**xǐ zǎo**	**duschen**	*Verb + Substantiv*
洗了澡		geduscht haben	
我丈夫每个晚上洗澡。		Mein Mann duscht jeden Abend.	
你已经洗澡了吗？		Hast du schon geduscht?	
中国人习惯晚上洗澡。		Chinesen duschen gewöhnlich abends.	
你敢不敢洗冷水澡？		Traust du dich denn, mit kaltem Wasser zu duschen?	

厨房	chúfáng	Küche	*Substantiv*
一个厨房，两个厨房		eine Küche, zwei Küchen	
我妻子正在厨房做饭。		Meine Ehefrau kocht gerade in der Küche.	
这个厨房太小了！		Diese Küche ist zu klein!	

阳台	yángtái	Balkon	*Substantiv*
一个阳台，两个阳台		ein Balkon, zwei Balkone	
在阳台上喝咖啡很舒服。		Auf dem Balkon Kaffee zu trinken, ist sehr bequem.	
我不喜欢买没有阳台的房子。		Ich möchte nicht gerne eine Wohnung kaufen, die keinen Balkon hat.	

花	huā	Blume	*Substantiv*
一朵花，两朵花 （朵, duǒ）		eine Blume, zwei Blumen	
你买的花很漂亮。		Die Blumen, die du gekauft hast, sind sehr hübsch.	
你喜欢什么颜色的花？		Welche Blumenfarbe magst du?	

花园	huāyuán	Blumengarten	*Substantiv*
一个花园，两个花园		ein Blumengarten, zwei Blumengärten	
这里的花园有很多漂亮的花。		Der Blumengarten hier hat viele schöne Blumen.	
花园的花开得真漂亮。		Die Blumen im Blumengarten blühen echt schön.	

Grammatik und Worterklärungen

比较

Das Adverb „**比较**“ (bǐjiào) beschreibt ein Adjektiv oder ein Verb. Es kann ins Deutsche mit „relativ“ oder „verhältnismäßig“ übersetzt werden.

Beschreibt es ein Adjektiv, steht es vor dem Adjektiv (**比较** + Adjektiv).

比较大，**比较**多	relativ groß, verhältnismäßig viel

七千元是**比较**多的钱。	Siebentausend Yuan sind verhältnismäßig viel Geld.
公园的树**比较**高。	Die Bäume im Park sind relativ hoch.

Beschreibt es ein Verb, steht es vor dem Verb (**比较** + Verb). Oft sind es Modalverben (爱, 喜欢…), die durch „**比较**“ ergänzt werden.

他**比较**爱吃面包。	Er isst verhältnismäßig gerne Brot.
她**比较**习惯在晚上洗澡。	Sie ist eher daran gewöhnt, am Abend zu duschen.
爷爷**比较**喜欢住在安静的地方。	Großvater mag es relativ gerne, an einem ruhigen Ort zu wohnen.

着

In der Lektion 2 wurde die Zustandspartikel „**着**“ (zhe) eingeführt. Die Zustandspartikel kann dazu verwendet werden, eine Szene zu beschreiben. Hierzu werden eine Ortsangabe, ein Verb und die Zustandspartikel kombiniert (Ort + Verb + **着** + Gegenstand/Mensch).

在阳台上放**着**一些椅子。	Auf dem Balkon stehen einige Stühle.
外面长**着**一些树。	Draußen wachsen einige Bäume.
火车站的前面站**着**很多等车的人。	Vor dem Bahnhof stehen viele Menschen, die auf den Bus warten.

小李的新家

1-51
1-52

小李是我的同事。我们两个人的**办公室**就在对面。每天上班下班，我都会遇到小李。小李比我高一点儿，人也比我白一些。因为我们长得很像，特别是我们的眼睛都很大，鼻子都**比较**高，所以别人都说小李是我姐姐。其实，她还比我小两岁呢。

昨天中午，我们一起在公司吃中饭。小李告诉我说，她**搬**了新家，想请我去她家玩。我很高兴地回答她说，这个星期六我有时间，可以去她那儿。

我住的地方离小李的新家有一点儿远，所以我很早就出了门。第一次去别人家就**迟到**，我觉得很不好。

我在**车站**旁边的一家**面包**店买了几块好吃的蛋糕。我想，我们一边说话，一边吃蛋糕、喝茶，应该是一件很快乐的事情。我还有一个习惯，那就是在车上看书，或者看报纸。因为这次在车上的时间**比较**长，所以我在**车站**还买了报纸。我知道，在车上看书，或者看报纸，对眼睛不好，但是，不看一点儿东西，觉得时间过得很慢。

我看着**地图**，找到了小李家。小李给我开了门。我发现小李的新家非常漂亮。小李说，房间虽然不很大，但是一个人住很舒服。

一进门，右手是一个**客厅**，左手是洗手间和**洗澡**的地方。再向里走，右边是一个**厨房**，左边是小李工作的地方。在她工作的房间里放着一张床。我想那个房间也是她睡觉的地方吧。

客厅外面是一个**阳台**。站在**阳台**上向外看，非常漂亮。不远的地方有一条河，河边长着很高的大树。楼下是一个大**花园**，**花园**里开着不同颜色的**花**。

那天天很晴，不冷也不热，太阳也不很大。我和小李坐在**阳台**上一边喝绿茶、吃蛋糕，一边说话。她告诉我她是怎么找到这个房子的，又是怎么一个人把家**搬**过来的。我也觉得这个地方很不错。离**车站**和我们公司都不远，坐汽车去公司只要十分钟，而且这个地方也很**安静**。我告诉她说，以后她需要帮忙的时候，可以打电话给我，我在这里认识很多的朋友。

我们喝茶的时候，我发现她的茶杯特别漂亮。白色上有一只苹果绿色的小鸟，小鸟的头是红色的。我问她是在哪里买的。她告诉我说就在她家旁边的商店里买的。她还说，如果我喜欢，她可以送给我一个。

那天，我们玩得很高兴。晚上，小李还请我吃了她做的饭。我们在一起看了她去年出去旅游时*)的照片。

我要走的时候，小李把我喜欢的一个杯子送给我。我不要，她说我太客气了，还说，我一定要带上。晚上九点，小李把我送到**车站**。我上了车，发现车上的人**比较**少。我在车上拿着小李送给我的杯子，看了又看，非常喜欢。小李真是一个热情的人。

我回到家的时候，已经是晚上九点四十五分了。虽然只是和朋友在一起玩，没有做什么重要的事情，但是还是觉得很累。我没有开我的电脑，洗了就睡了。

这一天我过得真快乐！

*) 旅游时 = 旅游的时候

Verständnistest

请看下面的句子对不对。你想知道你做得怎么样，请看第 120 页。

1. 因为小李比我高，而且我们长得很像，所以别人都说她是我姐姐。 ( )
2. 虽然我没有小李高，但是我比她大。 ( )
3. 小李和我工作的时候坐在对面。 ( )
4. 为了不迟到，我很早就出了门。 ( )

5. 我有一个习惯，就是一边坐车，一边喝茶。 ( )
6. 小李的房间没有洗澡的地方。 ( )
7. 小李有一个工作室，也有睡觉的房间。 ( )
8. 她家的外面有河、有树、有花园，很漂亮。 ( )
9. 小李的茶杯里有一个苹果。 ( )
10. 小李把我喜欢的小鸟送给了我。 ( )

Xiao Lis neue Wohnung

Xiao Li ist meine Kollegin. Die Büros von uns beiden liegen direkt gegenüber. Jeden Tag, wenn ich zur Arbeit gehe oder Feierabend mache, begegne ich Xiao Li. Xiao Li ist ein bisschen größer als ich. Sie ist auch um einiges heller als ich. Weil wir beide sehr ähnlich aussehen, besonders weil unsere Augen alle sehr groß und unsere Nasen relativ lang sind, deshalb sagen alle anderen, dass Xiao Li meine ältere Schwester sei. In der Tat ist sie zwei Jahre jünger als ich.

Gestern Mittag hatten wir zusammen in der Firma Mittag gegessen. Xiao Li sagte mir, dass sie umgezogen sei. Sie wolle mich gerne zu ihrem zu Hause einladen. Ich hatte ihr sehr freudig geantwortet, dass ich diesen Samstag Zeit hätte, zu ihr gehen zu können.

Der Ort, an dem ich wohne, ist ein bisschen weit entfernt von Xiao Lis neuem zu Hause. Deshalb bin ich schon ganz früh aufgebrochen. Ich finde, es ist nicht sehr gut, sich beim ersten Mal zu verspäten, wenn man jemanden besucht.

Ich habe ein paar leckere Kuchenstücke in einer Bäckerei neben der Bushaltestelle gekauft. Ich stellte mir vor, es sollte eine schöne Sache sein, während wir plaudern, Kuchen zu essen und Tee zu trinken. Ich habe die Gewohnheit, im Bus Bücher oder Zeitungen zu lesen. Weil die Zeit, die ich im Zug sein werde, relativ lang ist, deshalb habe ich an der Bushaltestelle noch eine Zeitung gekauft. Ich weiß, es ist nicht gut für die Augen, wenn man im Bus Bücher oder Zeitungen liest. Aber ohne etwas zu lesen, finde ich, dass die Zeit sehr langsam vergeht.

Mit Hilfe eines Stadtplans habe ich das zu Hause von Xiao Li gefunden. Xiao Li öffnet mir die Tür. Ich entdecke, dass das neue zu Hause von Xiao Li außergewöhnlich schön ist. Xiao Li sagt, die Wohnung sei zwar nicht sehr groß, aber als eine Person hier zu wohnen, sei sehr bequem.

Wenn man eintritt, ist rechter Hand ein Wohnzimmer, linker Hand ist ein WC und eine Stelle, an der man duschen kann. Noch ein Stück hinein, dann kommt auf der rechten Seite eine Küche, auf der linken Seite ist ein Zimmer, in dem Xiao Li arbeitet. In dem Zimmer, in dem sie arbeitet, steht ein Bett. Ich nehme an, es ist auch der Raum, in dem sie schläft.

Es gibt am Wohnzimmer draußen einen Balkon. Auf dem Balkon zu stehen und in die Ferne zu schauen, ist sehr schön. Es gibt nicht weit entfernt einen Fluss. Entlang des Flusses wachsen viele große Bäume. Unten ist ein großer Garten. In dem Garten blühen verschiedenfarbige Blumen.

Das Wetter an jenem Tag war sehr schön, nicht kalt, nicht warm. Die Sonne war auch nicht sehr heiß. Xiao Li und ich saßen auf dem Balkon. Während wir plauderten, tranken wir grünen Tee und aßen den Kuchen. Sie erzählte mir, wie sie diese Wohnung gefunden hatte und wie sie alleine umgezogen war. Ich finde auch, dass diese Gegend nicht so schlecht ist. Sie ist von der Bushaltestelle und von unserer Firma nicht weit entfernt. Man braucht nur 10 Minuten, um mit dem Bus zur Firma zu fahren. Außerdem ist dieser Ort auch sehr ruhig. Ich sagte zu ihr, falls sie später Hilfe bräuchte, könnte sie mich immer anrufen. Ich kenne viele Freunde hier.

Während wir Tee tranken, entdeckte ich, dass ihre Teetassen besonders hübsch sind. Auf weißem Grund gibt es ein apfelgrünes Vögelchen. Der Kopf des Vögelchens ist rot. Ich fragte, wo sie diese gekauft hätte. Sie sagte mir, sie hätte sie in dem Laden neben ihrem zu Hause gekauft. Sie fügte noch hinzu, falls sie mir gefallen würden, könnte sie mir eine schenken.

An jenem Tag hatten wir uns sehr gut amüsiert. Am Abend lud mich Xiao Li auch noch ein, das Essen zu essen, das sie gekocht hatte. Wir haben zusammen die Fotos angeschaut, die sie letztes Jahr bei einer Reise aufgenommen hatte.

Als ich aufbrechen wollte, schenkte mir Xiao Li eine der Tassen, die ich so schön gefunden hatte. Ich wollte nicht, aber sie sagte, ich wäre zu höflich und sollte sie auf jeden Fall mitnehmen. Am Abend um 9:00 Uhr brachte Xiao Li mich zur Bushaltestelle. Ich war in den Bus eingestiegen und entdeckte, dass es relativ wenig Menschen im Bus gab. Im Bus hielt ich die Tasse in den Händen, die Xiao Li mir geschenkt hatte, und schaute sie immer wieder an. Sie gefiel mir außerordentlich. Xiao Li ist ein echt warmherziger Mensch.

Als ich zu Hause angekommen war, war es schon 9:45 Uhr. Obwohl ich mich nur mit Freunden zusammen unterhalten hatte und nicht etwas Wichtiges erledigt hatte, fühlte ich mich aber trotzdem sehr müde. Ich hatte nicht mehr meinen Computer angeschaltet. Nach dem Waschen ging ich gleich schlafen.

Diesen Tag hatte ich wahrhaft glücklich verbracht!

Lösung Verständnistest

（1）对，（2）对，（3）错，（4）对，（5）错，（6）错，（7）错，（8）对，（9）错，（10）错

14 朋友来玩

Vokabeln

1-53
1-54

北 bĕi	Norden *Substantiv*
北方很冷。	Im Norden ist es sehr kalt.
我们公司在城市的北面。	Unsere Firma ist im Norden der Stadt.

过去 guòqù	früher *Substantiv*
爷爷常常讲过去的事。	Großvater erzählt oft von früheren Dingen.
他过去给了我很多帮助。	Er hatte mir früher sehr viel geholfen.
过去，我们没有手机。	Früher hatten wir keine Handys.

感谢 gănxiè	sich bedanken, jmdm. dankbar sein *Verb*
感谢了	dankbar gewesen sein, sich bedankt haben
我非常感谢她。	Ich bin ihr außerordentlich dankbar.
孩子应该感谢爸爸妈妈。	Kinder sollten gegenüber Vater und Mutter dankbar sein.

感谢 gănxiè	Dankbarkeit *Substantiv*
对我的帮助，他表示了感谢。	Für meine Hilfe zeigte er Dankbarkeit.

周末 zhōumò	Wochenende *Substantiv*
一个周末，两个周末	ein Wochenende, zwei Wochenenden
周六和周日是周末。	Samstag und Sonntag ist Wochenende.
你这个周末想做什么？	Was möchtest du an diesem Wochenende unternehmen?
上个周末，我还在中国。	Letztes Wochenende war ich noch in China.

打算 dǎsuàn	vorhaben, planen *Verb / Substantiv*
打算	vorhaben, vorgehabt haben (*ohne* 了!)
我周末打算去看电影。	Ich habe am Wochenende vor, einen Kinofilm anschauen zu gehen.
昨天，我打算去图书馆借书，但是图书馆没有开门。	Gestern hatte ich vor, in die Bibliothek zu gehen, Bücher auszuleihen. Aber die Bibliothek hatte nicht geöffnet.
我没有这个打算。	Ich habe nicht diesen Plan.

动物园 dòngwùyuán	Zoo, Tiergarten *Substantiv*
一家动物园，两家动物园	ein Zoo, zwei Zoos
这里的动物园有很多动物。	Der Zoo hier hat viele Tiere.
孩子都很喜欢去动物园。	Kinder mögen alle sehr, in den Zoo zu gehen.

城市 chéngshì	Stadt *Substantiv*
一个城市，两个城市	eine Stadt, zwei Städte
上海是一个很大的城市。	Schanghai ist eine sehr große Stadt.

有名 yǒumíng	bekannt, berühmt (sein) *Adjektiv*
有名的地方	ein bekannter Ort
在中国，哪个城市最有名？	Welche Stadt in China ist am berühmtesten?
这个人很有名。	Dieser Mensch ist sehr bekannt.

南 nán	Süden *Substantiv*
动物园在南面。	Der Tiergarten ist im Süden.
南面阳台上的花开得很漂亮。	Die Blumen auf dem südlichen Balkon blühen sehr hübsch.
中国的南方很热。	Der Süden Chinas ist sehr warm.

西	**xī**	**Westen**	*Substantiv*
我们家在城市的西面。		Unser zu Hause ist im Westen der Stadt.	
客厅在房子的西面。		Das Wohnzimmer befindet sich im Westen des Hauses.	
地铁	**dìtiě**	**U-Bahn**	*Substantiv*
一辆地铁（辆, liàng）		eine U-Bahn	
坐地铁去动物园很快。		Mit der U-Bahn zum Tiergarten zu fahren, ist sehr schnell.	
坐二号地铁，三站		mit der U-Bahn Nr. 2, drei Stationen	
比较	**bǐjiào**	**vergleichen; Vergleich**	*Verb / Substantiv*
比较了，做比较		verglichen haben, einen Vergleich machen	
我比较了这两个城市。		Ich habe diese zwei Städte verglichen.	
和…比较		mit… vergleichen	
比		Kurzform von „比较“	
你不要和她比。		Du sollst dich nicht mit ihr vergleichen.	
请比较一下这两个词语。		Bitte vergleiche kurz mal diese beiden Ausdrücke.	
请把这两个城市做一下比较。		Bitte mach mal kurz einen Vergleich zwischen diesen beiden Städten.	
同意	**tóngyì**	**einverstanden sein**	*Verb*
同意了		einverstanden gewesen sein	
我没有说完，他就同意了。		Ich hatte noch nicht zu Ende gesprochen, da war er schon einverstanden.	
我爸爸同意我去中国读书。		Mein Vater ist einverstanden, dass ich nach China gehe, dort zu studieren.	
东	**dōng**	**Osten**	*Substantiv*
图书馆在大学的东面。		Die Bibliothek ist im Osten der Universität.	
厨房在房子的东面。		Die Küche befindet sich im Osten des Hauses.	

Grammatik und Worterklärungen

又

Um zwei Adjektive im Chinesischen zu verbinden, wird die Konjunktion „又“ (yòu) verwendet. „又“ wird dabei vor beide Adjektive gestellt (又 + Adjektiv 1 + 又 + Adjektiv 2). Ins Deutsche kann das ganze Konstrukt kurz und bündig mit „und“ oder mit „sowohl... als auch...“ übersetzt werden.

又快**又**好	sowohl schnell als auch gut
她吃东西吃得**又**慢**又**少。	Sie isst langsam und wenig.
公园的树**又**高**又**大。	Die Bäume im Park sind hoch und groß.

比较

Das Wort „**比较**“ (bǐjiào) wurde als Adverb mit der Bedeutung „relativ“ oder „verhältnismäßig“ schon in Lektion 13 eingeführt. Es kann aber auch als Verb (vergleichen) oder Substantiv (Vergleich) benutzt werden. Anbei ein Überblick:

als Adverb:	**比较 + Adjektiv**	relativ, verhältnismäßig
	比较大	verhältnismäßig groß
als Verb:	**比较 + Objekt**	vergleichen
	比较这两个词语	diese zwei Ausdrücke vergleichen
als Substantiv:	**做 + 比较**	Vergleich machen
	把…做**比较**	einen Vergleich zwischen… machen
	把这两个城市做**比较**	einen Vergleich zwischen diesen beiden Städten machen

东西南北

Die vier Himmelsrichtungen heißen im Chinesischen „**东**“ (dōng), „**西**“ (xī), „**南**“ (nán) und „**北**“ (běi). Während man diese im Deutschen mit „Norden, Süden, Osten und Westen“ aufzählt, sagen die Chinesen „东、西、南、北“.

西  东

南

Soll eine Himmelsrichtung als Ortsangabe verwendet werden, so wird hinter die Himmelsrichtung entweder „**方**“ (fāng) oder „**面**“ (miàn) gestellt.

Bei „**方**“ liegt der Schwerpunkt der Bedeutung auf einer Region.

北方，在**北**方	Norden, im Norden
南方，在**南**方	Süden, im Süden
东方，在**东**方	Osten, im Osten
西方，在**西**方	Westen, im Westen
北京在中国的**北方**。	Peking liegt im Norden Chinas.

Wird „**面**“ ergänzt, liegt der Schwerpunkt der Bedeutung auf der Richtung.

北面，在**北**面	nördlich, im Norden
南面，在**南**面	südlich, im Süden
东面，在**东**面	östlich, im Osten
西面，在**西**面	westlich, im Westen
机场在城市的**北面**。	Der Flughafen ist nördlich der Stadt.

Neben „星期一“, „星期二“ usw. gibt es noch eine zweite Möglichkeit, Wochentage zu bezeichnen. Anstelle von „星期“ wird „**周**“ (zhōu) benutzt.

周一	Montag	周二	Dienstag	周三	Mittwoch
周四	Donnerstag	周五	Freitag	周六	Samstag
周日	Sonntag	周中	unter der Woche		

Hinweis: Zwischen den beiden Formen gibt es bezüglich der Bedeutung keinen Unterschied. Es hängt davon ab, was der Sprecher lieber benutzt.

Wird eine Zeitdauer ausgedrückt, ist folgendes zu beachten: Vor „**周**“ wird kein Zähleinheitswort benötigt, während „**星期**“ immer das ZEW „个“ braucht.

一个**星期**	=	一**周**	eine Woche lang
第一个**星期**	=	第一**周**	die erste Woche

过去以前

Die beiden Wörter „**过去**" (guòqù) und „**以前**" (yǐqián) bedeuten beide „früher". Was ist eigentlich der Unterschied?

In ihrer Bedeutung als „früher" können „**过去**" und „**以前**" beide auf die gleiche Weise verwendet werden. Beispiele geben die folgenden Sätze.

这里**过去**没有地铁。	= 这里**以前**没有地铁。
爷爷讲**过去**的事。	= 爷爷讲**以前**的事。

„**以前**" kann zusätzlich als Konjunktion zwei Sätze verbinden oder eine Zeitangabe ergänzen.

你回家**以前**，请一定买菜。	Bevor du nach Hause kommst, kaufe bitte auf jeden Fall Lebensmittel ein.
三年**以前**，这里还没有地铁。	Vor drei Jahren gab es hier noch keine U-Bahn.

朋友来玩

1-55
1-56

我的一个朋友带着她的两个孩子从**北**方来玩。他们要在我们家住几天。我的这个朋友**过去**给过我很多帮助。我心里非常**感谢**她。我们因为住得远，很少见面。这次他们能来玩，我很高兴。

今天是**周末**，他们**打算**去**动物园**玩。我介绍说，我们**城市**的**动物园**很**有名**，那里有很多**有名**和没**有名**的动物，也还有很多给孩子玩的地方，应该带孩子去看一看，在那里可以玩一天呢，孩子们一定会喜欢的。

我找来我们**城市**的地图给她看，告诉她怎么去**动物园**又快又好。

"我们的**城市**很大。你看，这里是火车站，**北**面是机场，**南**面是**动物园**，我们家在**城市**的**西**面。**地铁**站离我们家不远，走路只要一刻钟。坐三号**地铁**五站就到了火车站，在火车站那儿换二号**地铁**，坐三站，出了**地铁**，你就可以看到**动物园**的大门。”

我的朋友很喜欢看地图。她看了地图，对我说：“你们的**城市**真大，**地铁**就有十条，**城市**快车也有十条。**北**面的机场也很大，可以从那里飞到很多大**城市**。你回国真方便。不像我住的**城市**，虽然不小，但是没有飞到中国的飞机。每次回国，要开两个小时的汽车去别的**城市**，很不方便。”我笑着说：“是啊！和你**比较**，我这里很方便。其实我想什么时候回国就可以什么时候回国，买一张飞机票就行，又不用办签证。但是我没有那么多的时间啊！”她点头表示**同意**：“也是！人长大了，有了孩子，就有做不完的事。”

“你们**城市**的绿地真多，**东**边就有一个大公园，两条小河穿过公园，那里一定很漂亮吧？”

“对！今天你们去**动物园**。明天我们**打算**带你们去那个公园。对了，那个公园还有一个很好听的名字，叫做千树公园。”

“是吗？那我们一定要去那儿玩。”

我们一起吃了早饭，给孩子们准备了一些喝的、吃的，还有孩子们中午爱吃的面包。他们高兴地出了门。

其实，我也很想和他们一起去玩。但是我是老师，今天还要上课。没有办法，还是等明天和他们一起去千树公园吧！

Verständnistest

请看下面的句子对不对。你想知道你做得怎么样，请看第 129 页。

1. 我们家住的城市在朋友家的南方。 ( )
2. 因为我要工作，只能让朋友带孩子们去动物园了。 ( )
3. 朋友来玩，我每天都要上课，不能和他们一起出去玩。 ( )
4. 我只从星期一到星期五上课，周末不上课。 ( )
5. 动物园和我们家都在城市的西面。 ( )
6. 我住的城市有机场，而且城市的机场也很大。 ( )
7. 朋友回国不很方便，是因为她住的城市没有去中国的飞机。 ( )
8. 我不能回国是因为还要买飞机票、办签证。 ( )
9. 动物园只能看动物，没有小孩玩的地方。 ( )
10. 第二天，我们要带朋友去千树公园玩。 ( )

Eine Freundin kommt zu Besuch

Eine meiner Freundinnen wird mit ihren Kindern aus dem Norden zu uns zu Besuch kommen. Sie wollen bei uns zu Hause ein paar Tage übernachten. Diese Freundin hat mir früher sehr viel geholfen. Ich danke ihr von Herzen außerordentlich. Weil wir weit entfernt wohnen, sehen wir uns sehr selten. Dass sie uns dieses Mal besuchen kommen können, freut mich sehr.

Heute ist Wochenende. Sie planen, in den Tiergarten zu gehen. Ich habe ihnen gesagt, dass der Tiergarten unserer Stadt sehr bekannt ist und es dort viele bekannte und unbekannte Tiere gibt. Es gibt auch noch viele Stellen, an denen die Kinder spielen können. Man soll ja mit Kindern dorthin gehen, um zu spielen. Dort kann man den ganzen Tag verbringen. Die Kinder würden sich bestimmt sehr freuen.

Ich habe den Stadtplan unserer Stadt herausgesucht und zeige ihr und informiere sie, wie man schnell und gut zum Tiergarten dort hinfahren kann.

„Unsere Stadt ist sehr groß. Schau mal, hier ist der Bahnhof. Im Norden liegt der Flughafen. Im Süden liegt der Tiergarten. Unser zu Hause liegt im Westen der Stadt. Die U-Bahn-Station ist nicht weit von unserem zu Hause entfernt. Zu Fuß benötigt man nur eine Viertelstunde. Mit der U3 braucht man nur fünf Stationen zu fahren, dann ist man am Bahnhof. Am Bahnhof wechselt man in die U2 und fährt drei

Stationen. Wenn du aus der U-Bahn herauskommst, kannst du schon den Haupteingang des Tiergartens sehen."

Meine Freundin mag es sehr gerne, den Stadtplan anzuschauen. Nachdem sie den Stadtplan studiert hat, sagt sie zu mir: „ Eure Stadt ist echt sehr groß. Es gibt zehn U-Bahn-Linien. Die S-Bahn hat auch zehn Linien. Der Flughafen im Norden ist auch sehr groß. Man kann von dort aus zu vielen großen Städten fliegen. Es ist echt bequem für dich, nach China zurückzufliegen. Nicht so wie die Stadt, in der ich wohne. Sie ist zwar nicht klein, aber gibt es keinen Flug nach China. Jedes Mal, wenn man nach China fliegt, muss man zuerst mit dem Auto zwei Stunden lang in eine andere Stadt fahren. Das ist sehr ungünstig." Ich antworte lächelnd: „So ist es! Im Vergleich zu dir ist der Ort hier sehr bequem. In der Tat kann ich zu jeder Zeit nach China zurückfliegen, wenn ich will. Ich brauche nur einen Flugschein zu kaufen, ohne ein Visum zu beantragen. Ach, ich habe aber auch nicht so viel Zeit." Sie nickt mit dem Kopf und stimmt zu: „So ist es auch! Wenn man groß ist und Kinder hat, dann hat man endlos viele Sachen zu erledigen."

„Es gibt in eurer Stadt viele Grünflächen. Im Osten gibt es einen großen Park. Zwei Flüsschen durchziehen ihn. Dort ist es bestimmt sehr hübsch, oder?"

„Richtig! Heute geht ihr in den Tiergarten. Morgen planen wir, euch in den Park dort mitzunehmen. Da fällt mir ein, jener Park hat auch einen sehr wohlklingenden Namen. Er heißt ‚Park der tausend Bäume'."

„Echt? Na, dann gehen wir auf jedem Fall dorthin, um zu spielen."

Wir hatten zusammen gefrühstückt und für die Kinder etwas zu trinken, zu essen und auch für den Mittag deren Lieblingsbrote vorbereitet. Anschließend waren sie fröhlich aufgebrochen.

In der Tat wollte ich sehr gerne mit ihnen zusammen hingehen. Aber ich bin eine Lehrerin und muss heute noch Unterricht geben. Ich habe keine Alternative, als auf morgen zu warten, um mit ihnen zusammen in den „Park der tausend Bäume" zu gehen.

Lösung Verständnistest

（1）对，（2）对，（3）错，（4）错，（5）错，（6）对，（7）对，

（8）错，（9）错，（10）对

15 早饭时候的话题

Vokabeln

1-57
1-58

阿姨	**āyí**	**Tante**	*Substantiv*
一个阿姨，两个阿姨		eine Tante, zwei Tanten	
你看！阿姨来了。		Schau mal! Die Tante ist gekommen.	
啊	**a**	**Ausrufswort**	*Klangwort*
啊，真漂亮！		Ah, echt schön!	
真舒服啊！		Ah, echt bequem!	
马	**mǎ**	**Pferd**	*Substantiv*
一匹马 （匹, pǐ）		ein Pferd	
我女儿很喜欢马。		Meine Tochter mag Pferde sehr.	
过去的马是今天的汽车。		Die früheren Pferde sind die heutigen Autos.	
河马	**hémǎ**	**Flusspferd**	*Substantiv*
一只河马（只, zhī）		ein Flusspferd	
你看！水里有两只河马。		Schau mal! Im Wasser sind zwei Flusspferde.	
除了	**chúle**	**außer**	*Präposition*
除了他没来，大家都到了。		Außer, dass er nicht gekommen ist, sind alle angekommen.	
除了我，李老师也知道。		Außer mir weiß es auch Lehrer Li.	
好奇	**hàoqí**	**neugierig (sein)**	*Adjektiv*
好奇的孩子		ein neugieriges Kind	
我很好奇，你在做什么。		Ich bin sehr neugierig, was du gerade machst.	
我好奇地问他。		Ich frage ihn neugierig.	

毛	**máo**	**Haar, Fell**	*Substantiv*
一根毛 （根, gēn）		ein Haar	
熊猫的毛是黑色的和白色的。		Die Haare von Pandas sind schwarz und weiß.	
黄	**huáng**	**gelb (sein)**	*Adjektiv*
草地黄了。		Die Wiese ist gelb geworden.	
黄河		der Gelbe Fluss	
我们买黄色的。		Wir kaufen den gelben.	
黄色是我最喜欢的颜色。		Gelb ist meine Lieblingsfarbe.	
矮	**ǎi**	**niedrig, klein (sein)**	*Adjektiv*
小孩子要用矮桌子、矮椅子。		Kleine Kinder sollten niedrige Tische und Stühle benutzen.	
这张桌子太矮了！		Dieser Tisch ist zu niedrig!	
七个小矮人		die sieben Zwerge	
种	**zhǒng**	**Art, Sorte**	*ZEW*
这种茶很好喝。		Diese Sorte Tee schmeckt sehr gut.	
那家商店有几百种茶。		Jener Laden hat einige hundert Sorten Tee.	
这种事，这种人		diese Art von Angelegenheit, diese Sorte Mensch	
害怕	**hàipà**	**Angst haben**	*Verb*
害怕		Angst gehabt haben (*ohne* 了!)	
害怕他		Angst vor ihm haben	
她害怕骑马。		Sie hat Angst, Pferde zu reiten.	
怕		Kurzform von „害怕“	
她怕去那个地方。		Sie hat Angst, zu jenem Ort zu gehen.	
你怕什么？		Wovor hast du Angst?	

我怕考得不好。	Ich habe Angst, dass ich die Prüfung nicht gut gemacht habe.
表演 biǎoyǎn	**aufführen; Aufführung** *Verb / Substantiv*
表演了	aufgeführt haben
很多人都很害怕表演。	Viele Menschen haben Angst, etwas aufzuführen.
邻居的孩子喜欢表演。	Das Kind des Nachbarn schauspielert gerne.
我昨天看了他们的表演。	Ich habe gestern ihre Aufführung angeschaut.
节目 jiémù	**Programm** *Substantiv*
一个节目，电视节目	ein Programm, TV-Programm
表演节目	ein Programm aufführen
昨天他们表演的节目很好。	Das gestern von ihnen aufgeführte Programm war sehr gut.
结束 jiéshù	**beenden, zu Ende sein** *Verb*
结束了	beendet haben
节目结束了。	Das Programm ist zu Ende.
表演已经结束了两个小时。	Die Aufführung ist schon seit zwei Stunden beendet.

Grammatik und Worterklärungen

除了

Die Präposition „**除了**“ (chúle) bedeutet „außer“. Sie hebt etwas als gleich oder entgegengesetzt hervor. Ein Gleichsinn wird oft in Verbindung mit „**也**“ (yě) oder „**还**“ (hǎi) formuliert, ein Gegensinn mit „**都**“ (dōu).

除了我，我姐姐**也**知道。	Außer mir weiß es auch meine ältere Schwester.
我**除了**游泳，**还**喜欢跑步。	Ich mag außer Schwimmen auch noch Joggen.
除了他，其他的学生**都**来了。	Außer ihm waren alle anderen Schüler gekommen.

Hinter „**除了**“ kann im Chinesischen auch ein ganzer Satz stehen.

除了我知道，我姐姐**也**知道。	Außer, dass ich es weiß, weiß es auch meine ältere Schwester.
除了他没有来，其他的学生**都**来了。	Außer, dass er nicht gekommen ist, waren alle anderen Schüler gekommen.

Hinweis: Bei einem Gegensinn tendieren Chinesen oft dazu, nicht ein einzelnes Wort, sondern einen vollständigen Satz hinter „**除了**“ zu stellen.

除了他，其他的学生**都**来了。	Außer ihm waren alle anderen Schüler gekommen.

Besser als vollständiger Satz:

除了他没有来，其他的学生**都**来了。	Außer dass er nicht gekommen war, waren alle anderen Schüler gekommen.

阿姨

Die Bezeichnung „**阿姨**“ (āyí) wird im Chinesischen vielseitig verwendet. Alle Frauen – gleich ob bekannt oder unbekannt – die in einem ähnlichen Alter wie die eigene Mutter sind, können „**阿姨**“ gerufen werden.

矮

Das Adjektiv „**矮**“ (ǎi) bedeutet „klein“ oder „niedrig“. Es bezieht sich ausschließlich auf die Höhe eines greifbaren Objektes, also Personen, Tiere, Pflanzen oder Sachen.

这个椅子太**矮**了。	Dieser Stuhl ist zu niedrig.
放太高了。我太**矮**了。	Das liegt zu hoch. Ich bin zu klein.

早饭时候的话题

1-59 1-60

那天晚上，他们从动物园回来已经很晚了。孩子们也玩累了，吃了晚饭，他们洗了就去睡觉了。

第二天早上，也就是星期天，我们打算带他们去千树公园玩。吃早饭的时候，孩子们开始讲话了。

我朋友的儿子高向东今年七岁，上小学一年级。昨天，东东很少和我说话。今天，他慢慢开口了。对了，东东是他的小名，我们都习惯这样叫他。东东叫着说：“**阿姨阿姨**，你们这里的动物园真好玩**啊**！那里又大又好玩。”

“是吗？你们都看到了哪些动物呢？”

“我们看到了大象、**河马**，还有熊猫。”

“**除了**这些动物，还有哪些动物呢？”我问。

“对了，**阿姨**，”高向东又说：“你喜欢熊猫吗？”

“喜欢！”

“**阿姨**，你知道我发现了什么？”

“发现了什么？”我**好奇**地问。

“以前我以为熊猫的眼睛很大。我昨天在动物园，在离熊猫很近的地方，看了熊猫的眼睛，发现它的眼睛其实很小，和别的熊一样大。只是因为它的眼睛旁边有一块黑色的**毛**，所以我就以为它的眼睛很大。”

我们听了都笑了。

“那里的鸟很好看，鸟身上的**毛**非常漂亮，有红色、**黄**色、还有蓝色。他们叫得也很好听，像唱歌一样。”

东东的姐姐小西说：“我在书上学过 Pony 这个词，可是我还是第一次见到 Pony。**阿姨**，你知道，Pony 的汉语怎么说吗？”

这个问题我还真不知道。“是不是叫小**马**？”我问。

东东和姐姐一起回答说：“错了错了！应该叫**矮种马**。”

“哦，**阿姨**还真不知道呢！”我笑着说。

东东说：“**矮种马**很好玩。我们去看它，它一点儿也不**害怕**我们。它跑过来，看着我们，想和我们一起玩。”

我的朋友这时对我们说：“你们的动物园办得真不错。每天上午十点和下午三点动物们还要**表演节目**。这是我在其他的动物园里没有看到过的。”

“都有些什么**节目**呢？”

“大象用鼻子搬东西，熊猫打篮球什么的，孩子们看得非常高兴。他们还骑了**马**呢！**表演结束**的时候，他们还送给孩子们每个人一个小礼物。”

东东把他的小礼物拿给我看，是他们和小动物一起照的照片。

我的小儿子昨天也和**阿姨**、哥哥、姐姐一起去了动物园。他高兴地把他和哥哥姐姐，还有小熊猫在动物园照的照片拿给我看。照片照得真不错！

我的朋友说：“我们在动物园里玩到他们快关门的时候，看见一个人骑着大象向我们走过来。我们总是以为大象做事很慢，它跑起来其实也很快。它先向我走来，后来跑过来，越跑越快。我看到大象和骑在它身上的人越来越大，我开始有一点儿**害怕**了，马上也跑了起来。我一边跑一边叫。孩子们也跟着我一起跑。大象又开始慢慢地走。这样，我们就不用跑了，也不用**害怕**它了。”孩子们也笑着说：“妈妈**害怕**了，我们也就**害怕**了。”

“好了，孩子们好好吃早饭吧！”我的先生说，“今天我们的**节目**也很多。我们要去千树公园。”孩子们听了，都不再说话了。我们开始吃早饭。

Verständnistest

请看下面的句子对不对。你想知道你做得怎么样，请看第 138 页。

1. 昨天，东东没有和我说很多话。 ( )
2. 东东以前以为熊猫的眼睛很大。 ( )
3. 他们除了看了熊猫，还看到了很多鸟。 ( )
4. 东东的姐姐小西不知道 Pony 的中文名字。 ( )
5. 矮种马很害怕人。 ( )
6. 每天动物们要表演两次节目。 ( )
7. 动物园给孩子们的礼物是送给他们一张小动物的照片。 ( )
8. 大象除了跑步很慢，做别的事都很快。 ( )
9. 孩子们害怕大象，以为它要吃他们，所以才害怕地跑。 ( )
10. 大象不跑了，我的朋友也就不害怕了。 ( )

Gesprächsthemen während des Frühstücks

Am Abend jenes Tages war es schon sehr spät gewesen, als sie vom Tiergarten zurück nach Hause gekommen waren. Die Kinder hatten sich auch müde gespielt. Nach dem Abendessen hatten sie sich gewaschen und waren gleich ins Bett gegangen.

Am Morgen des zweiten Tages, der auch zugleich ein Sonntag ist, planen wir, sie in den Tausend-Bäume-Park mitzunehmen, um spielen zu gehen. Beim Frühstück fangen die Kinder an zu erzählen.

Der Sohn meiner Freundin, Gao Xiangdong, wird dieses Jahr 7 Jahre alt. Er besucht in der Grundschule die erste Klasse. Gestern hatte Dongdong nicht sehr viel mit mir gesprochen. Heute fängt er langsam an, mehr zu sprechen. Ach ja, Dongdong ist sein Kurzname. Wir sind daran gewöhnt, ihn so zu nennen. Dongdong schreit fast: „Tante, Tante! Ach, es hat uns echt viel Spaß in diesem Tiergarten gemacht. Er ist sehr groß, und es ist auch sehr spaßig.“

„Echt? Was für Tiere habt ihr alles gesehen?“

„Wir haben Elefanten, Flusspferde und Pandas gesehen.“

„Außer diesen Tieren, gab es noch irgendwelche Tiere?“, frage ich.

„Da fällt mir ein, Tante“, fragt Gao Xiangdong mich, „magst du gerne Pandas?“

„Ja!“

„Tante, weißt du, was ich entdeckt habe?“

„Was hast du entdeckt?“, frage ich neugierig.

„Früher habe ich immer gedacht, dass die Augen von Pandas sehr groß sind. Gestern war ich in dem Tiergarten und war an einer Stelle sehr nahe bei den Pandas. Ich habe die Augen der Pandas angeschaut und entdeckt, dass ihre Augen eigentlich sehr klein sind. Gleich groß wie die aller anderen Bären. Es liegt nur daran, weil es neben ihren Augen ein Stück schwarzes Fell gibt. Deshalb hatte ich geglaubt, dass seine Augen sehr groß sind.“

Wir lachen alle, nachdem wir das gehört haben.

„Die Vögel dort sehen sehr schön aus, vor allem die Federn an den Körpern sind außergewöhnlich hübsch. Es gibt rote, gelbe und auch blaue. Sie zwitschern auch sehr schön; es hört sich wie Singen an.“

Dongdongs ältere Schwester, Xiaoxi, sagt: „Ich habe in einem Buch schon mal das Wort ‚Pony‘ gelernt. Aber ich habe zum ersten Mal ein Pony gesehen. Tante, weiß du, wie man ‚Pony‘ auf Chinesisch sagt?“

Bezüglich dieses Themas kenne ich mich wirklich nicht aus. „Heißt es nicht ‚Xiaoma‘?“, frage ich.

Dongdong und seine Schwester antworten gleichzeitig: „Falsch! Falsch! ‚Ai-zhongma ‘ ist richtig.“

„Oh, Tante wusste das wirklich noch nicht!“, sage ich lächelnd.

Dongdong sagt: „‚Aizhongma‘ ist sehr interessant. Wir waren hingegangen, um es anzuschauen. Es hatte überhaupt kein bisschen Angst vor uns. Es trabte zu uns, sah uns an und wollte zusammen mit uns spielen.“

Meine Freundin sagt in diesem Moment zu uns: „Eurer Zoo ist echt nicht schlecht. Jeden Tag vormittags um 10 Uhr und nachmittags um 3 Uhr geben die Tiere eine Vorstellung. So etwas habe ich in anderen Zoos noch nicht gesehen.“

„Welche Vorstellungen gibt es so alles?"

„Der Elefant trägt Dinge mit seinem Rüssel. Der Panda spielt so etwas wie Basketball. Die Kinder schauten das außerordentlich gerne an. Sie sind sogar noch auf einem Pferd geritten. Am Ende der Vorstellung gab es noch für jedes Kind ein kleines Geschenk."

Dongdong holt sein kleines Geschenk und zeigt es mir. Es ist ein Foto, auf dem sie mit kleinen Tieren zusammen fotografiert sind.

Mein kleiner Sohn war gestern auch mit der Tante, dem älteren Bruder und der älteren Schwester zusammen in den Zoo gegangen. Er zeigt mir freudig ein Foto, auf dem er mit dem älteren Bruder, der älteren Schwester und auch noch kleinen Pandas zusammen im Zoo fotografiert wurde. Das Foto sieht echt nicht schlecht aus!

Meine Freundin sagt: „Wir waren bis kurz vor der Schließzeit im Zoo, als wir jemanden sahen, der mit einem Elefanten auf uns zu ritt. Wir glauben immer, dass ein Elefant normalerweise sehr langsam Dinge erledigt. Aber in der Tat kann er auch sehr schnell laufen. Er ist zuerst in meiner Richtung gegangen. Dann aber ist er herübergelaufen. Und das immer schneller. Ich sah, wie der Elefant und der Reiter auf seinem Rücken immer größer wurden. Ich fing an, mich ein bisschen zu fürchten, und verfiel auch gleich in einen Laufschritt. Während des Laufens schrie ich. Auch die Kinder folgten mir und liefen weg. Dann fing der Elefant an, wieder langsam zu gehen. So brauchten wir auch nicht mehr zu laufen und keine Angst vor ihm zu haben." Die Kinder sagen lachend: „Mama hatte Angst, darum hatten wir auch gleich Angst."

„In Ordnung, Kinder, esst das Frühstück ordentlich!", sagt mein Mann. „Heute haben wir sehr viel auf dem Programm. Wir wollen zum Park der tausenden Bäume gehen." Nachdem die Kinder das gehört haben, werden sie alle still. Wir fangen an, das Frühstück zu essen.

Lösung Verständnistest

（1）对，（2）对，（3）对，（4）错，（5）错，（6）对，（7）错，（8）错，（9）错，（10）对

16 汉语的方便

Vokabeln

2-01
2-02

相信	**xiāngxìn**	**vertrauen, glauben**	*Verb*
相信了，相信他		vertraut haben, ihm vertrauen	
我相信大家都知道这件事。		Ich glaube, dass alle diese Angelegenheit kennen.	
我相信你们一定会把事情做好。		Ich vertraue darauf, dass ihr bestimmt die Angelegenheit gut erledigen könnt.	
超市	**chāoshì**	**Supermarkt**	*Substantiv*
一家超市，那家超市		ein Supermarkt, jener Supermarkt	
在超市买菜		im Supermarkt Lebensmittel kaufen	
这家超市有很多很好的东西。		Dieser Supermarkt hat sehr viele, sehr gute Sachen.	
位	**wèi**	**ZEW für Personen (respektvoll)**	*ZEW*
一位老师，一位医生		ein Lehrer, ein Arzt	
这位校长，那位服务员		dieser Schulleiter, jene Bedienung	
经理	**jīnglǐ**	**Manager**	*Substantiv*
一个经理，这位经理		ein Manager, dieser Manager	
他是我们的经理。		Er ist unserer Manager.	
李经理现在不在。		Manager Li ist jetzt nicht da.	
会议	**huìyì**	**Konferenz**	*Substantiv*
一个会议，大会（大的会议）		eine Konferenz, große Konferenz	
参加会议，参加了会议		an einer Konferenz teilnehmen, an einer Konferenz teilgenommen haben	
我们公司明天有一个大会。		Unsere Firma hat morgen eine große Konferenz.	

会议室	Konferenzraum

中间 zhōngjiān	Mitte *Substantiv*
在中间，在他们的中间	in der Mitte, in deren Mitte
中间的那个	jener in der Mitte
房间的中间有一张矮桌子。	In der Mitte des Zimmers gibt es einen niedrigen Tisch.

站 zhàn	stehen *Verb*
站了	gestanden haben, gestanden sein
他昨天在这里站了两个小时。	Er ist gestern hier zwei Stunden lang gestanden.
站着吃饭不好。	Stehend zu essen ist nicht gut.
他站在外面等你。	Er steht draußen und wartet auf dich.

厕所 cèsuǒ	WC, Toilette *Substantiv*
一个厕所，那个厕所	ein WC, jenes WC
女厕所，男厕所	Damentoilette, Herrentoilette
请问，厕所在哪儿？	Darf ich fragen, wo ist das WC?
这里有没有厕所？	Gibt es hier eine Toilette?

提供 tígòng	bereitstellen, zur Verfügung stellen *Verb*
提供了	bereitgestellt haben, zur Verfügung gestellt haben
提供了一些吃的	etwas zu Essen bereitgestellt haben
他给我提供了很多帮助。	Er hat mir sehr viel Hilfe gegeben.
他给我们提供了很多方便。	Er hat uns sehr viele Annehmlichkeiten bereitgestellt.

记得	jì dé	sich erinnern	*Verb + Ergänzungswort*
记得		sich erinnert haben *(Zustand, daher kein 了)*	
我记得很多小时候的事情。		Ich erinnere mich an sehr viele Dinge aus der Kindheit.	
我不记得这件事。		Ich erinnere mich nicht an diese Angelegenheit.	

离开	lí kāi	verlassen	*Verb + Ergänzungswort*
离开了		verlassen haben	
请不要离开我！		Bitte verlasse mich nicht!	
他十八岁的时候，离开了家。		Er verließ das zu Hause, als er 18 Jahre alt war.	
他离开了那家公司以后，做了什么呢？		Was hat er getan, nachdem er jene Firma verlassen hatte?	

低	dī	etwas senken	*Verb*
低头		den Kopf senken	
低下头		den Kopf nach unten senken	

低	dī	niedrig (sein)	*Adjektiv*
低年级		die unteren Klassen, die niedrigen Jahrgänge	
高年级的学生应该帮助低年级的学生。		Die Schüler der höheren Jahrgänge sollten den Schülern der niedrigeren helfen.	
飞机飞得越来越低。		Das Flugzeug fliegt immer niedriger.	
把它再放低一点儿。		Bitte lege es noch ein bisschen niedriger.	

脸	liǎn	Gesicht	*Substantiv*
一张脸		ein Gesicht	
孩子洗脸了吗？		Haben die Kinder das Gesicht gewaschen?	

Grammatik und Worterklärungen

中间

Das Wort „**中间**" (zhōngjiān) bedeutet „Mitte".

他在**中间**。	Er ist in der Mitte.
（在）**中间**有一条河。	In der Mitte gibt es einen Fluss.

的中间

Die Angabe, wessen Mitte gemeint ist, kann als Attribut vor „**中间**" gestellt werden.

他在我们**的中间**。	Er ist in unserer Mitte.
公园**的中间**有一条河。	In der Mitte des Parks gibt es einen Fluss.

Das Attribut vor „**中间**" kann auch mehrere Personen oder Gegenstände umfassen. Ist dies eine konkrete Aufzählung von zwei Personen oder Gegenständen, übersetzt man „**中间**" mit „zwischen". Regel: „… **和** … + **的** + **中间**".

咖啡杯在盘子**和**茶杯**的中间**。	Die Kaffeetassen sind zwischen den Tellern und den Teetassen.
老师站在我**和**他**的中间**。	Der Lehrer steht zwischen ihm und mir.

中间的

„**中间**" kann selbst auch Attribut sein. In diesem Fall steht ein „**中间的**" als Attribut vor einem Substantiv.

我喜欢**中间的**小猫。	Ich mag die kleine Katze in der Mitte.
我想买**中间**那条黑色**的**裙子。	Ich möchte jenen schwarzen Rock in der Mitte kaufen.

矮 低

Die beiden Adjektive „**矮**" (ǎi) für „klein" oder „niedrig" und „**低**" (dī) für „niedrig" können in der Anwendung Schwierigkeiten bereiten. Denn die Chinesen benutzen zwei Wörter für „niedrig", je nachdem, was beschrieben wird.

Ist eine greifbare Sache oder ein Lebewesen von kleiner Höhe, kommt „**矮**" zur Anwendung. Deutsche benutzen hier „niedrig" oder auch „klein".

这张桌子很**矮**。	Dieser Tisch ist sehr niedrig.
他的椅子太**矮**了。	Sein Stuhl ist zu niedrig.
公园的树现在还很**矮**。	Die Bäume im Park sind jetzt noch sehr klein (niedrig).
那个人不高不**矮**。	Jener Mensch ist weder groß noch klein.

Für alle anderen Sachverhalte, in denen etwas niedrig ist, wird im Chinesischen das Wort „**低**“ benutzt. Das kann ein Niveau oder die Lagehöhe einer Sache sein.

小心，鸟飞得很**低**！	Achtung, der Vogel fliegt sehr niedrig!
请把杯子放**低**一些。	Bitte stelle die Tassen etwas niedriger.
低年级的学生今天不上学。	Die niedrigen Jahrgänge haben heute keine Schule.

Hinweis: „**低**“ kann auch als Verb verwendet werden. Das geht mit „**矮**“ nicht.

快**低**头！	Schnell den Kopf einziehen!

汉语的方便

“方便”这个词，我**相信**大家都知道是什么意思吧？你们看下面的句子： 2-03 2-04

句子一：住在这里很方便，去哪儿都不远。

句子二：去**超市**买东西，走路只要五分钟；去图书馆借书还书，骑自行车也不到五分钟；地铁站就在前面。你说方不方便？

但是，大家也知道，有些汉语中的词语不只有一个意思，还有其他的意思，就像“方便”一样。下面，我给大家讲一个小故事。从这个故事中，大家可以知道“方便”的其他的几个意思。

有一次，一个德国公司的**经理**来中国参加**会议**。**会议**后，大家一起去一家饭馆吃晚饭。这个**经理**姓米乐。米乐**经理**坐在大家的**中间**。他为了能和中国同事说话，在德国学了一年的汉语。所以，中国同事都很喜欢他，也很爱和他说话。

他们一边吃一边说，非常高兴。不一会儿，坐在米乐**经理**右边的那个同事**站**起来，对米乐**经理**说："对不起，米乐**经理**，我去方便一下，就来。"那**位**同事说完，**站**起来，就走了。

米乐**经理**没有明白他是什么意思，就问别的中国同事："方便是什么意思？"

"哦！"那个同事说，"'方便'在这里就是去一下洗手间的意思，也就是说上**厕所**的意思。"

米乐**经理**点头说："谢谢！我懂了。"

大家又吃又喝，特别高兴。不一会儿，又有一个同事对他说："米乐**经理**，希望下次去德国的时候，你能帮助**提供**一些方便。"这时，米乐**经理记得**那**位**同事说的话，"方便"是上**厕所**的意思。他觉得很奇怪，心里想：为什么他去德国，让我给他准备**厕所**呢？米乐心里又想：德国有很多**厕所**，没有问题。虽然他觉得这个同事的问题太奇怪了，还是高兴地笑着回答说："你放心，你放心，没有问题！"

大家快吃完饭，**离开**饭馆的时候，一**位**女同事走过来，对米乐**经理**说："米乐**经理**，我有一件事，想请你帮一下忙。"米乐**经理**问："什么事？你说吧！我能帮的，一定帮。"

女同事**低**下头说："我给我的一个德国同学用德语写了信。但是，我的德语不很好，希望在你方便的时候，帮我看一看，我想不会用你很长的时间。我们可以一边吃饭一边看。"

米乐**经理**这次真的不明白了。你说什么？在我上**厕所**的时候，让我给你看信，还可以一边吃饭一边看，一边上**厕所**。我的天啊！米乐**经理**的**脸**马上就红了。

女同事一看，不好。米乐**经理**一定最近不方便。她马上又说：

“你看，找一个你我都方便的时候一起吃饭。我们一边吃饭，一边看信，也行。”

米乐**经理**想：一男一女，一边上**厕所**，一边吃饭看信。这次，他真不知道应该怎么回答了。

这是什么事啊？你们知道吗？

Verständnistest

请看下面的句子对不对。你想知道你做得怎么样，请看第 147 页。

1. 米乐经理懂一点儿汉语，也很爱和中国同事用汉语说话。 （ ）
2. “方便”除了有上厕所的意思，还有一个别的意思，就是“有时间”的意思。 （ ）
3. 中国人在吃饭的时候，要去上厕所，就说去“方便一下”。这样比较客气一些，听着也舒服一些。 （ ）
4. “提供方便”就是给别人时间的意思。 （ ）
5. 米乐经理的一位中国女同事懂一点儿德语。 （ ）
6. 米乐经理的脸红了，是因为他喝酒喝得太多了。 （ ）
7. 女同事一想到要请别人帮助她写信，就低下了头。 （ ）
8. 汉语中的一些词语有很多其他的意思。 （ ）

Das chinesische Wort „fangbian“

Das Wort „fangbian“, ich glaube, alle wissen, was es bedeutet? Schaut mal auf die Sätze unten:

Satz 1: Hier zu wohnen, ist sehr praktisch. Es ist nicht weit, irgendwo hinzugehen.

Satz 2: Um zum Supermarkt einkaufen zu gehen, braucht man nur fünf Minuten. Um in der Bibliothek Bücher auszuleihen oder zurückzugeben, braucht man mit dem Fahrrad auch nicht mehr als fünf Minuten. Die U-Bahn-Station ist gleich vor dem Haus. Das nennt man praktisch, oder?

Aber alle wissen auch, dass es unter den chinesischen Vokabeln Wörter gibt, die nicht nur eine Bedeutung haben, sondern noch andere Bedeutungen, wie das Wort „fangbian". Unten erzähle ich euch eine kleine Geschichte. Durch diese Geschichte kann man die paar anderen Bedeutungen des Wortes „fangbian" erfahren.

Es war einmal, dass ein Manager einer deutschen Firma nach China gekommen war, um an einer Konferenz teilzunehmen. Nach der Konferenz waren alle zusammen zu einem Restaurant gegangen, um zu Abend zu essen. Dieser Manager hieß Müller. Manager Müller saß mittendrin, um sich mit den chinesischen Kollegen unterhalten zu können, denn er hatte in Deutschland ein Jahr lang Chinesisch gelernt. Deshalb mochten ihn die chinesischen Kollegen alle sehr und unterhielten sich auch sehr gerne mit ihm.

Während des Essens unterhielten sie sich und waren besonders guter Laune. Es dauerte nicht lange, da erhob sich der Kollege, der rechts neben Manager Müller saß, und sagte zu Manager Müller:

„Tut mir leid, Manager Müller, ich gehe kurz ‚fangbian' machen und komme gleich wieder." Nachdem dieser Kollege fertig gesprochen hatte, stand er auf und ging auch gleich weg.

Manager Müller hatte nicht verstanden, was er gemeint hatte, und fragte gleich einen anderen chinesischen Kollegen: „Was hat ‚fangbian' für eine Bedeutung? "

„Oh", sagte jener Kollege, „‚fangbian' bedeutet hier, kurz mal zum WC zu gehen, oder drückt auch aus, auf die Toilette zu müssen."

Manager Müller nickte mit dem Kopf und sagte: „Danke! Ich habe es verstanden."

Alle tranken und aßen und waren besonders ausgelassen. Nach einer kurzen Zeit sagte ein anderer Kollege zu Manager Müller: „Manager Müller, wir hoffen, wenn wir nächstes Mal nach Deutschland gehen, können Sie uns einige ‚fangbian' anbieten." Zu diesem Zeitpunkt erinnerte sich Manager Müller daran, was jener Kollege gesagt hatte. „Fangbian" würde bedeuten, auf die Toilette zu gehen. Er fand das sehr merkwürdig. Im Stillen dachte er sich: Warum soll ich für ihn die Toiletten vorbereiten, wenn er nach Deutschland reist? Er dachte sich weiter: In Deutschland gibt es sehr viele Toiletten, das ist eigentlich kein Problem. Zwar fand er das

Anliegen dieses Kollegen äußerst merkwürdig, aber er antwortete fröhlich mit einem Lächeln: „Mach dir keine Sorgen! Mach dir keine Sorgen! Das ist kein Problem!“

Sie hatten fast fertig gegessen und waren dabei, das Restaurant zu verlassen, als eine Kollegin herüberkam und zu Manager Müller sagte: „Manager Müller, ich habe eine Angelegenheit und möchte Sie bitten, mir kurz zu helfen.“ Manager Müller fragte: „Was denn? Sagen Sie es mir bitte! Wenn ich kann, helfe ich Ihnen gerne.“

Die Kollegin sprach mit gesenktem Kopf: „Ich habe an meinen deutschen Mitschüler einen Brief auf Deutsch geschrieben. Aber mein Deutsch ist nicht sehr gut. Ich hoffe, dass Sie mir helfen, ihn ein bisschen durchzulesen, wenn Sie ‚fangbian‘ sind. Ich denke, dass Sie nicht sehr lange Zeit benötigen werden. Wir können das lesen, während wir essen.“

Dieses Mal war Manager Müller echt verwirrt. Was sagst du? Während ich auf der Toilette bin, lässt du mich dir den Brief vorlesen? Nach Möglichkeit auch noch essen, während ich lese und auf der Toilette bin? Ach du gütiger Himmel! Das Gesicht von Manager Müller wurde sofort rot.

Die Kollegin bemerkte, dass etwas nicht stimmte. Es war für Manager Müller zur Zeit bestimmt nicht günstig. Sie sagte sofort wieder: „Gut, dann suchen wir einen Zeitpunkt, an dem wir beide ‚fangbian‘ sind und essen dann zusammen. Während wir essen, lesen wir dann den Brief. Das geht auch.“

Manager Müller dacht sich: Ein Mann und eine Frau sind gleichzeitig auf der Toilette und lesen beim Essen einen Brief? Dieses Mal wusste er wirklich nicht, wie er antworten sollte.

Was ist hier eigentlich los? Wisst ihr es?

Lösung Verständnistest

（1）对，（2）对，（3）对，（4）错，（5）对，（6）错，（7）错，（8）对

Lesetext

17 中国的变化

Vokabeln

2-05
2-06

变化	biànhuà	Veränderung	*Substantiv*
一些变化，这些变化		einige Veränderungen, diese Veränderungen	
中国的变化真大。		Die Veränderung Chinas ist wahrhaft groß.	

必须	bìxū	müssen	*Modalverb*
孩子现在必须睡觉了！		Kinder müssen jetzt schlafen!	
孩子必须学习！		Kinder müssen lernen!	

宾馆	bīnguǎn	Hotel, Gasthaus	*Substantiv*
一家宾馆，那家宾馆		ein Hotel, jenes Hotel	
这家宾馆很大。		Dieses Hotel ist sehr groß.	
你住在这家宾馆，舒不舒服？		Wohnst du in diesem Hotel angenehm?	

自己	zìjǐ	selbst, selber	*Pronomen*
我自己，我们自己		ich selbst, wir selbst	
你自己，他自己		du selbst, er selbst	
自己能做		selbst erledigen können	
我要自己去那儿。		Ich will selber dorthin gehen.	
自己的事，自己做。		Eigene Sachen macht man selbst.	
这是自己做的蛋糕。		Dies ist selbst gemachter Kuchen.	

星级	xīngjí	Sterne (Hotellevel)	*Substantiv*
这是一家五星级的饭店。		Dies ist ein Fünf-Sterne-Hotel.	
这是几星级的饭店？		Dies ist ein Hotel mit wie viel Sternen?	

空调	kōngtiáo	Klimaanlage	*Substantiv*
一台空调 （台, tái）		eine Klimaanlage	
房间有空调。		Das Zimmer hat eine Klimaanlage.	
以前没有空调。		Früher gab es keine Klimaanlagen.	

难	nán	schwierig (sein)	*Adjektiv*
这个词语很难。		Dieser Ausdruck ist sehr schwierig.	
这个句子又长又难。		Dieser Satz ist sowohl lang, als auch schwierig.	
这是一个很难的问题。		Dies ist eine sehr schwierige Aufgabe.	

机会	jīhuì	Gelegenheit, Chance	*Substantiv*
一个机会，这个机会		eine Gelegenheit, diese Gelegenheit	
这个机会非常好。		Diese Chance ist außerordentlich gut.	
我没有机会学习汉语。		Ich hatte keine Gelegenheit, Chinesisch zu lernen.	

度	dù	Einheit für Grad	ZEW
今天会有三十度。		Heute soll es 30° haben.	
上海很热，今天有 35 到 38 度。		Schanghai ist sehr heiß. Es hat heute zwischen 35 und 38°.	

担心	dānxīn	sich Sorgen machen	*Verb*
担心		besorgt sein, sich gesorgt haben *(kein 了!)*	
担心了一个晚上		sich einen Abend lang Sorgen gemacht haben	
对这件事很担心		sich sehr um diese Angelegenheit Sorgen machen	
我很担心他。		Ich mache mir sehr Sorgen um ihn.	
我担心他找不到家。		Ich mache mir Sorgen, dass er nicht nach Hause findet.	
担心就是不放心。		Sich Sorgen machen, ist gleich, wie nicht ohne Sorgen sein.	

冰箱	bīngxiāng	Kühlschrank	*Substantiv*
三台冰箱（台, tái）		drei Kühlschränke	
冰箱里有很多吃的。		Im Kühlschrank gibt es viel zu Essen.	

年轻	niánqīng	jung, jugendlich (sein)	*Adjektiv*
她又年轻又漂亮。		Sie ist sowohl jung, als auch hübsch.	
年轻人		junge Leute, junger Mensch	
年轻的时候		als man jung war; in der Jugend	

Grammatik und Worterklärungen

必须

Das Wort „**必须**“ (bìxū) bedeutet „müssen“. Es drückt eine Notwendigkeit aus. Seine Bedeutung entspricht dem Deutschen Hilfsverb „müssen“.

经理说我们**必须**每天晚上工作到六点。	Der Manager hat gesagt, wir müssen jeden Tag bis abends 6 Uhr arbeiten.
这个句子我们**必须**学会用。	Wir müssen diesen Satz so gut lernen, dass wir ihn benutzen können.

Wie grenzt sich „**必须**“ zum Wort „**应该**“ (yīngāi, sollen) ab? Genauso wie im Deutschen „müssen“ und „sollen“.

我们明天**应该**六点起床，因为我们**必须**七点到火车站。	Wir sollten morgen um 6 Uhr aufstehen, weil wir um 7 Uhr am Bahnhof ankommen müssen.

难

Das Adjektiv„**难**“ (nán) bedeutet „schwierig“ oder „schwierig sein“.

这个问题很**难**。	Diese Frage ist sehr schwierig.
这是一个很**难**的问题。	Dies ist eine sehr schwierige Frage.

„**难**“ kann auch als Adverb ein Verb beschreiben und steht dann direkt vor diesem.

她写的字很**难**认。	Ihre Schrift ist sehr schwer zu lesen.
那条河很**难**过。	Jener Fluss ist sehr schwer zu überqueren.

Je nach Verb (吃, 喝, 看, 听…) wird „**难**“ ins Deutsche auch mit „grässlich“, „scheußlich“ oder „schlecht“ übersetzt.

这种茶很**难**喝。	Diese Sorte Tee schmeckt sehr schlecht.
这个节目很**难**看。	Dieses Programm ist scheußlich anzusehen.
他做的饭很**难**吃。	Das Essen, das er gekocht hat, schmeckt grässlich.
没有空调很**难**过。	Ohne Klimaanlage ist es unerträglich.

Die folgende Tabelle stellt einige Gegensätze mit „好“ und „难“ gegenüber.

好吃	gut schmecken	难吃	schlecht schmecken
好看	schön anzuschauen	难看	schrecklich anzuschauen
好喝	gut schmecken	难喝	schlecht schmecken
好听	schön anzuhören	难听	grässlich anzuhören

Die Vokabeln „**担心**“ (dānxīn) und „**着急**“ (zháojí) bedeuten beide „sich Sorgen machen“. Was ist eigentlich der Unterschied? Ein Unterschied liegt in der Dringlichkeit der Sorge. „**担心**“ bedeutet, sich allgemein Sorgen um etwas oder über jemanden zu machen. „**着急**“ bedeutet, sorgenvoll und bange auf etwas zu warten oder in innerer Unruhe zu sein. Anbei ein Beispiel:

你不用**着急**回家。我已经告诉你的爸爸妈妈了。他们不会**担心**的。	Du brauchst nicht zu eilen, nach Hause zurückzugehen. Ich habe deine Eltern schon informiert. Sie werden sich keine Sorgen machen.

中国的变化

中国的**变化**非常大，特别是最近几十年。人们不比较不知道，以为中国就是这样。 2-07 2-08

我上课的时候，有时候会给我的学生讲一讲二十年前的中国。他们都不敢相信那是真的。我的学生有很多去过中国，看见过今天的中国。但是二十年前的中国是怎么样呢？大家都不知道。

那时，人们很少旅游。如果要去一个地方玩，**必须**住在朋友家，因为那时没有**宾馆**。因为工作要去其他城市的人可以住在公司**自己**的客房里。所以，人们想去其他的城市看一看，都要想办法，找朋友介绍住的地方。因为，这种客房只能给公司**自己**的人或者认识的人住。现在不一样了。每个城市都有很多不同**星级**的**宾馆**。房间又干净又漂亮。

二十年前，中国没有**空调**。每年七月的七、八、九号这三天，中学生们要参加进大学的考试。这个考试很**难**。孩子们一年也只有一次这样的**机会**。他们为了准备这个考试，每天很努力地学习。但是，这几天，南方有的地方非常热，有 37 到 38 **度**。因为太热，有的学生会在考试的地方生病。学校**担心**学生们会生病，就请人买来很大的冰块，放在考试的地方。现在不一样了。每家人都有**空调**、**冰箱**，方便舒服多了。

以前去商店买东西，服务员对客人一点儿都不好。因为，那时买东西的人不能像在今天的超市那样，可以**自己**去拿东西，所以，**必须**请服务员帮忙。这些服务员都是一些**年轻**的女孩子。商店卖得多还是少，跟她们没有关系。她们总是喜欢两三个站在一起说话。“你昨天做了什么？她昨天做了什么？”“昨天的电视节目怎么样？”如果你现在请她们帮你拿你想买的东西，她们会很不高兴地回答说：“没有！”其实你想买的东西就在那儿。现在不一样了。超市有很多。如果去大的商店买东西，服务员也会很热心地帮助你。

有时候，我**自己**都不敢相信中国的**变化**。每年我都回一次中国，每次我都能发现新的**变化**，变得我都不认识了。每次出门，妈妈都对我说："还是让老妈带你去吧！你一定找不到那个地方了！"

Verständnistest

请看下面的句子对不对。你想知道你做得怎么样，请看第 155 页。

1. 我上课的时候，经常讲中国的变化。 ( )
2. 以前，中国人不去旅游，是因为他们不喜欢旅游。 ( )
3. 二十年前，中国没有很多宾馆。 ( )
4. 因为工作要去其他城市的人必须住在朋友家。 ( )
5. 中国的中学生进大学的考试很难。 ( )
6. 他们每年有两次这样的参加考试的机会。 ( )
7. 学校担心学生们会热得生病，所以给学生们买冰块吃。 ( )
8. 以前商店的服务员对客人不热心，是因为他们不喜欢别人问他们问题。 ( )
9. 以前的服务员上班喜欢说话，不爱工作。 ( )
10. 因为中国的变化很快，我都不敢回家了。 ( )

Die Veränderung in China

Die Veränderung in China ist außerordentlich groß, besonders in den letzten paar Jahrzehnten. Wenn die Leute nicht vergleichen, wissen sie das nicht und glauben, dass China schon immer so war.

Manchmal erzähle ich meinen Schülern im Unterricht etwas über das China vor 20 Jahren. Sie glauben alle kaum, dass es dort wirklich mal so war. Sehr viele meiner Schüler sind schon einmal in China gewesen und haben das heutige China gesehen. Aber wie war denn das China vor 20 Jahren? Das wissen alle nicht.

Damals reisten die Leute sehr selten. Wenn man in der Freizeit zu einem Ort reisen wollte, musste man bei Freunden übernachten, weil es damals keine Hotels gab. Wenn man arbeitsbedingt zu einer anderen Stadt reisen musste, konnte man in einem firmeneigenen Gästezimmer wohnen. Deshalb musste man, wenn man eine andere Stadt besichtigen wollte, eine Lösung überlegen oder einen Freund finden, der eine Unterkunft empfehlen konnte. Denn diese Art von Gästezimmer konnte nur an firmeneigene Personen oder die Personen, die Kontakt zu einem Angestellten hatten, vergeben werden. Jetzt ist die Situation anderes. Es gibt in jeder Stadt Hotels unterschiedlicher Sterneklassen. Die Zimmer sind sowohl sauber als auch hübsch.

Vor 20 Jahren gab es in China keine Klimaanlagen. Jedes Jahr am 7., 8. und 9. Juli, an diesen drei Tagen, nahmen die Mittelschüler an einer Aufnahmeprüfung für die Hochschulen teil. Diese Prüfung war sehr schwierig. Die Schüler hatten im Jahr auch nur einmal diese Gelegenheit. Um sich auf diese Prüfung vorzubereiten, lernten sie jeden Tag sehr fleißig. Aber an diesen paar Tagen waren manche Orte im Süden außerordentlich heiß – bis zu 37 oder 38 Grad. Weil das Wetter extrem heiß war, sind manche Schüler am Prüfungsort krank geworden. Die Schulen machten sich Sorgen, dass die Schüler krank werden könnten, und baten die Leute, große Eisblöcke einzukaufen, um sie am Prüfungsort auszulegen. Jetzt ist die Situation anders. Jede Familie hat eine Klimaanlage und einen Kühlschrank, was deutlich praktischer und angenehmer ist.

Wenn man damals in ein Geschäft zum Einkaufen kam, waren die Verkäuferinnen zu den Kunden überhaupt nicht freundlich. Denn damals durften sich die Kunden nicht einfach selbst die Ware nehmen wie im heutigen Supermarkt. Deshalb waren sie darauf angewiesen, die Verkäuferinnen um Hilfe zu bitten. Die Verkäuferinnen waren alles junge Mädchen. Ihnen war es egal, ob der Absatz eines Ladens gut oder schlecht war. Sie standen stets lieber zu zweit oder dritt zusammen und unterhielten sich miteinander. „Was hast du gestern gemacht? Was hat sie gestern gemacht?“ „Wie war gestern das Fernsehprogramm?“ Falls man in so einer Situation darum bat, einem die Sache zu geben, die man kaufen wollte, konnte es sein, dass sie unfreundlich sagten: „Haben wir nicht!“ In der Tat lag die Ware, die man kaufen wollte, aber dort. Heutzutage ist die Situation anders. Es gibt viele Supermärkte. Wenn man zum Einkaufen in ein großes Geschäft geht, trifft man auf Verkäuferinnen, die einem warmherzig helfen.

Manchmal glaube ich selbst kaum, wie sich China verändert hat. Jedes Jahr kehre ich einmal nach China zurück. Jedes Mal entdecke ich neue Veränderungen – Dinge, die ich nicht kenne. Jedes Mal, wenn ich irgendwohin gehen will, sagt meine Mutter zu mir: „Lass deine alte Mutter dich hinbringen! Du wirst jenen Ort bestimmt nicht finden!“

Lösung Verständnistest

（1）错，（2）错，（3）对，（4）错，（5）对，（6）错，（7）错，（8）对，（9）对，（10）错

18 关于小祝

Vokabeln

2-09
2-10

关于	guānyú	bezüglich, über, von	*Präposition*
关于这件事情，我不知道。		Von dieser Angelegenheit weiß ich nichts.	
关于什么时候开会，经理还没有决定。		Bezüglich wann wir uns treffen, hat der Manager noch nichts entschieden.	

锻炼	duànliàn	trainieren	*Verb*
锻炼了		trainiert haben	
锻炼身体		den Körper trainieren	
他每天锻炼一个小时。		Er trainiert täglich eine Stunde.	

爬山	pá shān	bergwandern	*Verb + Substantiv*
爬了山		berggewandert sein	
我们去城市的南面爬山。		Wir fahren südlich der Stadt, um bergzuwandern.	
他的爱好是爬山。		Sein Hobby ist Bergwandern.	

发烧	fā shāo	fiebern, Fieber haben	*Verb + Substantiv*
发了烧， 发了高烧		Fieber gehabt haben, hohes Fieber gehabt haben	
因为发烧，他不能去学校。		Weil er Fieber hat, kann er nicht zur Schule gehen.	

感冒	gǎnmào	sich erkälten	*Verb*
感冒了		sich erkältet haben	
人感冒了，就觉得不舒服。		Hat man sich erkältet, fühlt man sich gleich nicht wohl.	

刮风	guā fēng	Wind wehen	*Verb + Substantiv*
刮了风， 刮了大风		Wind geweht haben, starker Wind geweht haben	
今天刮很冷的风。		Heute weht ein sehr kalter Wind.	

段	duàn	ZEW für Abschnitte	*ZEW*
一段时间		ein Zeitabschnitt	

万	wàn	zehntausend	*Zahlwort*
一万， 一万一千， 一万两千		10.000, 11.000, 12.000	
一万零一十一本书		10.011 Bücher	

米	mǐ	Meter	*Substantiv*
一米，两米，三米长		ein Meter, zwei Meter, drei Meter lang	
他有一米八三。		Er ist 1,83 groß.	
我儿子现在一米二三。		Mein Sohn ist jetzt 1,23 m groß.	

比赛	bǐsài	Wettkampf, Turnier	*Substantiv*
那场比赛（场, chǎng）		jener Wettkampf	
游泳比赛		Schwimmwettkampf	
足球比赛 （auch: 足球赛）		Fußballturnier	
万米长跑比赛		Zehntausendmeterlauf	
明天有做面包比赛。		Morgen findet ein Brotbackwettbewerb statt.	

名	míng	ZEW für Ränge oder Plätze (Personen)	*ZEW*
第一名，第二名		der Erste, der Zweite *oder* 1. Platz, 2. Platz	
前十名		die ersten Zehn *oder* die ersten zehn Plätze	
他在比赛中拿了第二名。		Er hat im Wettkampf den zweiten Platz geholt.	

耳朵	ěrduo	Ohr	*Substantiv*
一只耳朵 （只, zhī）		ein Ohr	
天太冷了，耳朵都红了。		Das Wetter ist so extrem kalt, dass die Ohren rot sind.	
耳朵有一点儿疼。		Die Ohren tun ein bisschen weh.	
照顾	**zhàogù**	**sich kümmern um, pflegen, betreuen**	*Verb*
照顾了，照顾好		sich gekümmert haben, sich gut kümmern	
照顾孩子		sich um die Kinder kümmern	
你放心吧！她会照顾好你的小猫的。		Mach dir keine Sorgen! Sie wird sich sicherlich gut um dein Kätzchen kümmern.	
忘记	**wàngjì**	**vergessen**	*Verb*
忘记了		vergessen haben	
我忘记买水果了。		Ich habe vergessen, Obst zu kaufen.	
我把办签证的事忘记了。		Das Visum zu beantragen, habe ich vergessen.	
一共	**yígòng**	**insgesamt**	*Adverb*
一共要多少钱？		Wie viel kostet es insgesamt?	
学校一共有一百个学生。		Die Schule hat insgesamt hundert Schüler.	

Grammatik und Worterklärungen

关于

Die Präposition „**关于**" (guānyú) bedeutet „bezüglich", „über" oder „von" und steht vor dem Substantiv, das es beschreibt.

关于这件事，我们还要想一想。	Bezüglich dieser Angelegenheit müssen wir noch überlegen.
关于他，我知道得很少。	Über ihn weiß ich sehr wenig.
关于办签证的事，我还不知道。	Bezüglich des Beantragens des Visums weiß ich noch nicht Bescheid.

Steht „**关于**“ vor einem Fragewort oder Fragesatz, ist eine wörtliche Übersetzung ins Deutsche meistens sehr holprig. Hier wird „**关于**“ oft gar nicht übersetzt.

这个节目是**关于**什么的？	Wörtlich:	Dieses Programm ist bezüglich was?
	Frei:	Worum geht es in diesem Programm?
关于什么时候走，我不知道。	Wörtlich:	Bezüglich wann losgegangen wird, weiß ich nicht.
	Frei:	Ich weiß nicht, wann wir losgehen.
这是**关于**什么的比赛？	Wörtlich:	Dies ist ein Wettbewerb über was?
	Frei:	Dies ist was für ein Wettbewerb?

万

Das Zahlwort „**万**“ (wàn) steht für Zehntausend. Da im Deutschen nach Tausend erst wieder Million als Zahlwort kommt, ist seine Verwendung sehr ungewohnt.

一**万**，两**万**，三**万**	10.000, 20.000, 30.000
十**万**，一百**万**，一千**万**	100.000, 1.000.000, 10.000.000

零

Zu beachten ist auch, dass eine oder mehrere Nullen zwischen zwei Zahlworten mit einer Null geschrieben oder gesprochen werden. Die Zahl „10.001“ liest sich im Deutschen „zehntausendeins“, aber im Chinesischen „一万**零**一“.

一万**零**一，一万**零**一十	10.001, 10.010
一万**零**一百**零**一，一千**零**一万	10.101, 10.010.000

一共

Das Adverb „**一共**“ (yígòng) bedeutet „insgesamt“. Es steht vor dem Verb.

一年级**一共**有一百一十个学生。	Die erste Jahrgangsstufe hat insgesamt 110 Schüler.
买电脑**一共**要多少钱？	Wie viel kostet insgesamt ein Computer?
一共来了几个人？	Wie viele Personen sind insgesamt gekommen?

Gibt es mehrere Adverbien, so kommt „**一共**“ meistens an erster Stelle.

他学汉语**一共**只学了半年。	Er hat Chinesisch nur insgesamt ein halbes Jahr lang gelernt.

他做这些数学作业，**一共**只要一个小时。	Um diese Mathematik-Hausaufgaben zu machen, hat er insgesamt nur eine Stunde benötigt.

忘记

Das Verb „**忘记**" (wàngjì) bedeutet „vergessen". Die Kurzform ist „**忘**" (wàng).

我**忘记**了买菜。= 我**忘**了买菜。	Ich habe vergessen, Lebensmittel zu kaufen.
我把买的东西**忘**在了车上。	Ich habe die eingekauften Sachen im Auto vergessen.

多少

Steht eines der beiden Adjektive „**多**" (duō) oder „**少**" (shǎo) vor einem Verb, ist dies eine Aufforderung in dem Sinne „mehr… tun" oder „weniger… tun".

多吃水果！	Iss mehr Obst!
少喝酒！	Trinke weniger Alkohol!

关于小祝

2-11
2-12

祝新雨是北方人，长得很高。他今年二十八岁，现在在一家公司工作。同事们都喜欢叫他小祝。小祝很喜欢运动，特别喜欢跑步。为了**锻炼**身体，他每天下了班都跑步回家，不坐公共汽车。同事们都觉得他的身体最好。他也不经常生病。

这个周末，公司里的几个好朋友一起去**爬山**。但是，小祝没有参加。大家都觉得很奇怪。因为，小祝很喜欢和大家在一起玩。在开车去的路上，他们说到了同事小祝。坐在车上的有黄城和她的两个女同事解*)影和张静心。

*) Liest man „xiè".

张静心："小祝今天怎么没有来？"

黄城："小祝生病了。他昨天晚上给我打了电话，说他觉得不很舒服，可能是**发烧**了。"

解影："小祝前几天就有一点儿**感冒**。昨天下了班，还去跑了步。他每天都跑步回家，也不觉得累。"

张静心："小祝这个人就是这样，每天**锻炼**身体，下雨**刮风**也都出去跑步。昨天下班的时候，天还下着小雨呢。真希望他快好起来。下个星期，我搬家还想请他帮忙呢！"

黄城："你就别找小祝了，让他好好休息。"

解影："小祝的身体真好，跑步也跑得特别快。前一**段**时间，他参加了市里的**万米**长跑**比赛**，还拿了第二**名**呢！你们可能不知道，那天参加**比赛**的人有上千呢，还有从别的城市来的人呢。"

黄城："我能像他就好了，不拿第二**名**，前一百**名**也好。"

这时，有人给黄城的手机打电话。他看了一下手机说："是小祝，我接了。"

黄城："喂，小祝，你好！"

小祝："喂，黄城。"

黄城："你现在觉得怎么样？**耳朵**还疼吗？看医生了吗？"

小祝："看了。"

黄城："医生说什么？"

小祝："没事，就是有一点**感冒**，还有一点儿**发烧**。"

黄城："医生给你开了药吗？"

小祝："开了。"

黄城："你这几天好好在家休息，好好**照顾**自己，别**忘记**吃药。"

小祝："知道了。你怎么像我妈一样！放心吧！我还记得小张下个星期搬家的事呢！"

黄城："病了，还想着朋友的事。你真是好同事！"

小祝："应该应该！今天**爬山一共**去了多少个人？"

黄城："除了你，大家都去了。"

小祝："对了，你明天上班的时候，帮我给经理说一下，我明天可能还不能去办公室。我现在还在**发烧**呢，可能有 38 度 7。"

黄城："没问题。你放心，我一定告诉他。你要记住多喝热水，多睡觉。"

小祝："谢谢了！祝你们玩得高兴！"

黄城："不用谢！好好休息吧！"

Verständnistest

请看下面的句子对不对。你想知道你做得怎么样，请看第 164 页。

1. 祝新雨很喜欢运动，特别喜欢跑步。 ( )
2. 他参加了市里的万米长跑比赛，跑得非常好。 ( )
3. 因为他经常生病，所以他要多做运动，多锻炼身体。 ( )
4. 刮风下雨了，小祝就因为害怕感冒，不去跑步了。 ( )
5. 黄城希望和小祝一样在长跑比赛中拿第二名。 ( )
6. 小祝有一点儿感冒发烧，而且眼睛和耳朵很疼。 ( )
7. 小祝打电话给黄城是只想问一下一共有多少人去爬山。 ( )
8. 黄城让小祝好好照顾自己，是希望他病好了，帮同事搬家。 ( )
9. 小祝不想吃医生开的药。 ( )
10. 小祝生着病，还想着同事搬家的事。 ( )

Über Xiao Zhu

Zhu Xinyu ist ein Nordchinese und hoch gewachsen. Er wird dieses Jahr 28 Jahre alt und arbeitet nun in einer Firma. Seine Kollegen nennen ihn alle gerne „Xiao Zhu". Xiao Zhu mag sehr gerne Sport, besonders gerne Jogging. Um den Körper zu stärken, läuft er jeden Tag nach der Arbeit nach Hause und fährt nicht mit dem Bus. Seine Kollegen finden alle, dass er gesundheitlich topfit sei Er ist auch sehr selten krank.

An diesem Wochenende gehen ein paar gute Freunde aus der Firma zusammen zum Bergwandern. Aber Xiao Zhu nimmt nicht teil. Alle finden das sehr merkwürdig. Denn Xiao Zhu mag es sehr gerne, mit allen zusammen etwas zu unternehmen. Auf der Hinfahrt kommen sie auf ihren Kollegen, Xiao Zhu, zu sprechen. Im Auto sitzen Huang Cheng und seine zwei Kolleginnen, Xie Ying und Zhang Jingxin.

Zhang: „Warum ist Xiao Zhu heute nicht mitgekommen?"

Huang: „Xiao Zhu ist krank geworden. Er hat mich gestern Abend angerufen und mir gesagt, dass es ihm schlecht ginge. Wahrscheinlich hätte er Fieber."

Xie: „Xiao Zhu war vor ein paar Tagen schon ein bisschen erkältet. Gestern ist er nach der Arbeit noch Joggen gegangen. Er joggt immer jeden Tag nach Hause und wird dennoch nicht müde davon."

Zhang: „Xiao Zhu ist so eine Art von Mensch, der jeden Tag seinen Körper trainiert. Der, egal, ob es regnet oder windet, trotzdem rausgeht und joggt. Gestern nach der Arbeit hatte es noch ein bisschen geregnet. Ich hoffe echt, er wird schnell wieder gesund. Nächste Woche ziehe ich um und möchte ihn bitten, mir zu helfen!"

Huang: „Du darfst ihn nicht gleich damit aufsuchen. Lass ihn sich gut ausruhen."

Xie: „Xiao Zhu ist wirklich gesund und läuft auch extrem schnell. Vor einiger Zeit hatte er am Zehntausendmeterlauf der Stadt teilgenommen und belegte den zweiten Platz! Ihr wisst wahrscheinlich nicht, dass an jenem Tag über tausend Personen am Wettkampf teilgenommen hatten. Es waren auch Teilnehmer aus anderen Städten dabei."

Huang: „Es wäre schön, wenn ich nur annähernd so gut wie er sein könnte. Nicht unbedingt die Nummer 2, sondern ein Platz unter den ersten 100 wäre auch in Ordnung."

In diesem Moment ruft jemand auf dem Handy von Huang Cheng an. Der schaut kurz auf das Handy und sagt: „Es ist Xiao Zhu, ich nehme ab."

Huang: „Hallo! Xiao Zhu! Guten Tag!“

Zhu: „Hallo! Huang Cheng!“

Huang: „Wie fühlst du dich jetzt? Tun die Ohren noch weh? Bist du zum Arzt gegangen?“

Zhu: „War ich.“

Huang: „Was hat der Arzt gesagt?“

Zhu: „Kein Problem. Ich bin ein bisschen erkältet und habe ein bisschen Fieber.“

Huang: „Hat der Arzt dir Medizin verschrieben?“

Zhu: „Ja.“

Huang: „Ruhe dich ein paar Tage gut aus und kümmere dich gut um dich selbst. Nicht vergessen, die Medizin einzunehmen.“

Zhu: „Verstanden. Du bist so wie meine Mutter! Mach dir keine Sorgen! Ich erinnere mich noch an Xiao Zhangs Umzug in der nächsten Woche.“

Huang: „Obwohl du krank bist, denkst du noch an die Angelegenheiten der Freunde. Du bist ein wahrhaft guter Kollege!“

Zhu: „Das sollte ich mir merken. Das sollte ich mir merken. Wie viele Leute sind heute insgesamt zum Bergwandern gegangen?“

Huang: „Außer dir sind alle Kollegen dabei.“

Zhu: „Ach ja, wenn du morgen im Büro bist, sag bitte für mich dem Chef kurz Bescheid, dass ich morgen wahrscheinlich nicht ins Büro kommen kann. Ich habe jetzt noch Fieber. Wahrscheinlich habe ich 38,7 Grad.“

Huang: „Kein Problem. Mach dir keine Sorgen, ich sage ihm bestimmt Bescheid. Du musst daran denken, viel warmes Wasser zu trinken und viel zu schlafen.“

Zhu: „Danke! Ich wünsche euch viel Spaß!“

Huang: „Nichts zu danken! Ruh dich gut aus!“

Lösung Verständnistest

（1）对，（2）对，（3）错，（4）错，（5）错，（6）错，（7）错，（8）错，（9）错，（10）对

19 准备参加数学比赛

Vokabeln

2-13
2-14

夏天	**xiàtiān**	**Sommer**	*Substantiv*
这个夏天		diesen Sommer	
上海的夏天很热。		Der Sommer in Schanghai ist sehr warm.	
举行	**jǔxíng**	**stattfinden, veranstalten**	*Verb*
举行了		stattgefunden haben	
学校要举行数学比赛。		Die Schule will einen Mathe-Wettbewerb veranstalten.	
当然	**dāngrán**	**selbstverständlich**	*Adverb*
我当然会做蛋糕。		Ich kann selbstverständlich Kuchen backen.	
他当然也要来。		Er will selbstverständlich auch kommen.	
想法	**xiǎngfǎ**	**Idee, Einfall**	*Substantiv*
一个想法，这个想法		eine Idee, diese Idee	
把你的想法给大家说一说！		Erzähl mal kurz allen Anwesenden deine Idee!	
认为	**rènwéi**	**meinen**	*Verb*
你认为这个办法好不好？		Meinst du, diese Lösung ist gut?	
经理认为今天大家只工作到两点也行。		Der Manager meint, dass es in Ordnung ist, wenn alle heute nur bis 2 Uhr arbeiten.	
选择	**xuǎnzé**	**auswählen (Kurzform „选“)**	*Verb*
选择了，选了		ausgewählt haben	
他已经选择了去哪所大学。		Er hat schon ausgewählt, zu welcher Universität er gehen wird.	
你选好了，你想吃什么吗？		Hast du fertig ausgewählt, was du essen möchtest?	

在飞机上，你可以选择自己想看的电影。	Im Flugzeug kann man die Filme auswählen, die man selbst schauen möchte.

选择 xuǎnzé	Auswahl *Substantiv*
做选择	eine Auswahl treffen
在这两个幼儿园中，我们必须做一个选择。	Zwischen diesen beiden Kindergärten müssen wir eine Auswahl treffen.

感兴趣 gǎn xìngqù	sich interessieren *Verb + Substantiv*
感兴趣	sich interessiert haben *(kein 了, da Zustand!)*
对… 感兴趣	sich für… interessieren
他对数学感兴趣。	Er interessiert sich für Mathematik.
对…有兴趣	Interesse haben an…
他对这个比赛有兴趣。	Er hat an diesem Wettbewerb Interesse.

聪明 cōngming	klug, intelligent (sein) *Adjektiv*
她很聪明。	Sie ist sehr klug.
这是一只很聪明的小狗。	Das ist ein sehr kluges Hündchen.

复习 fùxí	wiederholen *Verb*
复习了	wiederholt haben
我帮助他复习数学。	Ich helfe ihm, Mathematik zu wiederholen.
为了考试考得好，你必须每天复习一下。	Um eine gute Prüfungsnote zu erzielen, muss man täglich etwas üben.

水平 shuǐpíng	Niveau, Standard, Level *Substantiv*
一个水平	ein Niveau
高水平，低水平	hohes Niveau, niedriges Niveau
他的汉语水平很高。	Sein Chinesisch-Level ist sehr hoch.

提高	tígāo	erhöhen, steigern	*Verb*
提高了		gesteigert haben, erhöht haben	
提高得很快		sich sehr schnell erhöhen	
提高了很多		sich sehr viel erhöht haben	
为了提高汉语水平，他每天看汉语电视节目。		Um den Chinesisch-Level zu erhöhen, schaut er jeden Tag chinesisches Fernsehprogramm.	

提高	tígāo	Erhöhung, Steigerung	*Substantiv*
他的汉语有了很大的提高。		Sein Chinesisch hat eine deutliche Steigerung erfahren.	
他对数学的兴趣有了提高。		Sein Interesse an Mathematik hat sich erhöht.	

节	jié	ZEW für Segmente	*ZEW*
一节课		ein Unterrichtsblock	
我们每天上午上四节课。		Wir haben jeden Vormittag vier Unterrichtsblöcke.	

Grammatik und Worterklärungen

Die Verben „**认为**“ (rènwéi, meinen), „**觉得**“ (juéde, fühlen) und „**以为**“ (yǐwéi, glauben) können bei der Anwendung leicht verwechselt werden.

Das Verb „**认为**“ bedeutet „meinen“ und drückt eine sachliche Meinung aus.

认为

经理**认为**这个结果很好。	Der Manager meint, dieses Ergebnis ist sehr gut.
我**认为**他复习得太少了。	Ich bin der Meinung, dass er zu wenig wiederholt.

Das Verb „**觉得**“ bedeutet „fühlen“ oder „(emp)finden“. Es wird verwendet, um eine Empfindung zu beschreiben.

觉得

我**觉得**不舒服。	Ich fühle mich nicht wohl.
我**觉得**他做的饭很难吃。	Ich finde, das Essen, das er kocht, schmeckt sehr schlecht.

以为

Das Verb „**以为**“ bedeutet „glauben“ oder „denken“. Es dient dazu auszudrücken, dass etwas anders ist oder gekommen ist, als man vermutet hätte.

我**以为**今天会下雨。	Ich habe gedacht, heute würde es regnen.
我**以为**她的生日是明天。	Ich habe gedacht, ihr Geburtstag wäre morgen.
我**以为**他是你的弟弟。	Ich dachte, er wäre dein jüngerer Bruder.
我**以为**她已经习惯了这里的学习。	Ich habe gedacht, sie hätte sich an das Lernen hier schon gewöhnt.
我**以为**他在他的房间学习，其实，他在玩游戏。	Ich hatte geglaubt, er würde in seinem Zimmer lernen, eigentlich spielte er Spiele.

准备参加数学比赛

2-15
2-16

我们城市的第二中学很有名。其实， 现在的第二中学还有一个名字，叫旅游路中学。因为它在旅游路上，所以别人也习惯叫它旅游路中学。它是一所比较好的中学，特别是这所学校的数学老师教他们数学教得很好。今年**夏天**，我们这个城市第一次**举行**中学生数学比赛。学校的老师很想知道，校长是怎么想的。

中午吃完中饭，两位数学老师，一位是二年级三班的数学老师黄老师，还有一位是三年级五班的向老师，她们说起了这件事。

黄老师：“向老师，今年**夏天**，我们城市第一次**举行**中学生数学比赛。你说我们学校是不是也参加？”

向老师：“**当然**参加！”

黄老师：“校长的意思是什么？”

向老师：“我想他也同意。关于这件事情，他昨天还找了我呢！他想听一听我们的**想法**。我觉得早准备比较好。”

黄老师："我也这样**认为**。这是我们学校第一次参加这样的比赛。我想我们应该从每个班里**选择**出几个数学比较好，对数学**感兴趣**的孩子，几个比较**聪明**，爱学习的孩子。下了课，帮助他们**复习**以前学过的东西。我们还要教给他们一些比较难的数学题，**提高**他们的数学**水平**，使他们回答问题的时候又对又快。"

向老师："我觉得你的**想法**很好。"

黄老师："我们现在就把我们的打算给校长去说一下，你看，行吗？"

向老师："今天上午，校长去市里参加两个重要的会议了，不在学校。可能下午才能回学校。如果校长点头同意，我们就马上开始准备。你说呢？"

黄老师："你**认为**这个数学班要有多少个学生？"

向老师："现在我们先不做这个决定。但是有一点很重要，这个数学班不能太大。我们让每个年级的数学老师从他们班中**选**几个学生。他们对自己班的孩子最了解。"

黄老师："你说得很对！"

下午，她们找到了校长。校长听了她们的**想法**和打算，表示很感谢。校长说，学校有这么努力工作的好老师，他真放心。

第二个星期，学校就有了一个数学班。**选**上的孩子都很高兴。他们每天放了学，在学校多上一**节**数学课。因为他们对数学很**感兴趣**，所以他们都愿意多学。这个班一共有十个孩子。每个孩子都很**聪明**，也都很努力。

Verständnistest

请看下面的句子对不对。你想知道你做得怎么样，请看第 172 页。

1. 第二中学有名，是因为学校在旅游路上。 （ ）
2. 我们城市已经举行很多次中学数学比赛了。 （ ）
3. 黄老师和向老师是同一个年级的数学老师。 （ ）
4. 校长很感谢两位老师，是因为她们工作很努力。 （ ）
5. 学校的数学班一共只有十个学生。 （ ）
6. 能进数学班学习的孩子都对数学很感兴趣。 （ ）
7. 这些学生都是黄老师和向老师选出来的。 （ ）
8. 他们在数学班只学新的东西、难的东西。 （ ）
9. 校长不在学校是因为他要去了解数学比赛的事。 （ ）
10. 数学班的学生又聪明又努力。 （ ）

Vorbereitung der Teilnahme am Mathematikwettbewerb

Die zweite Mittelschule unserer Stadt ist sehr bekannt. Eigentlich hat die jetzige zweite Mittelschule noch einen anderen Namen: Lüyou-Lu-Mittelschule. Weil sie sich an der Lüyou-Straße befindet, nennen andere Leute sie auch gewöhnlich Lüyou-Lu-Mittelschule. Sie ist eine verhältnismäßig gute Schule. Besonders ist, dass die Mathematiklehrer der Schule sehr gut Mathematikunterricht geben. In diesem Sommer findet in unserer Stadt zum ersten Mal ein Mathematikwettbewerb für Mittelschüler statt. Die Lehrer der Schule möchten sehr gerne wissen, was der Schulleiter darüber denkt.

Nach dem Mittagessen kommen zwei Mathematiklehrerinnen über diese Angelegenheit ins Gespräch. Eine ist die Mathematiklehrerin Huang, zweite Jahrgangstufe, dritte Klasse. Die andere ist die Lehrerin Xiang, dritte Jahrgangstufe, fünfte Klasse.

Lehrerin Huang: „Lehrerin Xiang, diesen Sommer veranstaltet unsere Stadt zum ersten Mal einen Mathematikwettbewerb für Mittelschüler. Sagen Sie, wird unsere Schule auch teilnehmen?"

Lehrerin Xiang: „Selbstverständlich nehmen wir teil!"

Lehrerin Huang: „Was ist die Meinung des Schulleiters?"

Lehrerin Xiang: „Ich denke, er ist der gleichen Meinung. Bezüglich dieser Angelegenheit hatte er mich gestern sogar aufgesucht. Er wollte sich ein bisschen unsere Ideen anhören. Ich finde, es wäre gut, wenn wir uns früh vorbereiten."

Lehrerin Huang: „Das meine ich auch. Dies ist das erste Mal, dass unsere Schule an einem solchen Wettbewerb teilnimmt. Ich denke, wir sollten aus jeder Klasse ein paar Schüler auswählen, die relativ gut in Mathematik sind und sich auch für Mathematik interessieren. Ein paar Kinder, die verhältnismäßig klug sind und gerne lernen. Nach dem Unterricht helfen wir ihnen, die Dinge zu wiederholen, die sie früher gelernt haben. Wir sollten ihnen noch einige verhältnismäßig anspruchsvolle mathematische Themen beibringen, um ihr Mathematikniveau zu erhöhen, damit sie schnell und treffend auf Fragen antworten können.

Lehrerin Xiang: „Ich finde Ihre Idee sehr gut."

Lehrerin Huang: „Wir könnten jetzt gleich zum Schulleiter gehen und ein bisschen über unser Vorhaben sprechen, wie sehen Sie das?"

Lehrerin Xiang: „Heute Vormittag ist der Schulleiter in die Stadt gegangen, um an zwei wichtigen Meetings teilzunehmen. Er ist nicht in der Schule. Es kann sein, dass er erst am Nachmittag in die Schule zurückkehrt. Wenn der Schulleiter das abnickt, fangen wir gleich sofort mit den Vorbereitungen an. Was sagen Sie dazu?"

Lehrerin Huang: „Was meinen Sie, wie viele Schüler sollte die Mathematikgruppe haben?"

Lehrerin Xiang: „Diese Entscheidung treffen wir jetzt zuerst noch nicht. Aber ein Punkt ist sehr wichtig, die Mathematikgruppe darf nicht zu groß sein. Wir lassen die Mathematiklehrer jeder Jahrgangstufe aus ihren Klassen ein paar Schüler aussuchen. Sie kennen die Kinder der eigenen Klassen selbst am besten."

Lehrerin Huang: „Das sagen Sie sehr richtig!"

Am Nachmittag hatten sie den Schulleiter aufgesucht. Der Schulleiter hatte sich ihre Ideen und Überlegungen angehört und zeigte sich sehr dankbar. Der Schulleiter sagte, er sei wahrhaft erleichtert, dass die Schule so gute Lehrer habe, die so fleißig arbeiteten.

Schon in der zweiten Woche hatte die Schule eine Mathematikgruppe. Die Schüler, die ausgewählt waren, freuten sich alle sehr darüber. Jeden Tag nach dem Unterricht hatten sie in der Schule noch einen weiteren Unterrichtsblock Mathematik. Weil sie sich sehr für Mathematik interessierten, deswegen waren sie alle gewillt, mehr zu lernen. Die Gruppe hatte insgesamt zehn Kinder. Jedes Kind war nicht nur sehr intelligent, sondern auch sehr fleißig.

Lösung Verständnistest

（1）错，（2）错，（3）错，（4）对，（5）对，（6）对，（7）错，（8）错，（9）错，（10）对

20 两个好朋友的对话（一）

Vokabeln

2-17
2-18

银行	**yínháng**	**Bank**	*Substantiv*
一家银行，这家银行		eine Bank, diese Bank	
中国银行是一家大银行。		Die „Bank of China“ ist eine große Bank.	
春天	**chūntiān**	**Frühling**	*Substantiv*
这个春天		diesen Frühling	
春天不冷不热。		Im Frühling ist es weder kalt noch warm.	
附近	**fùjìn**	**Nähe**	*Substantiv*
他家在我家附近。		Sein Zuhause ist in der Nähe meines Zuhauses.	
图书馆的附近有一家银行。		In der Nähe der Bibliothek gibt es eine Bank.	
这里有很多的商店。附近的商店最便宜。		Hier gibt es sehr viele Läden. Der Laden in der Nähe ist am preiswertesten.	
简单	**jiǎndān**	**einfach, simpel (sein)**	*Adjektiv*
我找一个简单的办法。		Ich suche eine einfache Lösung.	
这个练习特别简单。		Diese Übung ist besonders einfach.	
这件事又简单又不简单。		Diese Angelegenheit ist sowohl einfach, als auch nicht einfach.	
那么	**nàme**	**so**	*Adverb*
那么难		so schwierig	
不是那么难。		Es ist nicht so schwierig.	
没有那么简单。		So einfach war das nicht.	
注意	**zhùyì**	**etwas beachten, auf etwas achten**	*Verb*
注意了		beachtet haben	

我也没有注意他。	Ich hatte ihn auch nicht beachtet.
我没有注意她是什么时候来的。	Ich habe nicht darauf geachtet, wann sie gekommen ist.
蓝 lán	**blau (sein)** *Adjektiv*
蓝天，白云，很漂亮。	Blauer Himmel, weiße Wolken, sehr schön.
你喜欢蓝色吗？	Magst du die Farbe Blau?
衬衫 chènshān	**Hemd, Bluse** *Substantiv*
一件衬衫，这件衬衫	ein Hemd, diese Bluse
穿衬衫	Hemd anziehen
穿白色的衬衫吧！	Zieh doch das weiße Hemd an!
裤子 kùzi	**Hose** *Substantiv*
一条裤子，这条裤子	eine Hose, diese Hose
穿裤子	Hose anziehen
你的裤子要洗了。	Deine Hose muss gewaschen werden.
云 yún	**Wolke** *Substantiv*
一片云，一些云	eine Wolke, einige Wolken
黑云来了，要下雨了。	Es ziehen schwarze Wolken auf; es wird regnen.
包 bāo	**Tasche; ZEW für Beutel** *Substantiv / ZEW*
一个包，这个包	eine Tasche, diese Tasche
我包里有一块蛋糕。	In meiner Tasche habe ich ein Stück Kuchen.
一包茶，一包药	ein Beutel Tee, ein Beutel Arzneimittel
包 bāo	**einwickeln, einpacken** *Verb*
包了	eingewickelt haben
请帮我包礼物。	Bitte hilf mir, das Geschenk einzupacken.

伞	sǎn	Schirm	*Substantiv*
一把伞 （把, bǎ）		ein Schirm	
你带了雨伞吗？		Hast du einen Regenschirm dabei?	
这不是阳伞。		Dies ist kein Sonnenschirm.	
我把阳伞忘在汽车上了。		Ich habe den Sonnenschirm im Auto vergessen.	

Grammatik und Worterklärungen

„**这么**“ (zhème) und „**那么**“ (nàme) bedeuten „so“. Sie stehen meistens vor einem Adjektiv.

这个杯子**这么**贵！	Dieser Becher ist so teuer!
没你说的**那么**简单。	Es ist nicht so einfach, wie du sagst.

Beides heißt „so“. Wann verwendet man „**这么**“ und wann „**那么**“?

Bei „**这么**“ schwingt ein „so wie dieser, -e, -es“ mit. Es stellt also einen Bezug zu etwas her, was beim Sprecher liegt oder in seiner Nähe ist.

你买了**这么**多东西!	Du hast so viele Sachen gekauft! *(liegen hier)*
这个饭**这么**不好吃。	Dieses Essen schmeckt so schlecht. *(steht hier)*

Bei „**那么**“ schwingt ein „so wie jener, -e, -es“ mit. Es stellt einen Bezug zu etwas her, was nicht beim Sprecher liegt, also zeitlich oder räumlich woanders ist.

昨天的考试没有**那么**难。	Die Prüfung gestern war nicht so schwierig. *(jetzt nicht mehr hier)*
她买了**那么**多东西!	Sie hatte so viele Sachen gekauft. *(lagen dort)*

Hinweis: Wir kennen mit „**这样**“ (zhèyàng) ein weiteres Wort, das ins Deutsche mit „so“ übersetzt wird. Wie unterscheiden sich „**这样**“ und „**这么**“?

„**这样**“ ist ein Adverb und bedeutet „so“ im Sinne von „so wie das gemacht“. Als Adverb steht es immer vor einem Verb. „**这么**“ steht immer vor einem Adjektiv.

你的蛋糕**这么**好吃！你是**这样**做的吗？	Dein Kuchen schmeckt so gut! Hast du ihn so (auf diese Weise) gebacken?

附近

Das Substantiv „**附近**“ (fùjìn) bedeutet „Nähe“. Wird es durch ein Attribut – wie beispielsweise einen Ort – ergänzt, wird es mit „in der Nähe“ übersetzt (Regel: Attribut + 的 + 附近).

公司的**附近**	in der Nähe der Firma
公司的**附近**有很多商店。	In der Nähe der Firma gibt es sehr viele Läden.
公司在火车站的**附近**。	Die Firma befindet sich in der Nähe des Bahnhofs.

Als Kurzform ist es auch gebräuchlich, ein Attribut ohne „的“ vor „**附近**“ zu stellen (Regel: Attribut + 附近).

公司**附近**有很多商店。	In der Nähe der Firma gibt es sehr viele Läden.
公司在火车站**附近**。	Die Firma befindet sich in der Nähe des Bahnhofs.

Steht „**附近**“ als Attribut vor einem Substantiv, so kann es mit „der, die das… in der Nähe“ übersetzt werden (Regel: 附近 + 的 + Substantiv).

附近的公司	die Firma in der Nähe
这里有很多银行。我家**附近**的银行是中国银行。	Hier gibt es viele Banken. Die Bank in der Nähe meines Zuhauses ist die „Bank of China“.

一点儿也

Der Ausdruck „**一点儿也**“ wird wie ein Adverb verwendet. Er wird immer mit einem verneinten Verb oder Adjektiv kombiniert. Im Deutschen entspricht das Konstrukt dem Ausdruck „überhaupt nicht“ oder „kein bisschen“.

Folgende Kombinationen sind bei Verben gebräuchlich:

一点儿也 + 不 + Verb	Gegenwart (Zustand)
一点儿也 + 没有 + Verb	Vergangenheit
她现在**一点儿也不**哭了。	Sie weint jetzt überhaupt nicht mehr.
她昨天**一点儿也没有**哭。	Sie hatte gestern überhaupt nicht geweint.

Folgende Kombinationen sind bei Adjektiven gebräuchlich:

一点儿也 + 不 + Adjektiv	Gegenwart oder Vergangenheit (Zustand)
她现在**一点儿也不**饿。	Sie ist jetzt überhaupt nicht hungrig.

她昨天**一点儿也不**饿。 Sie war gestern überhaupt nicht hungrig.

两个好朋友的对话（一）

2-19 2-20

张爱苹和李红是好朋友。她们以前是邻居。因为她们在一所学校，一个班学习，所以也是同班同学。张爱苹在大学学的是数学，大学学完了，就在一家**银行**工作。李红在中学学得没有张爱苹好。她特别不喜欢数学。她比较喜欢唱歌跳舞，也非常喜欢汉语。大学学完以后，她就在一所中学教汉语。李红这个人对人很热心，做事情也很认真，特别喜欢孩子。所以，校长、学校的老师和孩子们都很喜欢她。李红今年二月结了婚。张爱苹还没有。

这个周末，她们两个人一起看了电影。现在，她们坐在一家饭馆里吃饭。

张爱苹："你觉得今天的电影怎么样？"

李红："还行。不是非常好看。"

张爱苹："我也觉得一般。"

李红："我听说，你认识了一个男朋友，是吗？"

张爱苹："你是听谁说的？"

李红："这个你就不要问了。介绍一下他吧！你们是在哪儿认识的？"

张爱苹："他是我们**银行**的一个经理。今年**春天**，我们**银行**举行了两天的会议，是在开会的时候认识的。"

李红："你们是同事关系了？"

张爱苹："是。他在市中心工作，但是，他家就住在我家**附近**。离我家不远。"

李红："会议结束后，你们就好了，是吗？"

张爱苹："没有**那么简单**。其实，开始的时候，我一点儿也没有**注意**他，只记得他那天穿了一件**蓝**色的**衬衫**，一条黑色的**裤子**。在**银行**里工作的人每天穿的都一样，不是白**衬衫**，就是**蓝衬衫**，没有什么特别的。那天真好玩。上午，天非常好，**蓝**天白**云**的。到会议结束的时候，天突然阴了，还下起了大雨。一般，我**包**里总有一把**伞**，所以，我一点儿也不担心。我正要**把伞**打开，走出去，只见一个人跑到我的**伞**下，还笑着对我说，他认识我。"

李红："两个人的故事就这样开始了。"

张爱苹："可以这样说吧！"

Verständnistest

请看下面的句子对不对。你想知道你做得怎么样，请看第 180 页。

1. 张爱苹和李红是好朋友。她们现在也是邻居。（ ）
2. 张爱苹的数学比较好，现在在一家银行工作。（ ）
3. 李红爱唱爱跳，很喜欢孩子。（ ）
4. 张爱苹不下雨的时候，也带着伞。（ ）
5. 张爱苹从一开始就注意到那个年轻的经理。（ ）
6. 开会的那一天天很不好，看不到蓝天白云。（ ）
7. 张爱苹和那个经理工作的地方在一起。（ ）

8. 李红不想告诉张爱苹，是谁告诉她张爱苹有了男朋友。 （ ）

9. 张爱苹和那个经理虽然都在那家银行工作，但是他们以前不认识。 （ ）

10. 会议结束的时候，天变阴了，还开始下雨了。 （ ）

Gespräch zweier guter Freundinnen (1)

Zhang Aiping und Li Hong sind gute Freundinnen. Früher waren sie Nachbarinnen. Da sie die gleiche Schule, sogar die gleiche Klasse, besucht hatten, waren sie auch Klassenkameradinnen. Zhang Aiping hat an der Universität Mathematik studiert. Seit sie mit dem Studium fertig ist, arbeitet sie bei einer Bank. Li Hong hatte an der Mittelschule nicht so fleißig wie Zhang Aiping gelernt. Besonders Mathematik mochte sie nicht. Sie mochte relativ gerne Singen und Tanzen und war auch von Chinesisch außerordentlich begeistert. Seit sie mit dem Studium an der Universität fertig ist, lehrt sie Chinesisch an einer Mittelschule. Li Hong ist ein Mensch, der gegenüber Mitmenschen sehr warmherzig ist, Aufgaben auch sehr gewissenhaft erledigt und Kinder außerordentlich gerne hat. Deswegen mögen der Schulleiter, die Lehrer der Schule und auch die Schüler sie alle sehr. Seit Februar dieses Jahres ist Li Hong verheiratet. Zhang Aiping ist es noch nicht.

An diesem Wochenende haben sie beide gemeinsam einen Kinofilm angesehen. Jetzt sitzen sie in einem Restaurant und essen.

Zhang Aiping: „Wie fandest du den heutigen Film?“

Li Hong: „So lala. War nicht außerordentlich interessant.“

Zhang Aiping: „Ich fand ihn auch mittelmäßig.“

Li Hong: „Ich habe gehört, du hast einen Freund kennengelernt, ist das wahr?“

Zhang Aiping: „Von wem hast du das gehört?“

Li Hong: „Das brauchst du nicht zu fragen. Stell ihn doch kurz vor! Wo habt ihr euch kennengelernt?“

Zhang Aiping: „Er ist ein Manager unserer Bank. Dieses Jahr im Frühling hatte unsere Bank eine zweitägige Tagung veranstaltet. Während der Meetings hatte ich ihn kennengelernt.“

Li Hong: „Ihr seid Kollegen?“

Zhang Aiping: „Ja. Er arbeitet im Stadtzentrum. Aber sein Zuhause ist gleich in der Nähe meines Zuhauses. Also nicht weit von mir weg.“

Li Hong: „Seit der Tagung seid ihr befreundet, oder?“

Zhang Aiping: „So einfach ist das nicht. Tatsächlich hatte ich ihn anfangs überhaupt nicht beachtet. Ich erinnere mich nur, dass er an jenem Tag ein blaues Hemd und eine schwarze Hose angehabt hatte. Die Leute, die in der Bank arbeiten, haben alle jeden Tag das gleiche an: wenn nicht ein weißes, dann ein blaues Hemd. Also nichts Außergewöhnliches. Jener Tag war wirklich lustig: Vormittags war das Wetter außerordentlich schön. Blauer Himmel, weiße Wolken. Aber am Ende der Tagung hatte es sich unerwarteter Weise eingetrübt, und es kam ein starker Regen auf. Normalerweise habe ich stets einen Schirm in meiner Tasche. So machte ich mir keine Sorgen. Ich wollte gerade meinen Schirm öffnen und hinausgehen, als ich nur noch sah, wie jemand unter meinen Schirm flüchtete und zu mir lachend sagte, er kenne mich.“

Li Hong: „Und so fing die Geschichte zweier Menschen an.“

Zhang Aiping: „Kann man so sagen!“

Lösung Verständnistest

（1）错，（2）对，（3）对，（4）对，（5）错，（6）错，（7）错，（8）对，（9）对，（10）对

21 两个好朋友的对话（二）

Vokabeln

2-21
2-22

换	**huàn**	**wechseln, umtauschen**	*Verb*
换了		gewechselt haben, umgetauscht haben	
换裤子，换钱		Hose wechseln, Geld wechseln	
我想去银行换钱。		Ich möchte in die Bank gehen, um Geld zu wechseln.	
不是…，就是…		**mal… , mal…**	*Konjunktion*
他不是要喝水，就是要吃东西。		Er will mal Wasser trinken, mal etwas essen.	
他不是来迟到了，就是不能来。		Mal hat er sich verspätet, mal kann er nicht kommen.	
上网	**shàng wǎng**	**online sein, im Internet surfen**	*Verb + Substantiv*
上了网		im Internet gesurft haben	
他昨天没有上网。		Er hat gestern nicht im Internet gesurft.	
她喜欢上网。		Sie mag es, im Internet zu surfen.	
查	**chá**	**nachschlagen, erforschen**	*Verb*
查了		nachgeschlagen haben	
查书，查东西		im Buch nachschlagen, nach etwas forschen	
这个字，你不懂，就应该查一下。		Dieses Schriftzeichen kennst du nicht; du solltest es doch kurz mal nachschlagen.	
顾客	**gùkè**	**Kunde**	*Substantiv*
一个顾客，这个顾客		ein Kunde, dieser Kunde	
他给他的顾客打电话。		Er ruft seinen Kunden an.	

电子邮件 diànzǐyóujiàn	E-Mail *Substantiv*
两个电子邮件	zwei E-Mails
写电子邮件，看电子邮件	E-Mail schreiben, E-Mail lesen
她正在看电子邮件。	Sie liest gerade E-Mails.
你到了，请给我写电子邮件。	Wenn du angekommen bist, schreibe mir bitte eine E-Mail.

爱好 àihào	Hobby; Hobby haben *Substantiv / Verb*
你有什么爱好？	Was für Hobbies hast du?
我爱好运动。	Ich habe Sport als Hobby.
我的爱好是游泳。	Mein Hobby ist Schwimmen.

作用 zuòyòng	Effekt, Wirkung *Substantiv*
这个药很有作用。	Diese Medizin hat große Wirkung.
这样做没有作用。	Es so zu machen, hilft nicht (hat keinen Effekt).
作用很大。	Die Wirkung ist sehr groß.

瘦 shòu	dünn, mager (sein) *Adjektiv*
她很瘦，不好看。	Sie ist sehr mager und sieht nicht gut aus.
他一直是一个很瘦的人。	Er war schon immer ein sehr dünner Mensch.

老 lǎo	alt (sein) *Adjektiv*
他老了。	Er ist alt geworden.
这是一个老人比较喜欢的游戏。	Dies ist ein Spiel, das Senioren verhältnismäßig gerne mögen.

环境 huánjìng	Umwelt, Umgebung, Umfeld *Substantiv*
这个环境	diese Umgebung, dieses Umfeld
环境的问题是大问题。	Umweltthemen sind wichtige Themen.
河边的环境很漂亮。	Die Umgebung neben dem Fluss ist sehr schön.

音乐	yīnyuè	Musik	*Substantiv*
这个音乐，这种音乐		diese Musik, diese Art von Musik	
听音乐，放音乐，玩音乐		Musik hören, Musik abspielen (CD, MP3…), Musik spielen	
音乐会		Konzert	
她很喜欢听中国音乐。		Sie mag es sehr, chinesische Musik zu hören.	
照相机	**zhàoxiàngjī**	**Fotoapparat**	*Substantiv*
一个照相机，这个照相机		ein Fotoapparat, dieser Fotoapparat	
我们买了一个新的照相机。		Wir haben einen neuen Fotoapparat gekauft.	
主要	**zhǔyào**	**wesentlich, hauptsächlich**	*Adjektiv*
主要是害怕他会有别的事。		Hauptsächlich ist es die Furcht, er könnte schon eine andere Sache vorhaben.	
主要的问题不是没有钱。		Das wesentliche Problem ist nicht, kein Geld zu haben.	

Grammatik und Worterklärungen

不是…就是

Die Konjunktion „**不是…, 就是…**“ (bú shì…, jiù shì…) verknüpft zwei Vorgänge der Art „mal…, mal…“. Je nach Kontext kann die Bedeutung positiv oder negativ sein.

周末不很忙的时候，他**不是**看电视，**就是**上网。	Wenn er am Wochenende nicht sehr beschäftigt ist, dann sieht er mal fern oder surft mal im Internet.
他不想学习的时候，**不是**想喝水，**就是**要去厕所。	Wenn er nicht lernen möchte, dann möchte er mal Wasser trinken oder muss mal auf die Toilette gehen.

看看

Das Adverb „**一下**“ (yíxià) bedeutet „kurz mal“ (vgl. Lektion L03). Die gleiche Bedeutung wie „**一下**“ kann im Chinesischen durch eine Verbverdopplung erzielt werden. Je nach Geschmack des Sprechers kann bei einsilbige Verben auch ein „**一**“ (yī) zwischen die beiden Verben gestellt werden.

mit „一下“	Verdopplung	mit „一“	Übersetzung
了解**一下**	了解**了解**		kurz mal informieren
看**一下**	看**看**	看**一看**	kurz mal schauen

2-23
2-24

两个好朋友的对话（二）

张爱苹喝了一口绿茶，休息了一会儿。其实，她也很想知道李红现在怎么样。所以，她好奇地问：“你们现在怎么样？结婚快半年了吧？”

李红：“是啊！时间过得真快！他现在因为**换**了一个新工作，每天坐在办公室，**不是上网查**东西，**就是**给他的**顾客**写**电子邮件**。现在我们有一个新的**爱好**，就是每天下了班，都先去跑步，跑完步回到家再做饭。我们家的附近有一个公园，就到那个公园里去跑步。”

张爱苹：“跑步，游泳，这些锻炼身体的运动**作用**真大。你比以前**瘦**了很多。”

李红：“其实，我比以前吃得还多。运动完吃得多，睡得好，还不长胖。”

张爱苹：“你们打算什么时候要孩子呢？”

李红：“现在还没有想这个问题。但是，他的爸爸妈妈很着急了。”

张爱苹：“**老人**都是这样。”

李红：“我们想先找一个大一点儿，**环境**好一点儿的房子，再想这个问题。有时候，越想要孩子，孩子越不来，不能太着急。你们都在一起做什么呢？他有什么**爱好**？”

张爱苹："他喜欢听**音乐**，还喜欢照相。上个星期他又去商店买了一个新的**照相机**。这个周末我们准备去爬山。你们这个周末有没有时间？我们一起去吧！"

李红："应该没有什么事。我回去问问我丈夫，再告诉你，行吗？"

张爱苹："当然没有问题。你看，结了婚，就不能像以前一样，想做什么就做什么了。"

李红："不是的。**主要**是害怕他会有别的事，还是先问问他再说。我当然想去了，可以认识一下你的男朋友。大家一起玩一定很快乐！"

张爱苹："好的，我等你的电话。"

她们一边吃东西，一边说了很多话。那天，她们玩得很快乐。两个人都认为，以后应该经常一起做一些什么，也希望以后还能像现在一样，有时间见面。

Verständnistest

请看下面的句子对不对。你想知道你做得怎么样，请看第 187 页。

1. 李红的丈夫以前就经常上网查东西。 （ ）
2. 张爱苹现在比以前瘦了很多。 （ ）
3. 运动完后，就吃得少，这样人就会变瘦。 （ ）
4. 李红和丈夫想先找到房子，再要孩子。 （ ）
5. 张爱苹的男朋友爱好听音乐和照相。 （ ）
6. 李红必须先问她丈夫能不能和朋友一起去爬山。 （ ）
7. 李红害怕她先生生气，所以不敢去爬山。 （ ）

8. 李红其实不想和朋友一起去爬山。 （ ）

9. 两个朋友认为她们应该经常见面。 （ ）

10. 李红和她丈夫只有一个爱好，就是爬山。 （ ）

Gespräch zweier guter Freundinnen (2)

Zhang Aiping trank einen Schluck grünen Tee und machte eine kurze Pause. Tatsächlich wollte auch sie gerne wissen, wie es Li Hong jetzt so ginge. Deshalb fragte sie neugierig: „Wie geht es euch jetzt so? Ihr seid fast ein halbes Jahr verheiratet, stimmt‘s?“

Li Hong: „Ja! Die Zeit vergeht echt schnell! Weil er jetzt zu einer neuen Arbeit gewechselt hat, sitzt er jeden Tag im Büro. Mal recherchiert er im Internet Dinge, mal schreibt er E-Mails an seine Kunden. Jetzt haben wir ein neues Hobby. Sofort nach dem Feierabend gehen wir zuerst jeden Tag joggen. Wenn wir fertig gejoggt haben und zu Hause angekommen sind, kochen wir dann etwas. In der Nähe unseres Zuhauses gibt es einen Park. In jenen Park dort können wir gleich zum Joggen gehen.“

Zhang Aiping: „Jogging, Schwimmen, solche Sportarten trainieren den Körper mit echt großer Wirkung. Du hast im Vergleich zu früher viel abgenommen.“

Li Hong: „Tatsächlich esse ich noch mehr als früher. Nach dem Sport esse ich viel und schlafe gut, aber ich nehme nicht zu.“

Zhang Aiping: „Habt ihr denn schon geplant, wann ihr Kinder haben wollt?“

Li Hong: „Wir haben jetzt noch nicht über diese Frage nachgedacht. Aber seine Eltern sind sehr besorgt darüber.“

Zhang Aiping: „Die Älteren sind alle so.“

Li Hong: „Wir möchten zuerst eine etwas größere Wohnung in besserer Umgebung suchen, danach überlegen wir uns dieses Thema nochmal. Es gibt Zeiten, da ist das so: Je mehr man Kinder haben möchte, umso weniger bekommt man welche. Man sollte es nicht zu eilig haben. Und was macht ihr denn so gemeinsam? Welche Hobbys hat er?“

Zhang Aiping: „Er mag es, Musik zu hören und zu fotografieren. Letzte Woche ist er wieder in einen Laden gegangen und hat eine neue Kamera gekauft. Wir bereiten vor, an diesem Wochenende bergwandern zu gehen. Habt ihr an diesem Wochenende Zeit? Lass uns doch zusammen hingehen!“

Li Hong: „Wir sollten nichts vorhaben. Wenn ich zurück bin, frage ich mal meinen Mann. Dann gebe ich dir Bescheid, in Ordnung?“

Zhang Aiping: „Selbstverständlich ist das kein Problem. Na schau, kaum bist du verheiratet, schon kannst du nicht mehr so wie früher all das machen, was du willst.“

Li Hong: „Nein, das ist nicht so. Im Wesentlichen ist es die Furcht, er könnte schon eine andere Sache vorhaben. Es ist besser, ihn vorher zu fragen, dann darüber zu sprechen. Selbstverständlich möchte ich mitkommen und deinen Freund ein bisschen kennenlernen. Es wird bestimmt schön, wenn wir alle zusammen wandern.“

Zhang Aiping: „Gut. Ich warte auf deinen Anruf.“

Während sie aßen, hatten sie sehr viel geredet. An jenem Tag hatten sie viel Spaß gehabt. Beide meinen, sie sollten in Zukunft oft etwas zusammen unternehmen. Sie hoffen, auch noch in Zukunft, ähnlich wie jetzt, Zeit zu haben, sich treffen zu können.

Lösung Verständnistest

（1）错，（2）错，（3）错，（4）对，（5）对，（6）错，（7）错，（8）错，（9）对，（10）错

22 孩子其实是客人

Vokabeln

2-25
2-26

电子学	diànzǐxué	Elektronik (Fachrichtung)	*Substantiv*
他是电子学老师。		Er ist Lehrer für Elektronik.	
他在大学读电子学。		Er studiert an der Universität Elektronik.	
国家	**guójiā**	**Land, Staat**	*Substantiv*
一个国家，这个国家		ein Land, dieses Land	
他打算早一点儿去那个国家。		Er plant, ein bisschen früher in jenes Land zu fahren.	
文化	**wénhuà**	**Kultur, Bildung**	*Substantiv*
人要有文化。		Ein Mensch sollte Bildung besitzen.	
夏医生的文化水平很高。		Das Bildungsniveau von Arzt Xia ist sehr hoch.	
我对中国文化很感兴趣。		Ich interessiere mich sehr für die chinesische Kultur.	
相同	**xiāngtóng**	**identisch, gleich (sein)**	*Adjektiv*
小白和她丈夫有相同的爱好。		Xiao Bai und ihr Ehemann haben das gleiche Hobby.	
东方的文化和西方的文化不相同。		Östliche und westliche Kultur sind nicht gleich.	
这两把伞相同。		Die beiden Regenschirme sind identisch.	
生活	**shēnghuó**	**Leben; leben**	*Substantiv / Verb*
他一个人去中国生活。		Er geht alleine nach China, um dort zu leben.	
在德国，学习和生活都很方便。		Das Lernen und das Leben in Deutschland sind alle sehr bequem.	
过生活		das Leben verbringen	

他在中国的生活过得怎么样？		Wie geht es ihm in China?	
叔叔	**shūshu**	**Onkel**	*Substantiv*
一个叔叔，那个叔叔		ein Onkel, jener Onkel	
叔叔是爸爸的弟弟。		Ein Onkel ist der jüngere Bruder des Vaters.	
小孩子也可以叫不认识的男的年轻人“叔叔”。		Kinder können auch unbekannte junge Männer „Onkel“ nennen.	
关心	**guānxīn**	**sich kümmern um, Interesse haben**	*Verb*
她很关心她的家人。		Sie kümmert sich sehr um ihre Familienmitglieder.	
他对这件事很关心。		Er zeigt großes Interesse an diese Angelegenheit.	
我对别人的事不关心。		Ich habe an Angelegenheiten anderer Leute kein Interesse.	
关心	**guānxīn**	**Fürsorge**	*Substantiv*
谢谢你的关心！		Danke für deine Fürsorge!	
世界	**shìjiè**	**Welt**	*Substantiv*
一个世界，这个世界		eine Welt, diese Welt	
在世界上		auf der Welt	
变	**biàn**	**ändern, wandeln, werden**	*Verb*
变大，变小		groß werden, klein werden	
变得干净		sauber werden	
这里变得漂亮了。		Hier hat es sich zum Schönen gewandelt.	
这个世界变得越来越小了。		Diese Welt wird immer kleiner.	
孩子变胖了。		Das Kind ist dick geworden.	
行李箱	**xínglixiāng**	**Reisekoffer**	*Substantiv*
一个行李箱，一些行李箱		ein Reisekoffer, einige Reisekoffer	

你们有几个行李箱？		Wie viele Reisekoffer habt ihr?	
小心	**xiǎoxīn**	**vorsichtig (sein), aufpassen**	*Adjektiv / Verb*
他是一个很小心的人。		Er ist ein sehr vorsichtiger Mensch.	
小心汽车！		Auf Autos aufpassen!	
你小心一点儿吧！		Sei doch ein bisschen vorsichtiger!	
马校长对这种事情很小心。		Der Schuldirektor Ma ist gegenüber solchen Angelegenheiten sehr vorsichtig.	
司机	**sījī**	**Fahrer**	*Substantiv*
一个司机，两个司机		ein Fahrer, zwei Fahrer	
解*)司机		Fahrer Xie	*) als Nachname „Xiè“
马经理，您的司机来了。		Manager Ma, Ihr Fahrer ist gekommen.	
新闻	**xīnwén**	**Nachrichten**	*Substantiv*
这条新闻		diese Nachrichten	
看新闻，听新闻		Nachrichten schauen, Nachrichten hören	
快过来看新闻吧！		Komm schnell rüber, die Nachrichten anzuschauen!	

Grammatik und Worterklärungen

变

Das Verb „**变**“ (biàn) bedeutet „wandeln“, „ändern“ oder „werden“. Es steht meistens mit einem Adjektiv zusammen, das das Ergebnis der Änderung beschreibt. Bei der Anwendung wird unterschieden, ob das Adjektiv ein Zeichen oder zwei Zeichen besitzt.

Besitzt das Adjektiv nur ein Schriftzeichen, so steht es direkt hinter „**变**“.

变好，**变**快	gut werden, schnell werden
天气**变**热了。	Das Wetter ist warm geworden.

Besitzt das Adjektiv zwei oder mehr Schriftzeichen, so wird es mit „**得**“ an „**变**“ angehängt.

变得小心，**变得**奇怪	vorsichtig werden, merkwürdig werden
因为她穿衣服穿得很少，所以她感冒了。现在，她**变得**小心了。	Weil sie zu wenig Kleidung angezogen hatte, deshalb hatte sie sich erkältet. Jetzt ist sie vorsichtiger geworden.

对

Das Wort „**对**" (duì) kann verwendet werden, um ein Objekt in einem Satz nach vorne zu ziehen. Es muss sich dabei immer um ein Substantiv handeln. Übersetzt werden kann „**对**" mit „für", „bezüglich" oder manchmal auch „um".

她很关心她的丈夫。	Sie kümmert sich sehr um ihren Mann.
她**对**她的丈夫很关心。	Um ihren Mann kümmert sie sich sehr.
我很不了解中国。	Ich kenne China kaum.
我**对**中国很不了解。	Bezüglich China kenne ich mich kaum aus.

相同一样

Die beiden Adjektive „**相同**" (xiāngtóng) und „**一样**" (yíyàng) bedeuten beide „gleich" oder „gleich (sein)". „**相同**" und „**一样**" vergleichen immer zwei Dinge miteinander. Was ist also der Unterschied zwischen beiden?

„**相同**" bedeutet „gleich" im Sinne von „identisch". Zwei Dinge können nur dann identisch sein, wenn alle Eigenschaften gleich sind. „**一样**" bedeutet „gleich" bezüglich eines oder mehrerer Aspekte.

Anbei einige Beispiele in der Anwendung als Prädikat:

这两条裤子**一样**，颜色**相同**。	Die beiden Hosen sind gleich. Die Farben sind identisch.
这本书和那本书**一样**，都不很贵。	Dieses Buch ist gleich wie jenes Buch; beide sind nicht teuer.

„**一样**" kann darüber hinaus als Adverb dienen und ein Adjektiv beschreiben.

一样好，**一样**大，**一样**贵	gleich gut, gleich groß, gleich teuer
这两条裤子**一样**贵。	Diese beiden Hosen sind gleich teuer.
他唱歌唱得跟他姐姐**一样**好。	Er singt gleich gut wie seine Schwester.

Die beiden Verben „**照顾**“ (zhàogù) und „**关心**“ (guānxīn) bedeuten beide „sich kümmern“. Sie unterscheiden sich aber in folgenden Aspekten:

„**照顾**“ bezieht sich auf Personen oder Lebewesen. Es ist ein Kümmern im Sinne einer Pflege und kann damit auch „pflegen” bedeuten.

爷爷生病了。奶奶每天**照顾**他。	Opa ist krank geworden. Oma pflegt ihn jeden Tag.

„**关心**“ kann bei Personen, Lebewesen und auch bei Angelegenheiten verwendet werden. Es ist ein generelles Kümmern im weiteren Sinne.

你打电话，**关心**一下他！	Ruf an und kümmere dich ein bisschen um ihn!
妈妈很**关心**这件事。	Mutter kümmert sehr sich um diese Angelegenheit.

孩子其实是客人

2-27
2-28

夏东是我们邻居夏老师的儿子。两年前，他参加了上大学的考试，考得很不错。现在，他在我们城市最有名的一所大学学习**电子学**。夏东是一个很好的孩子，也很聪明，学习很努力。

夏东在中国的大学学了两年以后，想去德国读大学。德国大学的水平比较高，也能学习德语。所以，他认为越早去学习越好。

德国的大学十月开学。他打算早一点儿去那个**国家**，为开学做好准备。

中国和德国，一个东方**国家**，一个西方**国家**，**文化**很不**相同**。夏东的爷爷奶奶认为，夏东今年才十九岁，一个人去那么远的**国家生活**，对他很不放心，还担心他会不会习惯吃那里的黑面包。但是，夏东的爸爸认为，孩子已经长大了，应该出去锻炼锻炼。再说了，夏东的**叔叔**在德国。他已经在那里**生活**了二十多年。他**叔叔**在那儿有自己的公司，德语说得很好。虽然夏东要去读书的那个城市离**叔叔**家不很近，但是有**叔叔**在，经常打打电话，**关心关心**他，应该没有问题。现在不像以前了，有了电脑，人们可以上网，经常写电子邮件，还可以在网上打电话，**世界变**得越来越小。

那天走的时候，夏东的妈妈把很多好吃的东西放进夏东的**行李箱**里。她一边放，一边说："别忘记到了**叔叔**那里，给我们打电话。路上要**小心**！"

爸爸的一个同事马**司机**那天开车来送夏东去机场。他们想坐出租车去机场，但是夏东的行李太多了。爸爸妈妈，还有爷爷奶奶都想去机场，所以，马**司机**开了大车来送他们。

他们把行李送走以后，妈妈不放心地对夏东说："路上要**小心**啊！到了，一定别忘记给我们打电话！"

"知道了！"夏东回答说。

夏东的奶奶今年已经 75 岁了，她担心地说："东东，在那里过得不习惯就回来！奶奶在家等你。"

"您放心吧！**叔叔**在德国，有事就找**叔叔**！"

爷爷看着夏东，没有说话。爸爸最后对夏东说："好孩子，长大了！爸爸相信你！在德国一定要好好学习！经常给家里打电话！你的妈妈，还有爷爷奶奶会很想你的。"

"知道了！你们放心吧！"夏东说完，就向检查护照的地方走去。

夏东走了，家里安静了很多。以前，夏东读大学的时候，周末还经常回家看一看。现在，突然家里少了一个人。夏东的妈妈很不习惯这种安静。她每天晚上七点坐在电视机前看**新闻**，特别**关心**那个**国家**

的事，像什么足球比赛了。妈妈还有了一个新的习惯，就是等儿子的电话。

开始的时候，夏东每天还能给家里打电话。开学以后，他也就开始忙了，一般也就每一个星期给家里打一次电话。

有一天，夏东的妈妈太想夏东了，就把他小时候的照片拿出来看。“他小的时候真小啊！都不敢相信，时间过得真快！”妈妈看着照片，眼睛都红了，她哭了。夏东的爸爸其实也很想儿子，但是，他不想让他妻子知道。最后，他说：“孩子长大了，是一件高兴的事情。你别哭了！你看，我们经常说孩子是自己的，可是，孩子其实也只是家里的一个客人。长大了，就走了。现在家里就只有我们两个人了，又和以前一样了。”

“是啊！我们也应该对孩子像对客人一样好。”

Verständnistest

请看下面的句子对不对。你想知道你做得怎么样，请看第 197 页。

1. 孩子是客人是因为他们长大了，就会离开家。 （ ）
2. 夏东爸爸的弟弟在德国住了很长时间。 （ ）
3. 夏东想去德国是因为德国读书不要钱。 （ ）
4. 奶奶担心夏东，怕他不习惯吃那里的面包。 （ ）
5. 夏东要去的城市也是他叔叔在德国住的城市。 （ ）
6. 他们不能坐出租车去机场是因为坐出租车太贵了。 （ ）
7. 爷爷奶奶太老了，所以没有去机场送夏东。 （ ）
8. 妈妈以前就很喜欢看新闻，是因为她不喜欢太安静。 （ ）

9. 夏东的妈妈想夏东都想哭了。他爸爸不很想夏东。 （ ）

10. 他们又和以前一样，是因为孩子长大了，有自己的生活了。 （ ）

Kinder sind eigentlich Gäste

Xia Dong ist der Sohn unseres Nachbarn, Lehrer Xia. Vor zwei Jahren hatte er den Aufnahmetest der Universität ganz gut bestanden. Jetzt studiert er Elektronik an der bekanntesten Universität unserer Stadt. Xia Dong ist ein sehr nettes Kind, auch sehr intelligent und studiert sehr fleißig.

Nach zwei Jahren Studiums an der Universität in China möchte Xia Dong in Deutschland weiterstudieren. Weil das Niveau deutscher Universitäten relativ hoch ist und er auch Deutsch lernen kann, deshalb denkt er: je früher hinzugehen, um zu lernen, desto besser.

Die deutschen Universitäten fangen im Oktober an. Er plant, ein bisschen früher in jenes Land zu gehen, um den Einstieg in die Universität gut vorzubereiten.

China und Deutschland, ein östliches und ein westliches Land, haben sehr unterschiedliche Kulturen. Xia Dongs Opa und Oma denken, Xia Dong ist nur neunzehn Jahre alt und fährt alleine in ein so weit entferntes Land, um dort zu leben. Sie sorgen sich sehr um ihn und auch darum, ob er sich an das Schwarzbrot dort gewöhnen wird. Aber Xia Dongs Vater findet, Xia Dong sei schon erwachsen und solle nach draußen gehen, um Erfahrung zu sammeln. Er sagt auch, Xia Dongs Onkel sei ja in Deutschland. Der lebe dort schon über zwanzig Jahre. Sein Onkel hätte dort eine eigene Firma und spräche sehr gut Deutsch. Obwohl die Stadt, in der Xia Dong studieren wolle, nicht nahe von dem Zuhause seines Onkels läge, wäre der Onkel aber da, könne ihn oft kurz mal anrufen und sich um ihn kümmern. Das sollte kein Problem sein. Heutzutage sei es nicht so wie früher. Es gebe Computer. Man könne online gehen, oft E-Mails schreiben und auch noch online telefonieren. Die Welt werde immer kleiner.

An dem Tag, an dem Xia Dong abreist, legt seine Mama viele leckere Snacks in Xia Dongs Reisekoffer. Während sie dies tut, sagt sie: „Vergiss nicht, uns anzurufen, wenn du beim Onkel dort angekommen bist. Gib unterwegs auf dich Acht!“

Ein Kollege seines Vaters, Fahrer Ma, kommt und fährt Xia Dong an diesem Tag zum Flughafen. Sie wollten mit dem Taxi zum Flughafen fahren, aber Xia Dong hat zu viel Gepäck. Außerdem möchten Vater und Mutter und auch noch Oma und

Opa alle mit zum Flughafen. Deswegen fährt Fahrer Ma ein großes Auto, um sie hinzubringen.

Nachdem sie das Gepäck eingecheckt haben, sagt die Mutter zu Xia Dong sorgenvoll: „Vorsichtig unterwegs, ja! Vergiss auf keinen Fall, uns anzurufen, wenn du da bist!"

„Ich weiß!", antwortet Xia Dong.

Seine Oma, dieses Jahr schon fünfundsiebzig Jahre alt, sagt besorgt: „Dongdong, falls du dich dort nicht eingewöhnst, komm sofort wieder zurück! Oma wartet auf dich zu Hause."

„Mach dir keine Sorgen! Onkel ist in Deutschland. Wenn es etwas gibt, frage ich gleich den Onkel!"

Der Großvater sieht Xia Dong an und sagt nichts. Zu allerletzt sagt der Vater zu Xia Dong: „Mein liebes Kind, du bist erwachsen! Vater vertraut dir! Studiere ja fleißig in Deutschland! Rufe oft zu Hause an! Deine Mutter, aber auch Oma und Opa, werden dich bestimmt sehr vermissen."

„Ich weiß! Macht euch keine Sorgen!", sagt Xia Dong abschließend und geht auch schon in Richtung der Passkontrolle weg.

Seit Xia Dong weg ist, ist es zu Hause ruhiger geworden. Früher, als Xia Dong an der Universität studierte, kam er am Wochenende oft zurück. Jetzt fehlt plötzlich zu Hause eine Person. Xia Dongs Mama kann sich an diese Ruhe nicht gut gewöhnen. Wenn sie sich jeden Tag um 19 Uhr vor den Fernseher setzt, um Nachrichten zu schauen, hat sie nun ein besonderes Interesse an jenem Land, wie beispielsweise Fußballspiele. Und nun hat sie eine neue Gewohnheit: Warten auf den Anruf ihres Sohnes.

Am Anfang rief Xia Dong noch jeden Tag zu Hause an. Seit das Semester begonnen hat, ist er nun beschäftigt. Gewöhnlich ruft er nur noch einmal in der Woche zu Hause an.

Eines Tages vermisst die Mutter Xia Dong äußerst. So nimmt sie die Fotos aus Xia Dongs Kindheit heraus, um sie anzuschauen. „Ach, er war in der Kindheit so klein! Man kann sich nicht vorstellen, dass die Zeit so schnell vergeht!" Als sie die Fotos anschaut, werden ihre Augen ganz rot, und sie weint. Der Vater vermisst Xia Dong eigentlich auch. Aber er will nicht, dass seine Frau es bemerkt. Schließlich sagt er: „Es ist doch eine schöne Sache, dass das Kind erwachsen ist. Weine nicht! Siehst du, wir sprechen oft, das Kind gehöre zu uns. Aber eigentlich ist es in einem Haus auch nur Gast. Ist es erwachsen, geht es auch schon weg. Jetzt gibt es zu Hause nur noch uns beide. Es ist wieder gleich wie früher."

„Genau! Wir sollten unsere Kinder als Gäste betrachten."

Lösung Verständnistest

（1）对，（2）对，（3）错，（4）对，（5）错，（6）错，（7）错，（8）错，（9）错，（10）对

23 中国人和喝酒

Vokabeln

2-29
2-30

白酒	**báijiǔ**	**Schnaps**	*Substantiv*
一杯白酒		ein Glas Schnaps	
喝很多白酒对身体不好。		Sehr viel Schnaps zu trinken, ist für den Körper nicht gut.	
度数	**dùshù**	**Grad, Anteil, Gehalt**	*Substantiv*
度数高，度数低		hoher Anteil, niedriger Anteil	
这个白酒是度数比较高的酒。		Dieser Schnaps hat einen verhältnismäßig hohen Gehalt an Alkohol.	
啤酒	**píjiǔ**	**Bier**	*Substantiv*
一杯啤酒		ein Glas Bier	
德国啤酒很有名。		Deutsches Bier ist sehr bekannt.	
服务员，请再来一杯啤酒！		Bedienung, bitte bringen Sie noch ein Glas Bier!	
葡萄酒	**pútaojiǔ**	**Wein**	*Substantiv*
一杯葡萄酒		ein Glas Wein	
你想喝啤酒，还是想喝葡萄酒？		Möchtest du Bier oder Wein trinken?	
饭馆有红葡萄酒和白葡萄酒。		Das Restaurant hat Rot- und Weißwein.	
声音	**shēngyīn**	**Stimme, Geräusch**	*Substantiv*
两个声音，那个声音		zwei Stimmen, jenes Geräusch	
这是什么声音？		Was ist das für ein Geräusch?	
大声（大的声音），小声		laute Stimme, leise Stimme	
他们大声说话。		Sie unterhalten sich mit lauter Stimme.	

他们说话的声音很大。		Die Stimme, mit der sie sich unterhalten, ist sehr laut.	
满意	**mǎnyì**	**zufrieden (sein)**	*Adjektiv*
满意不满意？满不满意？		Bist du zufrieden oder nicht?	
我很满意这里的生活。		Ich bin mit dem Leben hier sehr zufrieden.	
经理对会议的结果很满意。		Die Manager sind mit dem Ergebnis der Konferenz sehr zufrieden.	
我对我的生活很满意。		Ich bin mit meinem Leben sehr zufrieden.	
真心	**zhēnxīn**	**ehrlich (sein)**	*Adjektiv*
真不真心？		Ehrlich oder nicht?	
老师真心愿意帮助你。		Der Lehrer ist ehrlich gewillt, dir zu helfen.	
奶奶对人很真心。		Oma ist zu anderen sehr ehrlich.	
难过	**nánguò**	**unerträglich (sein)**	*Adjektiv*
生病了，人很难过。		Wenn man krank ist, fühlt man sich schlecht.	
夏天，没有空调很难过。		Im Sommer ist es ohne Klimaanlage unerträglich.	
难过	**nánguò**	**traurig (sein)**	*Adjektiv*
这是一件很难过的事情。		Das ist eine sehr traurige Angelegenheit.	
我今天有一点儿难过。		Ich bin heute ein bisschen traurig.	
这条新闻使他很难过。		Diese Nachricht lässt ihn sehr traurig sein.	
解决	**jiějué**	**lösen, erledigen**	*Verb*
解决了		gelöst haben, erledigt haben	
请解决这个问题。		Bitte erledige diese Aufgabe.	
请把这个问题解决好。		Bitte erledige diese Aufgabe gut.	
醉	**zuì**	**betrunken (sein)**	*Adjektiv*
你认识那个喝醉的人吗？		Kennst du jene betrunkene Person?	

她喝了一杯白酒，就醉了。	Sie hatte ein Glas Schnaps getrunken und war schon betrunken.

历史 lìshǐ	Geschichte, Historie *Substantiv*
一段历史，世界历史	ein Geschichtsabschnitt, Weltgeschichte
中国的历史很长。	Chinas Geschichte ist sehr lang.
我对那段历史不很了解。	Ich kenne jenen Geschichtsabschnitt nicht sehr gut.

Grammatik und Worterklärungen

又

In der Lektion 14 wurde die Konjunktion „**又**" (yòu) verwendet, um zwei Adjektive zu verbinden. „**又**" kann auch zwei Verben verbinden. „**又**" steht dabei jeweils vor dem Verb. Ins Deutsche kann die Konjunktion mit „und", „und auch", „sogar auch" oder „sowohl... als auch..." übersetzt werden.

又唱**又**跳	singen und springen
妈妈**又**要做饭**又**要洗衣服。	Mama muss Essen kochen und auch Wäsche waschen.
他们昨天**又**喝了白酒**又**喝了葡萄酒。	Sie hatten gestern Schnaps und auch auch Wein getrunken.

Die Verneinungen „**不**" bei Gegenwart oder Zukunft und „**没有**" bei einer abgeschlossenen Handlung stehen hinter „**又**".

孩子**又**唱**又**跳。	孩子**又不**唱**又不**跳。
他们昨天**又**吃**又**喝。	他们昨天**又没有**吃**又没有**喝。

而且

„**又**" ist vom Sinn her ähnlich wie „**而且**" (érqiě). Aber „**又**" darf nur ein Subjekt haben, „**而且**" kann zwei Sätze mit zwei unterschiedlichen Subjekten verbinden.

而且	**又**
李先生不会开车，**而且**也不会骑自行车。	李先生**又不**会开车，**又不**会骑自行车。
我不想去，而且他也不想去。	*geht nicht mit „又"*

中国人和喝酒

2-31
2-32

一想到和中国人喝酒，很多外国人就头疼。酒在中国人的生活中很重要。中国人认为请朋友吃饭没有酒，就不叫请朋友吃饭。也就是说，酒是一定要有的。

和西方人不同，中国人比较喜欢喝**白酒**，特别是**度数**比较高的酒。现在，中国人也慢慢开始爱喝**葡萄酒**和**啤酒**了。

你可能也注意到了。在饭馆吃饭的时候，有的人用一个小杯子喝**白酒**，他还喝出 Bazibazi 的**声音**来。这表示，喝酒的人对这种酒很**满意**，认为非常好喝。他想把自己的**满意**和快乐告诉别人。

在请客人吃饭的时候，中国人喜欢喝酒，也喜欢让别人喝酒，而且还认为酒喝得越多，我们的关系越好，事情就越好办。如果中国人叫你喝酒，你不喝，他就会觉得你不愿意做他的朋友。如果你说你不能喝酒或者只喝一点儿，有的中国人就会认为你不**真心**。所以，你必须喝。但是，每次别人让你喝，你就喝，人会很**难过**的。要知道不是每一个人都能喝很多的酒。这真是一个难题。怎么才能**解决**这个问题呢？有一个办法就是，让你的同事帮你喝。

有时候，你可能会认为不小心喝多了，又唱又跳、又说又笑、又哭又叫，多不好意思啊！其实，这没有什么。因为中国人认为喝多了、喝**醉**了，才是男人、是大丈夫。这表示你愿意做他的朋友，也愿意为朋友办事。

你是不是觉得这个文化和习惯很奇怪？如果你想知道为什么中国人会有这种文化呢？你可以去看一些关于中国**历史**的故事。

Verständnistest

请看下面的句子对不对。你想知道你做得怎么样，请看第 203 页。

1. 现在的中国人也慢慢喜欢喝其他的酒。 （ ）
2. 很多外国人头疼是因为他们喝酒喝得太多了。 （ ）
3. 有的中国人喝酒喝出声音来，是想让别人和他一起喝酒。 （ ）
4. 中国人请客的时候，自己喝酒，也还喜欢要别人喝酒。 （ ）
5. 不能喝酒的人可以请别人帮着喝酒。 （ ）
6. 喝醉了，中国人会觉得很难看。 （ ）
7. 为朋友喝醉，这个习惯和中国的历史文化有关系。 （ ）
8. 在中国，不能喝酒的人就说自己不能喝。这样也没有关系。 （ ）

Chinesen und das Trinken von Alkohol

Viele Ausländer bekommen schon Kopfschmerzen, wenn sie nur daran denken, mit Chinesen Alkohol zu trinken. Alkohol spielt eine wichtige Rolle im Leben eines Chinesen. Die Chinesen denken, wenn man Freunde zum Essen einlädt, ohne dass es Alkohol gibt, ist es keine Einladung für Freunde. Das bedeutet, Alkohol ist ein Muss.

Anders als Westler mögen Chinesen verhältnismäßig gerne Schnaps – besonders mit relativ hohem Alkoholgehalt. Heutzutage beginnen die Chinesen langsam, auch Wein und Bier zu trinken.

Vielleicht haben Sie schon bemerkt, dass jemand im Restaurant während des Essens Schnaps aus kleinen Gläsern trinkt und dabei Schmatzgeräusche von sich gibt. Das bedeutet, der Trinkende ist mit dieser Sorte Schnaps sehr zufrieden und findet, er schmecke außerordentlich gut. Er möchte den anderen Leuten damit die eigene Zufriedenheit und Freude mitteilen.

Wenn ein Chinese Gäste zum Essen einlädt, möchte er Alkohol trinken und fordert auch gerne die Anderen zum Trinken auf. Er denkt sogar, je mehr Alkohol man trinkt, desto besser ist die Beziehung und desto leichter lassen sich später Dinge erledigen. Wenn ein Chinese einen zum Trinken auffordert, man aber nicht mittrinkt, kann er schnell meinen, dass man nicht mit ihm Freundschaft schließen wolle. Wenn man sagt, man könne keinen Alkohol trinken, oder nur ein bisschen trinkt, finden manche Chinesen, dass man nicht so ehrlich sei. Deshalb muss man mittrinken. Aber, wenn man jedes Mal von jemand Anderem zum Trinken aufgefordert wird und mittrinkt, kann man sich sehr übel fühlen. Wir wissen, nicht jeder Mensch kann viel Alkohol trinken. Das ist wirklich ein schwieriges Thema. Wie kann man denn dieses Problem lösen? Eine Lösung wäre schon, seine Kollegen für sich trinken zu lassen.

Manchmal denkt man, wenn man aus Unvorsichtigkeit viel trinkt, singt und tanzt, plaudert und lacht, weint und schreit, könnte das nicht unglaublich peinlich sein? Tatsächlich ist es aber nicht so. Chinesen denken, man ist erst dann ein richtiger Mann und großartiges Mannsbild, wenn man viel trinkt und betrunken ist. Das heißt, man möchte mit dem Anderen Freundschaft schließen und gerne auch einen Gefallen für ihn tun.

Findest du diese Kultur und Sitte sehr komisch? Falls du wissen möchtest, warum es eine solche Sitte in China gibt, kannst du ein paar Erzählungen aus der chinesischen Geschichte zu Rate ziehen.

Lösung Verständnistest

（1）对，（2）错，（3）错，（4）对，（5）对，（6）错，（7）对，（8）错

24 爱在心里口难开

Vokabeln

2-33
2-34

心	xīn	Herz	*Substantiv*
一颗心，两颗心（颗, kē）		ein Herz, zwei Herzen	
心里，在心里		im Herzen, im Herzen sein	
你在我心里。		Du bist in meinem Herzen.	
你要用心去发现。		Du solltest mit dem Herzen entdecken.	

口	kǒu	Mund	*Substantiv*
一个口，一张口		ein Mund	
我的口很渴。		Ich habe großen Durst.	
我很口渴。		Ich bin sehr durstig.	
门口，家门口，银行门口		Eingang, Hauseingang, Bankeingang	

更	gèng	noch, noch mehr	*Adverb*
昨天很热，今天更热。		Gestern war es warm (auch: heiß); heute ist es noch wärmer (auch: heißer).	
我觉得爬山比游泳更有意思。		Ich finde, Bergwandern ist noch interessanter als Schwimmen.	
这只小猫比那只更可爱。		Dieses Kätzchen ist noch niedlicher als jenes.	
他比我更了解中国。		Er kennt China noch besser als ich.	

盘子	pánzi	Teller	*Substantiv*
一个盘子，两个盘子		ein Teller, zwei Teller	
我帮妈妈洗盘子。		Ich helfe Mutter, die Teller zu spülen.	
请来一盘水果。		Bitte bringe einen Teller Obst.	

碗	wǎn	Schüssel	*Substantiv*
一个碗，这个碗		eine Schüssel, diese Schüssel	
一碗米饭，两碗羊肉		eine Schüssel Reis, zwei Schüsseln Lammfleisch	
碗洗干净了吗？		Sind die Schüsseln sauber gespült?	

几乎	jīhū	beinahe, fast	*Adverb*
天真黑，几乎看不到东西。		Es ist echt dunkel. Man kann fast nichts erkennen.	
我几乎把这件事忘记了。		Ich habe diese Angelegenheit beinahe vergessen.	
中国的变化真大，我几乎不认识了。		Die Änderung Chinas ist wahrhaft groß. Ich erkenne es beinahe nicht wieder.	
他几乎把桌子上的东西都吃完了。		Er hat die Sachen auf dem Tisch fast alle aufgegessen.	

行动	xíngdòng	Aktion, Tat	*Substantiv*
一次行动，这次行动		eine Tat, diese Tat	
他只说一说，没有行动。		Er redet bloß, hat aber keine Taten.	

生气	shēng qì	sich ärgern	*Verb + Substantiv*
生了气，很生气		sich geärgert haben, sich sehr ärgern	
李叔叔昨天生了气。		Onkel Li hatte sich gestern geärgert.	
张阿姨生气了。		Tante Zhang ärgert sich.	
我的同事生我的气。		Mein Kollege ärgert sich über mich.	
李经理对这件事很生气。		Manager Li ärgert sich über diese Sache sehr.	

铅笔	qiānbǐ	Bleistift	*Substantiv*
两支铅笔（支, zhī）		zwei Bleistifte	
我能不能用一下你的铅笔？		Darf ich mal kurz deinen Bleistift benutzen?	
你看到我的铅笔了吗？		Hast du meinen Bleistift gesehen?	

你把我的铅笔放哪儿了？		Wo hast du meinen Bleistift hingelegt?	
礼貌	**lǐmào**	**höflich (sein); Höflichkeit**	*Adjektiv / Substantiv*
她是一个礼貌的人。		Sie ist ein höflicher Mensch.	
你丈夫很礼貌。		Dein Gatte ist sehr höflich.	
这个小孩不懂礼貌。		Dieses Kind versteht es nicht, höflich zu sein.	
说出来	**shuō chūlái**	**aussprechen**	*Verb + Ergänzungswort*
说出来了		ausgesprochen haben	
说出来就没有意思了。		Ausgesprochen hat es schon keinen Sinn mehr.	
不要说出来你想什么！		Nicht aussprechen, was du denkst!	
夫妻	**fūqī**	**Ehepaar**	*Substantiv*
一对夫妻		ein Ehepaar	
老夫妻		ein altes Ehepaar	

Grammatik und Worterklärungen

更

Das Adverb „**更**“ (gèng) kann mit „noch“ oder „noch mehr“ übersetzt werden. „**更**“ kann ein Adjektiv oder ein Verb beschreiben.

Steht „**更**“ vor einem Adjektiv, so wird dieses gesteigert. „**更**“ wird in diesem Fall mit „noch“ übersetzt.

更热，**更**高，**更**大	noch wärmer, noch höher, noch größer
葡萄很好吃，香蕉**更**好吃。	Trauben schmecken sehr gut. Bananen schmecken noch besser.
香蕉比葡萄**更**好吃。	Bananen schmecken noch besser als Trauben.

Steht „**更**“ vor einem Verb, so wird „**更**“ mit „noch mehr“ übersetzt.

她很关心国家的事，其实她**更**关心她家的事。	Sie interessiert sich sehr für Staatsangelegenheiten. Sie interessiert sich eigentlich noch mehr für ihre Familienangelegenheiten.

出来

„**出来**“ (chūlái) ist ein Ergänzungswort und bedeutet „herauskommen“. Sie wird an ein Verb angehängt, um die Richtung oder das Ergebnis zu beschreiben. Das Deutsche verwendet hier Vorsilben wie „aus-“, „heraus-“ oder „hervor“.

说出来自己的想法	die eigene Idee aussprechen
从教室里**跑出来**	aus dem Klassenzimmer herauslaufen
从椅子下面**爬出来**	unter dem Stuhl hervorkrabbeln
想出来一个办法	eine Lösung ausdenken

不出来

„**出来**“ kann auch verneint werden. Für eine Übersetzung ins Deutsche ist entscheidend, ob der gesamte Ausdruck oder die Ergebnisergänzung verneint wird.

Wird der gesamt Ausdruck verneint, so steht ein „**不**“ vor dem Verb und seiner Ergebnisergänzung.

不说**出来**自己的想法	die eigene Idee nicht aussprechen
不从椅子下面爬**出来**	nicht unter dem Stuhl hervorkrabbeln

Wird nur die Ergebnisergänzung verneint, so steht ein „**不**“ vor der Ergebnisergänzung. Die Handlung wird durchgeführt, aber nicht erfolgreich (nicht schaffen).

说**不出来**自己的想法	es nicht schaffen, die eigene Idee auszusprechen
从椅子下面爬**不出来**	es nicht schaffen, unter dem Stuhl hervorzukrabbeln

爱在心里口难开

2-35
2-36

有些德国朋友常常问我，为什么中国人不经常说“谢谢”，也不经常说“请”这个字。我想了想，也不知道怎么回答。慢慢地，我从生活中发现，是的，中国人用这两个字用得不很多，特别是在和朋友或者家人说话的时候，用得**更**少。我想这和中国的文化有关系。

在德国，我们会发现，如果在饭桌上，爸爸想请儿子把**盘子**拿给他，一定会说：“请你把**盘子**拿给我，谢谢！”如果妻子想让丈夫把

碗拿过来，也会说：“请你把你的**碗**拿过来！”在中国的饭桌上**几乎**听不到这些话。这是为什么呢？

中国人认为，孩子为爸爸妈妈做事是应该的，妻子帮助丈夫或者丈夫帮助妻子也是应该的，因为是一家人。和好朋友在一起也是这样。“请，谢谢”说得太多，让人觉得太客气了，不是朋友。

中国人是不是不喜欢说“谢谢”呢？其实不是。中国人的“谢谢”不说在**口**上，他们把“谢谢”放在**心**里，等有机会了，再用**行动**来感谢。

我丈夫是德国人。开始的时候，他对这个习惯不很了解。他总是觉得我们请客人，或者请中国朋友吃完饭后，这些人都没有在吃饭结束的时候，对我们说一声谢谢，他**心**里很不舒服。现在他知道中国人的这个习惯，对这种事也就不再**生气**了。

如果你送给中国朋友礼物，他们会说：“太客气了！”可能你没有听到“谢谢”，其实在这里“太客气了”也就有“谢谢”的意思。

再说“请”这个字。

中国人经常会用“你能不能，可不可以……一下”这些句子来请别人帮助。像找别人借**铅笔**的时候，你可以对别人说：“能不能用一下你的**铅笔**？”在这句话里虽然没有“请”，但是也是很**礼貌**的，很客气的，和有“请”一样。

中国人还有一个习惯。中国人认为，喜不喜欢一个人，爱不爱一个人，是不需要说**出来**的。说**出来**就没有意思了，应该用**心**去发现。所以中国的**夫妻**，特别是老**夫妻**，他们很少说“我爱你”这样的话。

现在，大家知道了为什么中国人很少说“谢谢”和“请”了。

不同的地方，不同的国家有不同的文化，不同的习惯，很难说，哪一个好，哪一个不好。你们说，是吗？

Verständnistest

请看下面的句子对不对。你想知道你做得怎么样，请看第 210 页。

1. 中国人在和朋友和家人说话的时候，很少说“谢谢”。他们认为不应该谢谢他们。 （ ）
2. 中国人认为自己人就不需要经常说“谢谢”。 （ ）
3. 德国人经常说“谢谢”。他们认为只有这样，才是礼貌的。 （ ）
4. 中国的文化有一点就是不要把话说得太明白了。 （ ）
5. 请客人吃饭，吃完饭，很多中国人不说“谢谢”就走了。我先生以前觉得他们不想谢谢我们，所以很生气。 （ ）
6. 在德国，人们只会在吃饭的时候说“谢谢、请”。 （ ）
7. 如果不认识的人帮助了你，在中国也应该说“谢谢”。 （ ）

Liebe ist im Herzen und schwer zu äußern

Manche deutschen Freunde fragen mich oftmals, warum Chinesen nicht so oft „danke“ oder „bitte“ sagen. Ich habe darüber nachgedacht und weiß aber auch nicht, wie ich antworten sollte. Allmählich habe ich im Alltag bemerkt, dass Chinesen tatsächlich nicht so oft „danke“ und „bitte“ verwenden. Besonders weniger dann, wenn sie mit Freunden oder Familienmitgliedern sprechen. Ich denke, es hat etwas mit der chinesischen Kultur zu tun.

Es ist zu bemerken, dass in Deutschland ein Vater, wenn er sich bei Tisch von seinem Sohn einen Teller reichen lässt, auf jeden Fall sagt: „Bitte gib mir einen Teller. Danke schön!“ Wenn eine Ehefrau ihren Mann auffordert, ihr eine Schüssel zu reichen, sagt sie auch: „Gib mir bitte deine Schüssel!“ Solche Worte hört man in China zu Tisch so gut wie kaum. Warum ist das so?

Die Chinesen halten es für selbstverständlich, dass die Kinder etwas für ihre Eltern tun oder Ehefrau und Ehemann einander helfen. Weil sie eine Familie sind. Dies ist unter guten Freunden genauso. Sagt man zu viel „bitte“ oder „danke“, wirkt das auf den anderen zu höflich und schließt ihn als Freund aus.

Mögen es denn die Chinesen nicht, „danke“ zu sagen? Eigentlich nicht. Chinesen bedanken sich nicht mündlich, sondern bewahren das Danke im Herzen. Sie warten ab, bis eine Gelegenheit kommt, sich mit Taten zu bedanken.

Mein Ehemann ist Deutscher. Anfangs war ihm diese Sitte nicht sehr geläufig. Er fühlte sich stets im Herzen unangenehm, wenn wir Gäste oder chinesische Freunde zum Essen eingeladen hatten und diese nach dem Essen zu uns nicht ein Wort „Danke“ sagten. Jetzt kennt er diese chinesische Gewohnheit und ärgert sich auch nicht mehr darüber.

Wenn man chinesischen Freunden Geschenke gibt, sagen diese: „Sie sind zu freundlich!“ Vielleicht hat man das „Danke“ nicht gehört, aber eigentlich bedeutet „zu freundlich“ auch schon „Danke“.

Jetzt kommen wir zum „Bitte“.

Chinesen verwenden oft „könnten Sie vielleicht…“ oder „könnten Sie kurz mal...“, um andere um Hilfe zu bitten. Wenn man beispielsweise von jemandem einen Bleistift ausleihen möchte, kann man das so sagen: „Dürfte ich Ihren Bleistift kurz mal benutzen?“ Auch wenn in diesem Ausdruck kein „Bitte“ enthalten ist, ist es aber auch sehr freundlich, sehr höflich und gleichzeitig so, als wäre „Bitte“ enthalten.

Chinesen haben noch eine Gewohnheit. Nämlich egal, ob man jemanden gerne hat oder liebt, ist es nicht nötig, das zu sagen. Wenn man es sagt, ist es schon uninteressant. Man sollte es mit dem Gefühl empfinden. Deshalb sagen chinesische Eheleute – besonders alte Eheleute – kaum so etwas wie „ich liebe dich“.

Jetzt verstehen alle, warum Chinesen nicht so oft „danke“ und „bitte“ sagen.

Andere Orte und andere Länder haben eine unterschiedliche Kultur und andere Sitten. Es ist schwer zu sagen, welche schlecht oder gut sind, oder?

Lösung Verständnistest

（1）错，（2）对，（3）对，（4）对，（5）对，（6）错，（7）对

25 中学的同学

Vokabeln

2-37
2-38

完成	**wán chéng**	**vollenden, erreichen, erfüllen**	*Verb + Ergebnis*
完成了		vollendet haben, erreicht haben	
完成了工作		die Arbeit vollendet haben	

影响	**yǐngxiǎng**	**beeinflussen, stören**	*Verb*
影响了		beeinflusst haben	
爸爸在睡觉。不要影响他！		Papa ist beim Schlafen. Nicht ihn stören!	
弟弟总是爱影响我做作业。		Der jüngere Bruder mag es stets gerne, mich beim Hausaufgabenmachen zu stören.	
老师的话影响了他的决定。		Die Worte des Lehrers hatten seine Entscheidung beeinflusst.	
这件事影响了我们的生活。		Diese Angelegenheit hat unser Leben beeinflusst.	

影响	**yǐngxiǎng**	**Einfluss**	*Substantiv*
这个影响，这些影响		dieser Einfluss, diese Einflüsse	
这些影响太不好了。		Solche Einflüsse sind äußerst schlecht.	
妈妈对孩子的影响很大。		Der Einfluss der Mutter auf die Kinder ist sehr groß.	
这件事对我没有影响。		Diese Sache hat keinen Einfluss auf mich.	

头发	**tóufa**	**Haar, Haare**	*Substantiv*
一根头发 （根, gēn）		ein Haar	
长头发很漂亮。		Lange Haare sind sehr hübsch.	

短	**duǎn**	**kurz (sein)**	*Adjektiv*
短头发很方便。		Kurzes Haar ist sehr praktisch.	
他的头发很短。		Sein Haar ist sehr kurz.	

我喜欢不长不短的筷子。	Ich mag gerne Essstäbchen, die nicht lang und nicht kurz sind.	
普通 pǔtōng	**gewöhnlich, einfach**	*Adjektiv*
这是两个普通的房子。	Dies sind zwei einfache Häuser.	
他们只是普通的朋友。	Sie sind bloß gewöhnliche Freunde.	
普通话 pǔtōnghuà	**Hochchinesisch**	*Substantiv*
他说普通话。	Er spricht Hochchinesisch.	
北京话和普通话不相同。	Der Pekinger Dialekt und Hochchinesisch sind nicht gleich.	
成绩 chéngjī	**Leistung, Prüfungsergebnis**	*Substantiv*
考试成绩	Prüfungsleistung	
她这次的数学成绩很好。	Ihre diesmalige Mathematikleistung ist sehr gut.	
妈妈看了我的成绩后，很高兴。	Nachdem Mutter meine Prüfungsergebnisse gesehen hatte, war sie sehr glücklich.	
差 chà	**schlecht (sein)**	*Adjektiv*
我的数学比我的汉语差。	Meine Mathematik ist schlechter als mein Chinesisch.	
我为什么比她差呢？	Warum bin ich denn schlechter als sie?	
我考的分数总是比他的差。	Meine Noten sind immer schlechter als seine.	
差不多 chàbuduō	**fast gleich, so gut wie, ungefähr**	*Adverb*
差不多可以	passt schon	
他们差不多一样高。	Sie sind so gut wie gleich groß.	
这两个办法差不多。	Diese zwei Lösungen sind ungefähr gleich.	
现在差不多五点了。	Jetzt ist es fast gleich 5 Uhr.	
她离开家差不多二十年了。	Sie hatte vor gut 20 Jahren das zu Hause verlassen.	
我吃得差不多饱了。	Ich habe mich so gut wie satt gegessen.	

街道	**jiēdào**	**Straße**	*Substantiv*
两条街道		zwei Straßen（Kurzform „两条街“）	
这里的街道都很长。		Die Straßen hier sind alle sehr lang.	
你要找的那条街叫什么名字？		Welchen Namen hat die Straße, die du suchst?	
晚上，街上的人还很多。		Am Abend sind auf der Straße noch viele Menschen.	
爬起来	**pá qǐlái**	**sich hochstemmen**	*Verb + Ergänzungswort*
从床上爬起来		sich vom Bett hochstemmen	
从地上爬起来		sich vom Boden hochstemmen	
学期	**xuéqī**	**Semester**	*Substantiv*
一个学期，两个学期		ein Semester, zwei Semester	
我这样学了一个学期。		Auf diese Weise hatte ich ein Semester lang gelernt.	
每年有两个学期。		Jedes Jahr hat zwei Semester.	
苦	**kǔ**	**bitter (sein)**	*Adjektiv*
孩子不喜欢吃苦的菜。		Kinder mögen es nicht, bittere Speisen zu essen.	
苦瓜很苦。		Bittergurke ist sehr bitter.	
甜	**tián**	**süß (sein)**	*Adjektiv*
我喜欢吃甜的。		Ich mag gerne Süßes.	
蛋糕很甜。		Der Kuchen ist sehr süß.	
我不敢吃太甜的东西。		Ich traue mich nicht, extrem süße Sachen zu essen.	
体育	**tǐyù**	**Sport**	*Substantiv*
体育成绩，上体育课		Sportleistung, Sportunterricht haben	
他是体育老师。		Er ist Sportlehrer.	

Grammatik und Worterklärungen

短短的

Das Chinesische kennt die Möglichkeit, Adjektive doppelt hintereinanderzustellen, um etwas in einem positiven oder niedlichen Sinn zu verstärken. Das Adjektiv darf dabei nicht von einem Adverb beschrieben sein. Die Regel lautet: Adjektiv + Adjektiv + 的. Eine wörtliche Übersetzung ins Deutsche ist meistens nicht möglich. Bei einer Übersetzung ins Deutsche werden je nach Situation verstärkende Worte wie „schön", „echt" usw. verwendet.

短短的时间	eine echt kurze Zeit
长长的头发	schön langes Haar
胖胖的小孩子	ein pummeliges kleines Kind

早点儿

Im mündlichen Sprachgebrauch werden im Chinesischen manche Wörter oder Ausdrücke verkürzt. Einige Beispiele gibt die nachfolgende Tabelle:

以后	⇨	后	早一点儿	⇨	早点儿	经常	⇨	常
以前	⇨	前	一会儿	⇨	会儿	一个	⇨	个

Wie das in einem ganzen Satz aussieht, zeigen die folgenden Beispiele:

他是**一个**老师。	⇨	他是**个**老师。
我想吃了饭**以后**去公园散步。	⇨	我想吃了饭**后**去公园散步。
请**早一点儿**来教室。	⇨	请**早点儿**来教室。
他在那里等了**一会儿**。	⇨	他在那里等了**会儿**。

在…上

Der Ausdruck „**在…上**" (zài… shàng) kann im Chinesischen nicht nur für eine physikalische Ortsangabe, sondern auch für eine abstrakte Situation verwendet werden:

在回家的路**上**	auf dem Weg nach Hause	**在**生活**上**	im Leben
在工作**上**	bei der Arbeit	**在**火车**上**	im Zug (unterwegs)
在学习**上**	beim Lernen	**在**网**上**	im Internet

体育

Das Substantiv „**体育**“ (tǐyù) bedeutet „Sport“. Wörtlich übersetzt heißt es „Erziehung des Körpers“. Es wird meistens als Attribut verwendet, um ein zweites Substantiv zu beschreiben.

体育课，**体育**成绩，**体育**老师	Sportunterricht, Sportleistung, Sportlehrer

Achtung: „**体育**“ kann nicht als Objekt von „做“ benutzt werden!

运动

„**运动**“ (yùndòng) bedeutet allgemein die Bewegung von Menschen, Sachen, Material und auch Ideen. Im Einzelfall kann es auch „Sport“ im Sinne einer sportlichen Aktivität bedeuten. Es kann als Verb oder Substantiv benutzt werden.

车不会自己**运动**。	Ein Auto kann sich nicht selbst bewegen.
经常**运动**的人比较健康。	Menschen, die sich oft bewegen, sind verhältnismäßig gesund.

中学的同学

2-39 2-40

我十二岁的时候考进了离家有一点儿远的一所中学——市第十五中学。那所学校不是我们市最好的学校，但是也是一所有名的中学。我在那儿**完成**了六年的中学学习。在前三年的学习里，有一个人对我**影响**最大，那就是我的同学钟云。

钟云和我一样高，**头发短短**的，**普通话**说得非常好。她学习特别努力。第一次考试她就拿了班上的第一名。那次我只拿了第十一名。我还记得妈妈看了我的**成绩**后，对我说：“你和钟云是同班同学，我们又是邻居。为什么她能拿第一，你只拿了第十一名呢？”虽然妈妈可能只是说了一下，我记住了这句话。我也问我自己：“我为什么就比她**差**呢？她和我有什么不同呢？”

从那以后，我们经常一起去上学、一起放学回家、一起做作业。做作业的时候，我发现她做得非常认真。我总是觉得**差不多**就可以了。

我终于明白了，为什么我没有她学得好。做完作业以后，我们一起复习老师上课讲的东西。她问我答，我问她答。和她一起学习，使我知道了考试的时候老师经常爱问什么问题，哪些地方我还没有学懂，也知道了我们应该怎么复习准备考试。

以前，我总以为上课认真地听老师讲，下课回家做完作业，就能考得好。但是，如果想考九十多分，这还不行。

我在中学读书的时候，我们的家都很小，不可能每个人有自己的房间。为了早点儿起床学习，又不**影响**家人休息，我们五点钟就起了床，拿着书，到**街道**上找一个安静的地方看书。可能是因为我们年轻吧，我们很少时候觉得很累。有时候，晚上看书看得太晚了，早上五点也不想起床。但是，一想到我的朋友在外面学习呢，我也就能从床上**爬起来**。这样努力地学了一个**学期**。第二个**学期**的考试**成绩**出来了，我考了班上的第四名。钟云当然还是第一名了。我看到自己的**成绩**非常高兴，也知道了妈妈常说的“先**苦**后**甜**”的意思了。虽然学习不是为了拿第几名，但是只有这样努力地去做一件事，才能让孩子知道，努力就会有好的**成绩**。

为了锻炼身体，提高我们的**体育成绩**，我们每天放了学，不坐公共汽车回家。我们两个人一起跑步回家。这样，还可以不用家里的钱买车票。

那时候，天特别蓝，生活特别简单，没有电视、没有电脑、没有手机，街上也没有很多的汽车。中学生们除了学习，就是参加**体育**运动。

我现在想到那个时候，就会想到我的同学钟云，想到和她在一起读书、想到她帮助我学习、想到我们一起跑步回家，还有很多很多的事。我非常感谢她，感谢她给了我很好的**影响**。

Verständnistest

请看下面的句子对不对。你想知道你做得怎么样，请看第 219 页。

1. 我上的中学很有名，也是最好的。 ( )
2. 我在那里学习了六年。 ( )
3. 我的同学钟云和我在那里一起学习了六年。 ( )
4. 妈妈的一句话让我想了很多。 ( )
5. 因为钟云和我住得很近，所以我们可以一起去上学，一起回家。 ( )
6. 我们在学习上经常你帮助我，我帮助你。 ( )
7. 我们早上去外面学习是为了不影响家人休息。 ( )
8. “先苦后甜”就是吃了苦的东西以后，一定要吃一点儿甜的东西。 ( )
9. 我读中学的时候，生活特别简单。 ( )
10. 我们跑步回家主要是因为家里没有钱买车票。 ( )

Mitschüler auf der Mittelschule

Als ich 12 Jahre alt war, qualifizierte ich mich für eine Mittelschule, die ein bisschen weiter von zu Hause entfernt lag, die städtische Mittelschule Nr. 15. Sie war nicht die beste Schule in unserer Stadt, aber dennoch eine der bekannteren Mittelschulen. Dort schloss ich meine sechsjährige Mittelschulzeit ab. In den ersten drei Lernjahren gab es jemanden, der mich besonders stark beeinflusst hat. Es war meine Mitschülerin, Zhong Yun.

Zhong Yun war so groß wie ich, hatte das Haar kurz zurechtgestutzt und sprach ein außerordentlich gutes Hochchinesisch. Sie lernte ungemein fleißig. In der ersten Prüfung belegte sie den ersten Platz in unserer Klasse. Jenes Mal belegte ich nur den elften Platz. Ich erinnere mich noch, als Mama, nachdem sie meine Prüfungsleistungen angesehen hatte, zu mir sagte: „Du und Zhong Yun seid Klassenkameradinnen. Wir sind außerdem auch Nachbarn. Wieso hat sie es auf den ersten Platz geschafft und du nur auf den elften?“ Obwohl Mama nur kurz darüber geredet hatte, habe ich mir diese Worte gut gemerkt. Ich fragte mich selbst auch: „Warum kann ich nicht so gut sein wie sie? Was ist denn der Unterschied zwischen ihr und mir?“

Von da an gingen wir oft zusammen in die Schule, nach der Schule nach Hause und machten zusammen Hausaufgaben. Während wir Hausaufgaben machten, entdeckte ich, dass sie unglaublich gewissenhaft arbeitete. Ich glaubte stets, dass es schon genug wäre, wenn ich es gerade so verstanden hatte. Endlich wusste ich, warum ich nicht so gut lernte wie sie. Nachdem wir die Hausaufgaben fertig gemacht hatten, wiederholten wir gemeinsam, was der Lehrer während des Unterrichts für Dinge erklärt hatte. Sie fragte und ich antwortete, dann fragte ich und sie antwortete. Mit ihr zusammen zu lernen, ließ mich wissen, welche Fragen ein Lehrer gerne in einer Prüfung stellt, welche Themen ich beim Lernen noch nicht verstanden hatte und wie wir wiederholen sollten, um uns auf eine Prüfung vorzubereiten.

Früher dachte ich, solange ich mich im Unterricht auf das konzentrierte, was der Lehrer erzählte, und danach zu Hause die Hausaufgaben machte, würde ich schon gute Noten bekommen. Aber wenn man über 90 Prozent bekommen möchte, reicht dies nicht.

Zu der Zeit, als ich die Mittelschule besuchte, waren die Wohnungen alle sehr klein. Es war unmöglich, dass jeder sein eigenes Zimmer hatte. Deshalb standen wir früh auf, um zu lernen. Um die anderen Familienmitglieder nicht zu stören, standen wir schon um 5 Uhr auf, nahmen die Bücher in die Hand und suchten auf der Straße einen ruhigen Platz zum Lesen. Vielleicht lag es daran, dass wir noch jung waren, aber wir fühlten uns sehr selten richtig müde. Manchmal, wenn ich am Abend zu lange Bücher gelesen hatte, wollte ich morgens nicht um fünf Uhr aufstehen. Aber wenn ich daran dachte, dass meine Freundin draußen lernte, konnte ich mich doch aus dem Bett schälen. Als ich ein Semester lang auf diese Weise gelernt hatte und die Noten für das zweite Semester herauskamen, besetzte ich den vierten Platz in der Klasse. Zhong Yun war natürlich noch immer auf dem ersten Platz. Als ich sah, welche Prüfungsleistung ich selbst erreicht hatte, freute ich mich außerordentlich. Ich verstand auch, was Mama mit dem oft gesprochenen „zuerst bitter, danach süß" meinte. Eigentlich ist Lernen nicht dazu da, um irgendeinen Platz zu belegen. Aber nur, wenn man auf diese Weise fleißig an einer Sache gearbeitet hat, lässt es ein Kind erst erfahren, was man mit Fleiß alles erreichen kann.

Um den Körper zu trainieren, und auch, um unsere Sportnoten zu verbessern, fuhren wir nach der Schule nicht mit dem Bus nach Hause. Wir liefen zu zweit zusammen zurück nach Hause. Auf diese Weise konnten wir zusätzlich die Familienkasse schonen, da keine Busfahrkarten gekauft werden mussten.

Damals war der Himmel besonders blau und das Leben besonders einfach – ohne Fernseher, ohne Computer, ohne Handy und mit nur sehr wenigen Autos auf den Straßen. Für Mittelschüler gab es außer Lernen nur die Teilnahme an Sportveranstaltungen.

Wenn ich jetzt auf jene Zeit zurückblicke, denke ich sofort an meine Mitschülerin, Zhong Yun. Ich denke daran, wie ich mit ihr zusammen gelernt hatte, wie sie mir beim Lernen half, wie wir zusammen nach Hause liefen und noch viele weitere Dinge. Ich bin ihr außerordentlich dankbar, dass sie mich so positiv beeinflusst hat.

Lösung Verständnistest

（1）错，（2）对，（3）错，（4）对，（5）对，（6）对，（7）对，（8）错，（9）对，（10）错

26 中国人和颜色

Vokabeln

2-41
2-42

美好	měihǎo	wunderschön (sein) (*abstrakte Dinge*)	*Adjektiv*
美好的生活		ein wunderschönes Leben	
这是一个美好的希望。		Dies ist eine wunderschöne Hoffnung.	
我们的生活很美好。		Unser Leben ist wunderschön.	
不同	**bùtóng**	**unterschiedlich (sein)**	*Adjektiv*
每个人的兴趣爱好不同。		Die Interessen und Hobbys eines jeden Menschen sind unterschiedlich.	
不同的国家有不同的文化。		Unterschiedliche Länder haben unterschiedliche Kulturen.	
不同	**bùtóng**	**Unterschied**	*Substantiv*
我们应该了解文化上的不同。		Wir sollten uns über den Unterschied in den Kulturen informieren.	
她和她姐姐有很多的不同。		Sie und ihre Schwester besitzen sehr viele Unterschiede.	
糖	**táng**	**Zucker, Bonbon**	*Substantiv*
一块糖，一斤糖		ein Bonbon, ein Pfund Zucker	
孩子都喜欢吃糖。		Kinder mögen alle Bonbons.	
请把糖和牛奶拿给我。		Bitte reiche mir den Zucker und die Milch.	
节日	**jiérì**	**Feiertag**	*Substantiv*
一个节日，这个节日		ein Feiertag, dieser Feiertag	
在德国，十月三号是个节日。		In Deutschland ist der dritte Oktober ein Feiertag.	
啤酒节， 教师节，文化节		Bierfest, Lehrerfest, Kulturfest	
节		Kurzform von „节日“	

过节，过春节		Feiertag feiern, Frühlingsfest feiern	
开业	**kāiyè**	**Geschäftstätigkeit aufnehmen**	*Verb*
开业了		die Geschäftstätigkeit aufgenommen haben	
现在每天都有很多公司开业。		Jetzt gibt es jeden Tag viele Firmen, die ihre Geschäftstätigkeit aufnehmen.	
祝愿	**zhùyuàn**	**(Glück) wünschen; Wunsch**	*Verb / Substantiv*
祝愿大家身体健康！		Wünsche allerseits Gesundheit!	
美好的祝愿		wunderschöner Wunsch	
祝		Kurzform von „祝愿“	
祝生日快乐！		Herzlichen Glückwunsch zum Geburtstag!	
生意	**shēngyì**	**Geschäft, Business**	*Substantiv*
一笔生意（笔, bǐ）		ein Geschäft	
这是一笔很大的生意。		Das ist ein sehr großes Geschäft.	
做生意		Geschäfte machen	
他很会做生意。		Er kann sehr gut Geschäfte machen.	
去世	**qùshì**	**sterben**	*Verb*
去世了		gestorben sein	
她的奶奶上周去世了。		Ihre Großmutter ist vergangene Woche gestorben.	
字典	**zìdiǎn**	**Zeichenwörterbuch**	*Substantiv*
两本字典		zwei Zeichenwörterbücher	
这个字，我没有写错。我查了字典。		Dieses Schriftzeichen habe ich nicht falsch geschrieben. Ich habe im Wörterbuch nachgeschlagen.	
我在字典里查了这个字。		Ich habe im Zeichenwörterbuch dieses Zeichen nachgeschlagen.	
字典只能在图书馆里看，不能借出去。		Zeichenwörterbücher darf man nur in der Bibliothek lesen. Man darf sie nicht ausleihen.	

帽子	màozi	Hut, Mütze	*Substantiv*
一顶帽子，两顶帽子 (顶, dǐng)		eine Mütze, zwei Mützen	
这家超市卖的帽子很便宜。		Die Mützen, die dieser Supermarkt verkauft, sind sehr preisgünstig.	
皇帝	**huángdì**	**Kaiser**	*Substantiv*
一个皇帝，那个皇帝		ein Kaiser, jener Kaiser	
在中国的历史上有很多皇帝。		In der chinesischen Geschichte gibt es sehr viele Kaiser.	
和... 好	**hé... hǎo**	**mit… befreundet sein**	*Ausdruck*
她和她的同学好了。		Sie und ihr Mitschüler sind befreundet.	
我儿子和邻居的孩子又好了。		Mein Sohn und das Kind des Nachbarn sind wieder befreundet.	
被	**bèi**	**Passivpartikel**	*Partikel*
鱼被小猫吃了。		Der Fisch ist von der Katze gegessen worden.	
果汁被孩子喝完了。		Der Saft ist vom Kind ausgetrunken worden.	

Grammatik und Worterklärungen

被

Um einen Passiv zu bilden, wird im Chinesischen die Passivpartikel „**被**" (bèi) benutzt. „**被**" steht vor dem handelnden Objekt – also dem, der handelt.

水果**被**孩子吃完了。	Das Obst ist von dem Kind aufgegessen worden.
水果昨天**被**孩子吃完了。	Das Obst ist gestern von dem Kind aufgegessen worden.

Es ist auch ein Passiv-Satz möglich, bei dem der Akteur weggelassen ist.

水果**被**吃完了。	Das Obst ist aufgegessen worden.
水果昨天**被**吃完了。	Das Obst ist gestern aufgegessen worden.

Das Deutsche kennt das Präfix „irgend…“, um aus einem Fragewort eine unbestimmte Zuordnung zu bilden. Einige Beispiele sind „irgendwer“, „irgendwo“, „irgendwann“ oder „irgendwas“. Im Chinesischen kann jedes Fragewort direkt auch als unbestimmte Zuordnung verwendet werden.

谁	wer; irgendwer	什么	was; irgendwas
哪	welcher, -e, -es; irgendeiner, -e, -es	什么时候	wann; irgendwann

Anbei stehen einige Beispiele. Eine unbestimmte Zuordnung ist dadurch gekennzeichnet, dass der Satz kein Fragesatz ist und oft durch „都“ (dōu) begleitet wird.

谁去都行。	Wenn irgendwer hingeht, ist das OK. *oder wörtlich* Wer auch hingeht, ist OK.
什么颜色都可以。	Irgendeine Farbe ist OK. *oder wörtlich* Welche Farbe auch, ist OK.
什么时候走都行。	Irgendwann zu gehen, ist in Ordnung. *oder wörtlich* Wann man auch geht, ist in Ordnung.
哪天去都行。	An irgendeinem Tag hinzugehen, ist OK. *oder wörtlich* An welchem Tag man auch hingeht, ist OK.

中国人和颜色

2-43
2-44

如果你想送给中国朋友一件礼物，应该选择什么颜色的纸包呢？白色的还是红色的？

人们对颜色的认识有很多时候虽然相同，但是颜色和一个国家的文化也有很重要的关系。一种颜色在一个国家可能表示**美好**的意思，但是在别的国家可能就没有这个意思。所以，我们在做决定以前，一定要先了解这些文化上的**不同**。

1. 红色

红色是很多中国人最喜欢的颜色，它表示“快乐和**美好**”。结婚的时候，女的从里到外都要穿红色的衣服。新房也有很多红色的东西：红喜字、用红纸包着的喜**糖**。客人送的礼物也都用红纸包着。有的人送钱也是用红纸包着，所以叫“红包”。在**节日**里，特别是春**节**，或者在新公司**开业**的时候，大家也都喜欢用红色来表示**美好**的**祝愿**。

在汉语里，“红”字还有一种特别的意思。“他红起来了。”“大红人”，在这里，“红”字表示“有名”的意思。“**生意**红火”里的“红”表示“非常好”的意思。

现在你知道应该选择什么颜色的纸包你买的礼物了吧？当然，不是礼物只能用红色的纸包。**不同**的人喜欢的颜色也不一样。

2．黑色和白色

中国人一般不很喜欢黑色和白色，特别不希望看到这两个颜色在一起的时候。如果人离开这个世界了，也叫做“**去世**”了。这时人们都穿黑色的衣服，有的人还带小白花。这都表示人们特别难过。

“黑色”还有“很坏”和“不好”的意思。“他的心很黑。”表示这个人的心不好。“黑市上的钱”，“黑市”就是Schwarzmarkt的意思。不过，现在的中国年轻人在结婚的时候，除了穿红色的衣服，还喜欢跟西方人一样穿白色的裙子。她们觉得白色的长裙子又长又白，特别漂亮。

3．绿色

绿色是树、草地的颜色。中国人也很喜欢喝绿茶。如果你在**字典**里**查**一下带“绿”字的词语，可能会发现它们在汉语中的意思其实不是很好。

“他的脸都绿了。”表示他很生气。

“绿**帽子**”表示自己的妻子**和**别的男人**好**了。所以在商店里，什么颜色的**帽子**都有卖的，就是没有绿色的**帽子**卖。你不相信吗？下次你去中国的时候，一定去商店问一下服务员，告诉她们说你要买绿色的**帽子**。她们一定会笑着回答说“没有！”不知道的人会觉得很奇怪。其实一点儿也不奇怪，谁也不愿意看到自己的妻子**和**别的男人**好**，是吧？

4．黄色

黄色在中国是**皇帝**用的颜色。以前，不是**皇帝**家的人是不能穿黄色的衣服的。但是，黄色在今天的汉语中还有别的意思。

“这笔**生意**黄了。”“去上海旅游的事黄了。”表示“不行了。”大家一定要注意，这些颜色的字，像“黄”、“白”**被**用作一个人的姓的时候，也就没有这些意思了。像“黄老师”，你就不能认为是不行的老师。你如果这么说，黄老师一定会生气的。

Verständnistest

请看下面的句子对不对。你想知道你做得怎么样，请看第 228 页。

1. 有些颜色在不同的国家表示不同的意思。 ( )
2. 中国人最喜欢黄色，因为黄色是皇帝的颜色。 ( )
3. 中国人只喜欢红色，所以包礼物用的纸一定要用红色。 ( )
4. 在汉语中表示颜色的字有时还有其他的意思。 ( )

5. 现在的中国年轻人只喜欢穿白色的长裙子。她们觉得白色的长裙子比红色的衣服漂亮一些。 （ ）
6. 中国的商店没有绿色的帽子卖，因为中国人不喜欢绿色。 （ ）
7. 服务员会笑一个要买绿色帽子的人，因为她们知道绿帽子的意思不好。想买这种颜色帽子的人一定不知道这个意思。 （ ）
8. 表示每种颜色的字都可以被用做一个人的姓。 （ ）
9. 这种表示颜色的字只有“红色”没有别的意思。 （ ）
10. “红包”就是用红色纸包着钱送给别人。这个用红纸做的小包就叫“红包”。 （ ）

Chinesen und Farben

Angenommen, man wollte einem chinesischen Freund ein Geschenk machen. Welche Farbe sollte man für die Papierverpackung auswählen? Weiß oder Rot?

Obwohl Menschen oft das gleiche Empfinden gegenüber Farben haben, stehen Farben aber auch in einer sehr wichtigen Beziehung zu der Kultur eines Landes. Eine Farbe bedeutet in einem Land vielleicht etwas Wunderschönes, kann aber in einem anderen Land schon nicht diese Bedeutung haben. Deswegen sollten wir, bevor wir uns entscheiden, uns zuerst über die kulturellen Unterschiede informieren.

1. Rot

Rot ist die Lieblingsfarbe sehr vieler Chinesen. Sie bedeutet „Freude und große Schönheit“. Wenn man heiratet, ist die Frau von innen bis außen ganz in rote Gewänder gehüllt. Im neuen Zuhause gibt es viele rote Dinge: rote Freudenzeichen oder Glücksbonbons in roten Papierverpackungen. Die Geschenke, die die Gäste schenken, sind auch alle in rotes Papier gepackt. Wenn jemand Geld schenkt, benutzt er auch rote Papiertaschen, die deshalb „rote Beutel“ heißen. An Feiertagen, besonders zum Frühlingsfest oder bei der Neueröffnung einer Firma, benutzt man allerseits auch die Farbe „Rot“, um beste Wünsche auszudrücken.

Im Chinesischen hat „Rot“ eine besondere Bedeutung. „Jemand ist rot geworden“ oder „ein großer roter Mensch“. Hier hat „rot“ die Bedeutung von „berühmt“.

Im Satz „das Geschäft ist rotes Feuer“ bedeutet „rot“ „außerordentlich gut“.

Jetzt ist vermutlich bekannt, welche Geschenkpapierfarbe man für das Geschenk auswählen sollte, das man gekauft hat? Selbstverständlich heißt das nicht, ein Geschenk darf nur in rotes Geschenkpapier gepackt werden. Verschiedene Menschen haben auch verschiedene Lieblingsfarben.

2. Schwarz und Weiß

Normalerweise mögen Chinesen nicht so gerne Schwarz und Weiß. Besonders hoffen sie nicht, die beiden Farben gleichzeitig zu sehen. Wenn jemand diese Welt verlassen hat, auch sterben genannt, tragen die Menschen alle schwarze Kleidung. Einige tragen zusätzlich kleine weiße Blumen. So drücken sie ihre besondere Trauer aus.

„Schwarz“ hat zusätzlich die Bedeutung von „sehr schlecht“ und „nicht gut“. „Sein Herz ist sehr schwarz“ bedeutet, dass das Herz eines Menschen schlecht ist. Im Begriff „Geld auf dem Heishi“ bedeutet „Heishi“ „Schwarzmarkt“.

Jetzt jedoch mögen es junge Chinesinnen, wenn sie heiraten, neben roter Kleidung auch gleich wie Westlerinnen weiße Röcke anzuziehen. Sie empfinden die weißen langen Röcke als unglaublich hübsch.

3. Grün

Grün ist die Farbe der Bäume und Wiesen. Chinesen trinken auch sehr gerne grünen Tee. Wenn man in einem Wörterbuch kurz mal Wörter nachschlägt, die das Zeichen „Grün“ beinhalten, kann man entdecken, dass deren Bedeutung im Chinesischen eigentlich nicht so gut ist.

„Sein Gesicht ist grün geworden“ bedeutet „er ärgert sich sehr“.

„Grüner Hut“ bedeutet, die eigene Ehefrau hat eine Beziehung mit einem anderen Mann. Deswegen verkauft man in Läden Hüte in allen möglichen Farben, nur keine in grün. Glauben Sie das nicht? Das nächste Mal, wenn Sie nach China fahren, gehen Sie unbedingt in einen Laden, fragen die Verkäuferinnen und sagen ihnen, dass Sie einen grünen Hut kaufen möchten. Sie werden sicherlich lächelnd antworten: „Haben wir nicht!“ Jemand, der unwissend ist, könnte das sehr komisch finden. Es ist eigentlich überhaupt nicht merkwürdig. Denn wer möchte entdecken, dass die eigene Frau eine Beziehung mit einem anderen Mann hat, oder?

4. Gelb

Gelb war in China die Farbe, die der Kaiser verwendete. Deshalb durften Leute, die nicht der kaiserlichen Familie entstammten, nicht gelbe Kleidung anziehen. Aber heute hat Gelb im Chinesischen noch andere Bedeutungen.

Die Ausdrücke „dieses Geschäft ist gelb geworden“ oder „die Reise nach Shanghai ist gelb geworden“ bedeuten: „Es geht nicht.“ Man muss allerdings aufpassen. Wenn die Schriftzeichen „Gelb“ oder „Weiß“ als Familiennamen verwendet werden, haben sie keine besondere Bedeutung. So wie bei dem Begriff „Lehrer Huang“. Man sollte also nicht denken, er sei ein schlechter Lehrer. Wenn man das so sagen würde, würde es den Lehrer Huang bestimmt ärgern.

Lösung Verständnistest

（1）对，（2）错，（3）错，（4）对，（5）错，（6）错，（7）对，（8）错，（9）错，（10）对

27 新车和旧车

Vokabeln

旧	jiù	alt, gebraucht (sein)	*Adjektiv*
旧汽车很便宜。		Ein gebrauchtes Auto ist sehr preiswert.	
旧的东西也还能用。		Alte Sachen kann man auch noch benutzen.	
辆	liàng	ZEW für Fahrzeuge	*ZEW*
一辆汽车，一辆火车		ein Auto, ein Zug	
这辆汽车很新。		Dieses Auto ist sehr neu.	
差	chà	fehlen	*Verb*
我们差一本菜单。		Uns fehlt eine Speisekarte.	
那张桌子差一个杯子。		An jenem Tisch fehlt eine Tasse.	
刻	kè	Viertelstunde	*Substantiv*
一刻，三刻		eine Viertelstunde, drei Viertelstunden	
一刻钟		eine Viertelstunde lang	
两点一刻		Viertel nach zwei	
两点差一刻，差一刻两点		Viertel vor zwei	
久	jiǔ	lange Zeit	*Adverb / Adjektiv*
好久不见！		Lange Zeit nicht mehr gesehen!	
对不起，让您久等了。		Entschuldigung, dass ich Sie habe lange warten lassen.	
菜单	càidān	Menü, Speisekarte	*Substantiv*
一本菜单		eine Speisekarte	
你们看了菜单（了）没有？		Habt ihr das Menü gelesen?	

2-45
2-46

小姐，请把菜单拿来！	Fräulein, bitte bringen Sie die Speisekarte!

点	diǎn	bestellen (*im Restaurant*)	*Verb*
点菜，点了菜		Essen bestellen, Essen bestellt haben	
你们想点什么吃的？		Was wollen Sie zum Essen bestellen?	
你已经点了吗？		Hast du schon bestellt?	

果汁	guǒzhī	Saft	*Substantiv*
一杯果汁		ein Glas Saft	
我儿子很喜欢喝果汁。		Mein Sohn mag es sehr, Saft zu trinken.	

面条	miàntiáo	Nudel, Nudeln	*Substantiv*
一根面条，一碗面条		eine Nudel, eine Schüssel Nudeln	
孩子爱吃面条。		Kinder lieben es, Nudeln zu essen.	
面		Kurzform von „面条“	
每次来，他都要吃一碗鸡蛋面。		Jedes Mal, wenn er herkommt, will er eine Schüssel Eiernudeln essen.	

角	jiǎo	Ecke; 1/10 Yuan	*Substantiv / ZEW*
小心，桌子的角！		Vorsicht, die Tischecke!	
一公斤要两元五角。		Ein Kilogramm kostet 2 Yuan 50.	
一角就是十分*)钱。		Ein Jiao ist zehn Fen.	*) 1/100 元

买单	mǎi dān	(be)zahlen (*im Restaurant*)	*Verb + Substantiv*
买了单		bezahlt haben	
我来买单。		Ich bezahle.	
小姐，买单！		Fräulein, ich will zahlen!	

请	**qǐng**	**einladen**	*Verb*
请客		Gäste einladen	
我请你们吃蛋糕。		Ich lade euch zum Kuchenessen ein.	
花	**huā**	**kosten, aufwenden**	*Verb*
花了，花了很多钱		gekostet haben, viel Geld gekostet haben	
花了很多时间		viel Zeit aufgewendet haben	
买这辆车要花很多钱。		Dieses Auto zu kaufen, wird viel Geld kosten.	
刚才	**gāngcái**	**vor kurzem, kürzlich**	*Adverb / Substantiv*
刚才，左经理还在这里。		Vor kurzem war Manager Zuo noch hier.	
你刚才怎么不告诉我？		Warum hast du mir vor kurzem nicht Bescheid gesagt?	
他把刚才的事忘了。		Er hat die kürzliche Angelegenheit vergessen.	
根据	**gēnjù**	**nach, gemäß**	*Präposition*
根据你的意思，他不要吃药吗？		Deiner Meinung nach braucht er keine Medizin zu nehmen?	
根据他的水平，他一定能完成这个工作。		Gemäß seines Skilllevels kann er bestimmt diese Arbeit ausführen.	

Grammatik und Worterklärungen

Es gibt die Möglichkeit, eine Frage durch eine Verneinungsform zu formulieren. In der Zeitform der Gegenwart und Zukunft wird diese gebildet, indem ein Verb und seine verneinte Form hintereinander gestellt werden (Regel: Verb + verneintes Verb). In der Zeitform der Vergangenheit wird ein „**没有**“ an den Satz angehängt (Regel: Satz + **没有**). Die Bedeutungen einer 吗-Frage und einer Frage in der Verneinungsform sind gleich.

Eine Übersicht gibt die folgende Tabelle:

	Zukunft oder Gegenwart	Vergangenheit	Situationswechsel
吗-Frage	你吃饭**吗**？	你吃**了**饭**吗**？	你吃饭**了吗**？
Verneinungsform	你吃**不吃**饭？	你吃**了**饭**没有**？	你吃饭**了没有**？

点…刻

Zur Angabe von Viertelstunden in einer Uhrzeit werden „**一刻**" oder „**三刻**" an die volle Stunde angehängt.

三点**一刻**	3 Uhr 15 *oder* viertel nach drei
三点**三刻**	3 Uhr 45 *oder* dreiviertel vier

一刻钟

Um die Zeitdauer einer Viertelstunde auszudrücken, wird im Chinesischen der Ausdruck „**一刻钟**" (yí kè zhōng) verwendet.

我等她等了**一刻钟**。	Ich habe eine Viertelstunde auf sie gewartet.
坐公共汽车去公司只要**一刻钟**。	Mit dem Bus benötigt man nur eine Viertelstunde zur Firma.

差

Das Verb „**差**" (chà) bedeutet „fehlen". Es kann bei der Beschreibung einer Uhrzeit verwendet werden, um die noch fehlende Zeit bis zur nächsten vollen Stunde anzugeben. Die Differenz kann vor oder hinter der vollen Stundenangabe stehen.

三点**差**一刻 *oder* **差**一刻三点	Viertel vor drei
七点**差**五分 *oder* **差**五分七点	fünf Minuten vor sieben

元角分

Die chinesische Währung ist in „**元**" (yuán), „**角**" (jiăo) und „**分**" (fēn) eingeteilt:

1 **元** = 10 **角** = 100 **分**

1.35 ¥	一**元**三**角**五 oder 一**元**三**角**五**分**
10.99 ¥	十**元**九**角**九 oder 十**元**九**角**九**分**

Die einzelnen Einheiten haben in der Umgangssprache auch weitere Begriffe. Für „**元**" ist auch „**块**" (kuài) gebräuchlich, für „**角**" auch „**毛**" (máo). „**分**" wird oft nicht gesprochen. Anbei zwei Beispiele für deren Aussprache:

1.35 ¥	一**块**三**毛**五 oder 一**块**三**毛**五**分**
10.99 ¥	十**块**九**毛**九 oder 十**块**九**毛**九**分**

旧

Das Adjektiv „**旧**" (jiù) heißt „alt (sein)" oder „gebraucht (sein)". Es bezieht sich generell nur auf Sachen und nicht auf Lebenwesen! Es drückt aus, dass etwas nicht mehr neuwertig ist. Das Gegenteil von „**旧**" ist „**新**" (xīn).

这是一件**旧**衣服。	Das ist ein gebrauchtes Kleidungsstück.

老

Das Adjektiv „**老**" (lǎo) bedeutet „alt (sein)". Es bezieht sich auf das Alter eines Menschen oder Lebewesens. Das Gegenteil von „**老**" ist bei Menschen „**年轻**" (niánqīng), bei Früchten und Gemüse beispielsweise „**新鲜**" (xīnxiān) für „frisch", siehe nächste Lektion.

这个**老**人不喜欢开旧车。	Dieser alte Mensch mag es nicht gerne, alte Autos zu fahren.

Hinweis: „**老**" kann auch im Einzelfall „ehemalig" oder „schon lange Zeit vorhanden" bedeuten.

她是我的**老**同学。	Sie ist eine ehemalige Mitschülerin.

新车和旧车

2-47
2-48

小夏和小高是好朋友。他们以前在同一所大学学习，现在在不同的公司工作。他们工作的两家公司很近。但是因为他们两家住的地方有一点儿远，所以，小夏和小高也有一段时间没有见面了。小夏去年结了婚，而且买了车。小高和他的女朋友打算今年结婚，也打算在结婚以前买一**辆**新车。小高打电话请小夏中午出来见一见面，主要想问一问买车的事。

他们上班的地方不远。所以他们中午可以一起一边吃中饭，一边说话。现在是十二点**差一刻**。他们现在在一家饭馆。

小高说：“小夏，好**久**不见，最近怎么样？”

“忙！除了忙，还是忙！”小夏回答。

这时，服务员小姐走过来，问他们看完**菜单**了没有，想**点**一些什么吃的。“请问，两位想吃一点儿什么？我们这里的**面条**很好吃。”服务员问。

“我来一碗**面条**，一碗牛肉**面**，一杯**果汁**。”小夏回答。

小高说：“我想吃一碗羊肉**面**，请来一杯啤酒。”

“好！”服务员小姐说：“一共三十七块五**角**。请先在那儿付钱。”

小夏正准备站起来去**买单**，小高马上站起来对小夏说：“小夏，今天我**请**你！我来**买单**。”

小夏说：“那怎么行！你还需要钱结婚。”

小高说：“不**差**那一点儿！坐着，坐着，我来！”

小高付了钱。不一会儿，服务员送来了他们**点**的**面条**，还有**果汁**和啤酒。小高一边吃，一边问小夏：“你对你买的那**辆**车满不满意？”

“不错。不过现在买可能会更便宜。”

“你买你那**辆**车的时候，**花**了多少钱？”

“二十五万。”

“真贵啊！”

“其实不用买新车，买二手车可以便宜两三万呢！”

“可是，不知道我女朋友会不会同意。今年要结婚，又要买车，要用钱的地方太多了。如果买一**辆**二手车，她会说，你看别人都买新车，我们买一**辆旧**车回来。别人要问，她一定觉得难过的。”

“不要和别人比。人和人不一样，有多少钱，就**花**多少钱。你说，是吗？”

小高喝了一口他的**果汁**，突然问：“你**刚才**说什么？买二手车可以便宜上万，真是这样吗？”

“是啊！二手车又不是老车。有的人有钱，总想开新车，一**辆**车没有开一年，又想换新的。他们就把只开了一年多的车卖了。其实，我认为这些二手车和新车**差**不多。”

“你说的也是。我们年轻人没有那么多钱又买车又买房。**根据**你的意思，这些二手车其实也很新，是吗？”

“你要去找。有时候能遇到又便宜又好的二手车呢。我也帮你注意一下。我把上次卖车的那个人的电话告诉你，你先去那儿看一看吧！就说是我介绍的。我为了买车，经常去他那儿。他都认识我了。”

“太谢谢你了！”

Verständnistest

请看下面的句子对不对。你想知道你做得怎么样，请看第 238 页。

1. 小夏和小高是好朋友。他们住的地方很近，工作的地方也很近。（ ）
2. 小高给小夏打电话，主要问了一些关于买车的事。（ ）
3. 他们两个人都点了一碗面。（ ）
4. 小高需要钱结婚，所以小夏愿意为他们的中饭买单。（ ）
5. 小夏买的车现在买会更便宜一些。（ ）
6. 小高担心，如果他买了二手车，女朋友会不高兴。（ ）

7. 根据小夏的意思，二手车不都是很旧，很不好的车。 ( )
8. 为了能买到好的二手车，人们要花时间去找，要请朋友吃饭。 ( )
9. 小夏告诉小高以前他买车的地方的电话，是想帮助那个人多卖一辆车。 ( )
10. 没有买车以前，小夏和那个卖车的人就已经是好朋友了。 ( )

Neu- und Gebrauchtwagen

Xiao Xia und Xiao Gao sind gute Freunde. Früher hatten sie an der gleichen Universität studiert. Jetzt arbeiten sie bei unterschiedlichen Firmen. Die beiden Firmen, in denen sie arbeiten, sind sehr nahe beieinander gelegen. Aber weil die beiden Orte, an denen sie wohnen, ein bisschen weit voneinander entfernt sind, deshalb haben sich Xiao Xia und Xiao Gao schon lange Zeit nicht mehr gesehen. Xiao Xia hat im letzten Jahr geheiratet und ein Auto gekauft. Xiao Gao und seine Freundin planen, dieses Jahr zu heiraten. Bevor sie heiraten, planen sie auch, ein neues Auto zu kaufen. Xiao Gao hat Xiao Xia angerufen und ihn gebeten, mittags ein bisschen nach draußen zu kommen, um sich zu treffen und um ihn im Wesentlichen über Autokäufe zu fragen.

Da ihre Arbeitsplätze nicht weit voneinander entfernt sind, deshalb können sie mittags gemeinsam Mittag essen und sich dabei unterhalten. Jetzt ist es Viertel vor zwölf Uhr. Sie sind jetzt in einem Restaurant.

Xiao Gao sagt: „Xiao Xia, lange Zeit nicht mehr gesehen. Wie geht es dir in der letzten Zeit so?“

„Beschäftigt! Ich habe über beide Ohren zu tun!“, antwortet Xiao Xia.

In diesem Moment kommt eine Bedienung herübergelaufen und fragt, ob sie die Speisekarte schon fertig angeschaut hätten und welches Essen sie bestellen möchten. „Darf ich fragen, möchten die beiden Herren etwas essen?“, fragt die Bedienung. „Unsere Nudeln hier schmecken sehr gut.“

„Ich nehme eine Schüssel Nudeln, also eine Schüssel Rindfleischnudeln, und ein Glas Saft“, antwortet Xiao Xia.

Xiao Gao sagt: „Ich möchte gerne eine Schüssel Lammfleischnudeln essen. Und bringen Sie bitte ein Glas Bier."

„Jawohl!", sagt die Kellnerin. „Das macht zusammen 37 Kuai 5 Jiao. Bitte zahlen Sie zuerst dort."

Xiao Xia setzt gerade an, aufzustehen und zu bezahlen, als Xiao Gao sofort aufsteht und zu Xiao Xia sagt: „Xiao Xia, heute lade ich dich ein! Ich bezahle."

Xiao Xia sagt: „Wie geht das! Du brauchst noch Geld für die Heirat."

Xiao Gao: „Das macht keinen Unterschied! Bleib sitzen, bleib sitzen, ich übernehme das!"

Xiao Gao hat bezahlt und nicht lange darauf bringt die Kellnerin ihre bestellten Nudeln und auch noch den Saft und das Bier. Während des Essens fragt Xiao Gao Xiao Xia: „Bist du zufrieden mit dem Auto, das du gekauft hattest?"

„Nicht schlecht. Jedoch, wenn ich es jetzt kaufen würde, dürfte es billiger sein."

„Zu der Zeit, als du das Auto gekauft hattest, wie viel Geld hattest du aufgewendet?"

„250.000."

„Ah, echt teuer!"

„Eigentlich braucht man kein neues Auto zu kaufen. Denn ein Auto aus zweiter Hand zu kaufen, kann 20.000 bis 30.000 Yuan billiger sein!"

„Aber ich weiß nicht, ob meine Freundin der gleichen Meinung ist. Wir wollen dieses Jahr heiraten und ein Auto kaufen. Es gibt zu viele Stellen, an denen wir Geld ausgeben müssen. Wenn wir einen Wagen aus zweiter Hand kaufen, könnte es sein, dass sie sagt: ‚Schau mal, alle anderen Leute kaufen ein neues Auto. Und wir kommen mit einem Gebrauchtwagen zurück.' Wenn jemand nachfragt, fühlt sie sich bestimmt nicht gut."

„Man soll sich nicht mit anderen Leuten vergleichen. Es ist unterschiedlich, wie viel Geld jemand besitzt oder wie viel jemand aufwendet. Sag mal, stimmt's?"

Xiao Gao trinkt ein Schluck von seinem Saft und fragt plötzlich: „Was hast du gerade gesagt? Ist es wirklich so, dass es über zehntausend Yuan günstiger sein kann, einen Gebrauchtwagen zu kaufen?"

„Genau! Ein Gebrauchtwagen ist nicht gleich ein altes Auto. Es gibt Leute, die Geld haben und stets ein neues Auto fahren möchten. Sie haben ein Auto nicht ein Jahr lang gefahren und möchten es schon gegen ein neues tauschen. Das Auto, das sie nur knapp ein Jahr lang gefahren haben, verkaufen sie schon wieder. Meiner Meinung nach ist zwischen diesen Gebrauchtwagen und einem Neuwagen eigentlich kein großer Unterschied.

„Was du sagst, stimmt auch. Wir jungen Leute haben nicht so viel Geld, um ein Auto und eine Wohnung zu kaufen. Deiner Meinung nach sind diese Gebrauchtwagen tatsächlich auch sehr neu, oder?“

„Du musst auf die Suche gehen. Denn manchmal kann man einem günstigen und guten Gebrauchtwagen begegnen. Ich kann dir auch helfen, ein bisschen acht zu geben. Ich gebe dir die Telefonnummer desjenigen, von dem ich das letzte Mal ein Auto gekauft habe. Geh doch zuerst mal dorthin und schau dich um! Du sagst gleich, ich hätte dich vorgestellt. Ich bin oftmals zu ihm hingegangen, um ein Auto zu kaufen. Er kennt mich schon.“

„Herzlichen Dank!“

Lösung Verständnistest

（1）错，（2）错，（3）对，（4）对，（5）对，（6）对，（7）对，（8）错，（9）错，（10）错

28 黄山旅游

Vokabeln

2-49
2-50

中部	zhōngbù	Mitte	*Substantiv*
这个城市的中部是一个公园。		In der Mitte der Stadt ist ein Park.	
去公园的中部怎么走？		Wie geht man zur Mitte des Parks?	
黄山在中国的中部。		Die Gelben Berge liegen in der Mitte Chinas.	

季节	jìjié	Jahreszeit	*Substantiv*
一个季节，四个季节		eine Jahreszeit, vier Jahreszeiten	
一年有四个季节。		Ein Jahr hat vier Jahreszeiten.	
四个季节中我最喜欢夏天。		Von allen vier Jahreszeiten mag ich den Sommer am meisten	
四季		die vier Jahreszeiten	
那里现在是什么季节？		Was für eine Jahreszeit ist jetzt dort?	

空气	kōngqì	Luft	*Substantiv*
冬天的空气很冷。		Die Luft im Winter ist sehr kalt.	

新鲜	xīnxiān	frisch (sein)	*Adjektiv*
记住只买新鲜的鱼！		Bitte merken, nur frischen Fisch zu kaufen!	
城市外的空气很新鲜。		Die Luft außerhalb der Städte ist sehr frisch.	

脚	jiǎo	Fuß	*Substantiv*
一只脚，两只脚（只, zhī）		ein Fuß, zwei Füße	
人有两只脚，左脚和右脚。		Menschen haben zwei Füße, einen linken Fuß und einen rechten Fuß.	
山脚下		am Fuß des Berges	

松树	sōngshù	Kiefer	*Substantiv*
一棵松树 （棵, kē）		eine Kiefer	
黄山的松树很漂亮。		Die Kiefern in den Gelben Bergen sind sehr schön.	

棵	kē	ZEW für Bäume	*ZEW*
这棵松树很有名。		Diese Kiefer ist sehr bekannt.	
那是一棵苹果树。		Jenes ist ein Apfelbaum.	

月亮	yuèliang	Mond	*Substantiv*
一个月亮，天上的月亮		ein Mond, der Mond am Himmel	
今晚的月亮像盘子一样大。		Der Mond an diesem Abend ist so groß wie ein Teller.	

秋天	qiūtiān	Herbst	*Substantiv*
秋天来了，空气就变冷了。		Kommt der Herbst, wird die Luft gleich kalt.	
中秋节		Mondfest (wörtlich: Mittherbstfest)	
8月15是中秋节。		Am 15. im achten Monat (chin. Mondkalender) ist das Mondfest.	
中秋节的时候，月亮最亮。		Zur Zeit des Mondfestes ist der Mond am hellsten.	

冬天	dōngtiān	Winter	*Substantiv*
中国北方的冬天特别冷。		Der Winter ist im Norden Chinas schrecklich kalt.	
德国的冬天下雪。		In Deutschland schneit es im Winter.	
春夏秋冬四季都很美。		Frühling, Sommer, Herbst und Winter, die vier Jahreszeiten sind alle sehr schön.	

鞋	xié	Schuh	*Substantiv*
鞋子		Langform von „鞋“	
一只鞋，一双鞋		ein Schuh, ein Paar Schuhe	
运动鞋，旅游鞋，跑鞋		Sportschuhe, Reiseschuhe, Joggingschuhe	

穿鞋，穿鞋子	Schuhe anziehen
爬山的时候要穿舒服的鞋。	Wenn man bergwandert, sollte man bequeme Schuhe anziehen.

腿 tuǐ	Bein *Substantiv*
一条腿，两条腿	ein Bein, zwei Beine
左腿，右腿，大腿，小腿	linkes Bein, rechtes Bein, Oberschenkel, Unterschenkel
狗是四条腿的动物。	Hunde sind vierbeinige Tiere.
腿很疼，就休息一下。	Wenn die Beine weh tun, sollte man sich kurz mal ausruhen.

Grammatik und Worterklärungen

高高兴兴

Das Chinesische kennt die Möglichkeit, Adjektive durch eine Silbenverdopplung zu verändern. So wird z.B. aus „**高兴**" durch Verdopplung „**高高兴兴**" oder aus „**安静**" durch Verdopplung „**安安静静**". Diese verdoppelten Adjektive hören sich zum einen poetisch an. Zum anderen erfahren diese eine Intensivierung in dem Sinne von „很", „特别" oder „非常". Deshalb darf keine weitere Intensivierung wie beispielsweise „很", „特别", „非常"… vorangestellt werden.

Angewendet werden die verdoppelten Wörter als Adverb mit „**地**" oder als Adjektiv mit „**的**".

他**高高兴兴地**回家。	Er kehrt überaus glücklich nach Hause zurück.
他总是**认认真真地**写字。	Er schreibt Schriftzeichen stets sehr gewissenhaft.
她总是穿得**漂漂亮亮的**。	Sie zieht sich stets bildhübsch an.

Nicht alle Adjektive können in der AABB-Form verwendet werden. Anbei ein Überblick der bisher gelernten Adjektive, bei denen eine AABB-Form möglich ist:

高兴 ➡ 高高兴兴	快乐 ➡ 快快乐乐	清楚 ➡ 清清楚楚
认真 ➡ 认认真真	干净 ➡ 干干净净	漂亮 ➡ 漂漂亮亮
健康 ➡ 健健康康	明白 ➡ 明明白白	安静 ➡ 安安静静

像…一样

Der Ausdruck „**像… 一样**“ (xiàng… yíyàng) bedeutet „ähnlich sein wie…“.

鸟叫得**像**唱歌**一样**。	Das Rufen der Vögel klingt ähnlich wie Singen.

Hinter „**一样**“ kann zusätzlich ein weiterer Satzteil stehen, der das, was ähnlich ist, näher beschreibt.

鸟叫得**像**唱歌**一样**好听。	Das Rufen der Vögel hört sich so gut an wie Singen.

黄山旅游

2-51
2-52

黄山在中国的**中部**，是中国人喜欢旅游的地方。那里一年四**季**都是旅游的好**季节**。

春天，黄山慢慢变绿。山上的小鸟也都开始唱歌。山上的**空气**非常**新鲜**。人们站在高的地方，向远的方向看，蓝天白云下是绿色的山，山下还有小山。山**脚**下，小城市的街道上开着不同颜色的花，有红色的、黄色的、蓝色的、白色的，特别漂亮。

黄山特别有名的是它的**松树**。人们常说："黄山回来不看松。"也就是说，去了黄山以后，别的地方的**松树**就可以不用看了。夏天，山上没有山下热，所以，人们非常喜欢上山来旅游。黄山有一**棵**非常有名的**松树**，叫"迎客松"。远远看那**棵**树，它真像在那儿欢迎从远方来的客人一样，等着你。

秋天的黄山树的颜色更多。人们可以在山上看太阳从云海里出来。为了能看到太阳从云里出来，**月亮**还在天上的时候，很多人就起了床。住在山**脚**下的人起得更早，他们可能晚上就开始爬山了。

冬天的黄山是白雪的世界，云海和白雪在一起。住在山上的人们还以为他们到了天上呢。下雪的时候，山上山下，安安静静的。在云海里，看不到一个人，但可以听到人们**高高兴兴**说话的声音。

如果你想来黄山旅游，可以坐飞机、坐火车，也可以坐汽车来。中国有汽车的人越来越多。很多人喜欢自己开车出去旅游。在山**脚**下，宾馆前可以看到一辆又一辆的小汽车、旅游车。

在选宾馆的时候，大家一定要注意一下。如果想看日出，最好住在山上的宾馆。但是，山上的宾馆比较老一些，有些宾馆的东西也比较旧一些，也比山下的宾馆贵一些。但是，那里的服务也还是很不错的。

特别是在夏天，山上的天气变化很快，应该记住带上伞或者雨衣。爬山的时候一定要穿舒服的运动**鞋**。走路多了，**腿**很疼，一定要注意休息。那里的宾馆有的还有给客人提供热水洗**脚**的服务。

爬黄山需要买门票，一般要一百三十元一张。

Verständnistest

请看下面的句子对不对。你想知道你做得怎么样，请看第 245 页。

1. 黄山最有名的是它的云海和白雪。 ( )
2. 人们常说，“黄山回来不看松”。这句话表示黄山的松树太多了。 ( )
3. 在中国，只有在黄山的秋天人们才能看到云海。 ( )
4. 黄山有一棵非常有名的松树，它站在那里看着太阳出来。 ( )
5. 现在人们只能开车去黄山，所以宾馆前停了一辆又一辆的汽车。 ( )

6. 山上的宾馆虽然没有山下的便宜，而且也旧了一些，但是服务也还不错。 （ ）
7. 夏天人们喜欢去黄山旅游，主要因为山上没有山下热。 （ ）
8. 因为山上的宾馆又贵又旧，所以很少有人住在那里。 （ ）
9. 夏天爬山的时候，一定要带雨衣。 （ ）
10. 像中国的很多城市一样，黄山旅游只有秋季最好。 （ ）

Das Reisen in die Gelben Berge

Die „Gelben Berge“ befinden sich in der Mitte Chinas und sind ein Ort, an den die Chinesen gerne reisen. Alle vier Jahreszeiten eines Jahres sind dort eine gute Saison für Touristen.

Im Frühling werden die Gelben Berge langsam grün. Die kleinen Vögelchen in den Berghängen fangen an zu singen. Die Luft auf den Bergen ist außerordentlich frisch. Wenn man auf dem Berg steht und in die Weite blickt, sieht man unter dem blauen Himmel und den weißen Wolken grüne Berge. Unterhalb der Berge gibt es noch kleine Hügel. Am Fuß der Berge blühen verschiedenfarbige Blumen an den Straßen kleiner Städte: rote, gelbe, blaue und weiße. Alles ist sehr hübsch.

Die Gelben Berge sind besonders bekannt für ihre Kiefern. Man sagt oft: „Nach einer Rückkehr aus den Gelben Bergen schaut man keine Kiefern mehr an.“ Das bedeutet, nachdem man die Gelben Berge besucht hat, braucht man Kiefern an anderen Orten nicht mehr anzuschauen. Im Sommer ist es auf den Bergen nicht so heiß wie unten. Deshalb mögen die Menschen es gerne, in die Berge zu reisen. In den Gelben Bergen gibt es eine außerordentlich bekannte Kiefer, die „Gäste empfangende Kiefer“ heißt. Wenn man aus der Ferne auf diesen Baum schaut, sieht er wirklich so aus, als ob er aus der Ferne kommende Gäste willkommen heißt und auf einen wartet.

Im Herbst haben die Bäume der Gelben Berge verschiedene Farben. Die Menschen können auf dem Berg stehen und sehen, wie die Sonne durch das Wolkenmeer bricht. Um zu sehen, wie die Sonne aus den Wolken emporsteigt, stehen viele Menschen schon auf, wenn der Mond noch am Himmel steht. Menschen, die am Fuß des Berges wohnen, stehen noch früher auf. Vielleicht fangen sie schon an, am Abend auf den Berg zu steigen.

Im Winter sind die Gelben Berge eine Welt aus weißem Schnee. Das Wolkenmeer und der weiße Schnee verschmelzen ineinander. Die Menschen, die auf dem Berg wohnen, haben das Gefühl, im Himmel zu sein. Wenn es schneit, ist es auf den Bergen und an ihren Füßen unglaublich still. Man ist im Wolkenmeer, sieht nicht einen einzigen Menschen, kann aber die Stimmen ausgelassener Gespräche der Menschen hören.

Wenn man zu den Gelben Bergen fahren möchte, kann man mit dem Flugzeug, dem Zug oder dem Bus anreisen. Die Chinesen, die ein Auto haben, werden immer mehr. Sehr viele mögen es, selbst mit dem Auto Ausflüge zu machen. Am Fuß der Berge, vor den Hotels, sieht man einen PKW nach dem anderen und Reisebusse.

Wenn man ein Hotel aussucht, sollte man unbedingt etwas aufpassen. Wenn man den Sonnenaufgang sehen möchte, wohnt man am besten in einem Hotel auf dem Berg. Aber die Hotels im Gebirge, wie auch ihre Einrichtungen, sind verhältnismäßig älter und auch teurer als im Tal. Aber der Service dort ist auch nicht schlecht.

Besonders im Sommer ändert sich das Wetter auf den Bergen sehr schnell. Man sollte daran denken, einen Schirm oder eine Regenjacke mitzunehmen. Wenn man bergwandert, braucht man unbedingt bequeme Sportschuhe. Wenn man viel gelaufen ist und die Füße sehr weh tun, sollte man unbedingt beachten, eine Rast zu machen. In den Hotels dort wird auch noch der Service angeboten, Gästen mit warmem Wasser die Füße zu waschen.

Um auf die Gelben Berge zu steigen, benötigt man eine Eintrittskarte. Gewöhnlich kostet ein Ticket 130 Yuan.

Lösung Verständnistest

（1）错，（2）错，（3）错，（4）错，（5）错，（6）对，（7）对，（8）错，（9）对，（10）错

29 商场和超市

Vokabeln

2-53
2-54

商场	shāngchǎng	Kaufhaus	*Substantiv*
一家商场，两家商场		ein Kaufhaus, zwei Kaufhäuser	
商场是很大的商店。		Ein Kaufhaus ist ein sehr großer Laden.	
出现	**chūxiàn**	**erscheinen, entstehen**	*Verb*
出现了		entstanden sein	
街道上出现了很多超市。		An den Straßen sind sehr viele Supermärkte entstanden.	
汽车太老了，就会出现很多问题。		Wenn ein Auto zu alt ist, können viele Probleme auftreten.	
层	**céng**	**ZEW für Schichten oder Stockwerke**	*ZEW*
你看！蛋糕有五层。		Schau mal! Der Kuchen hat fünf Schichten.	
我们办公楼很高，有十五层。		Unser Bürohaus ist sehr hoch. Es hat 15 Stockwerke.	
楼	**lóu**	**Gebäude, Stockwerk**	*Substantiv*
一栋楼（栋, dòng）		ein Gebäude	
这栋楼很高。		Dieses Gebäude ist sehr groß.	
中国现在有很多高楼。		China hat jetzt sehr viele Hochhäuser.	
一楼，二楼，三楼，四楼		Erdgeschoss, 1. Stock, 2. Stock, 3. Stock	
衣服在二楼。		Kleidung ist im ersten Stock.	
两层楼，三层楼		zweistöckiges Gebäude, dreistöckiges Gebäude	
楼层高的房子		ein Haus mit hoher Stockwerkanzahl	
楼层低的房子		ein Haus mit niedriger Stockwerkanzahl	
我的办公室在这栋楼的三层。		Mein Büro ist im 2. Stock dieses Gebäudes.	

上楼，下楼		nach oben gehen, nach unten gehen (im Gebäude)	
画	**huà**	**Gemälde, Bild**	*Substantiv*
一幅画，两幅画 （幅, fú）		ein Gemälde, zwei Gemälde	
山水画		Landschaftsbild	
这幅山水画能卖多少钱？		Für wie viel Geld kann man dieses Landschaftsbild verkaufen?	
画	**huà**	**malen**	*Verb*
画画，画了画		ein Bild malen, ein Bild gemalt haben	
给月亮画黄色		den Mond in gelb malen	
他画了花鸟画。		Er hat ein Blumen- und Vogelbild gemalt.	
香水	**xiāngshuǐ**	**Parfüm**	*Substantiv*
这些香水是在机场买的。		Im Flughafen wurden diese Parfüms gekauft.	
我给我太太的生日礼物是香水。		Das Geburtstagsgeschenk für meine Frau ist Parfüm.	
香水在一楼。		Parfüm gibt es im Erdgeschoss.	
用品	**yòngpǐn**	**Artikel, Ware**	*Substantiv*
办公用品，生活用品		Bürobedarf, Artikel des täglichen Lebens	
文化用品，体育用品		Schreibwaren, Sportartikel	
厨房用品		Küchenartikel	
在这儿附近有卖体育用品的地方吗？		Gibt es hier in der Nähe einen Ort, der Sportartikel verkauft?	
等等	**děngděng**	**und so weiter; und weitere**	*Pronomen*
对面的超市卖水果、肉等等。		Der Supermarkt gegenüber verkauft Obst, Fleisch und so weiter.	
奶奶买了一些书，笔等等的东西。		Oma hat einige Bücher, Stifte und weitere Dinge gekauft.	

洗衣机 xǐyījī	Waschmaschine *Substantiv*
两台洗衣机 （台, tái）	zwei Waschmaschinen
用洗衣机洗衣服又快又好。	Es ist sowohl schnell als auch gut, mit einer Waschmaschine Wäsche zu waschen.

洗碗机 xǐwǎnjī	Geschirrspülmaschine *Substantiv*
这台洗碗机 （台, tái）	diese Geschirrspülmaschine
在中国，现在越来越多的人家有洗碗机了。	In China haben immer mehr Familien eine Geschirrspülmaschine.

家电 jiādiàn	Haushaltsgeräte (*Pluralwort*) *Substantiv*
这些家电	diese Haushaltsgeräte
家电在几楼卖?	In welchem Stock werden Haushaltsgeräte verkauft?
这家商店没有家电卖。	Dieser Laden führt keine Haushaltsgeräte.

电梯 diàntī	Aufzug *Substantiv*
一个电梯，两个电梯	ein Aufzug, zwei Aufzüge
坐电梯上去	mit dem Aufzug hoch fahren
坐电梯下去	mit dem Aufzug runter fahren
我们坐电梯吧!	Nehmen wir doch den Aufzug!

这么 zhème	so *Adverb*
你喝了这么多果汁!	Du hast so viel Saft getrunken!
你看，这么多汽车!	Schau mal, so viele Autos!

工作服 gōngzuòfú	Arbeitskleidung *Substantiv*
一件工作服	ein Satz Arbeitskleidung
这家搬家公司的人穿蓝色的工作服。	Die Angestellten dieser Umzugsfirma ziehen blaue Arbeitskleidung an.
司机的工作服是黑色的。	Die Arbeitskleidung des Fahrers ist schwarz.

短期	duǎnqī	kurzfristig	*Adjektiv*
这只是一个短期的工作。		Dies ist nur eine kurzfristige Arbeit.	
我们只要三个月的短期签证。		Wir benötigen nur ein dreimonatiges Kurzfristvisum.	

双	shuāng	ZEW für Paare	*ZEW*
一双手，一双鞋子，一双筷子		ein Paar Hände, ein Paar Schuhe, ein Paar Essstäbchen	
一双眼睛，一双腿		ein Paar Augen, ein Paar Beine	

Grammatik und Worterklärungen

什么都

Der Ausdruck „**什么都**" (shénme dōu) bedeutet „fast alles". Er steht vor dem Verb.

这家超市**什么都**卖。	Dieser Supermarkt verkauft fast alles.
他**什么都**吃，所以他很健康。	Er isst fast alles, deshalb ist er sehr gesund.

Um den Ausdruck zu verneinen, wird nicht der Ausdruck, sondern das Verb verneint. Die deutsche Übersetzung lautet dann „fast nichts".

他**什么都不**读。	Er liest fast nichts.
她**什么都不**吃，所以她很瘦。	Sie isst fast nichts, deshalb ist sie sehr mager.

„**什么都**" kann über ein Objekt näher beschreiben werden. In diesem Fall steht das Objekt zwischen „**什么**" und „**都**".

她**什么**动物**都**喜欢。	Sie mag fast alle Tiere.
这个孩子**什么**菜**都不**吃。	Das Kind isst fast kein Gemüse.

一楼

Chinesische Stockwerke sind von Eins beginnend durchnummeriert. Das Erdgeschoss ist also „一楼", der 1. Stock ist „二楼", der 2. Stock ist „三楼"…

Erdgeschoss	1. Stock	2. Stock	3. Stock	4. Stock	5. Stock
一楼	二楼	三楼	四楼	五楼	六楼

Hinweis: Es gibt Chinesen, die anstelle von „楼“ das Zähleinheitswort „层“ benutzen. Die Bedeutung ist die gleiche.

Erdgeschoss	1. Stock	2. Stock	3. Stock	4. Stock	5. Stock
一层	二层	三层	四层	五层	六层

商场和超市

2-55
2-56

二十多年前，中国还没有超市。那时的人们都只是在电影里看到过超市，知道在超市里可以自己去拿自己想买的东西。很多人都希望有一天自己也能和电影里的人一样，选择自己喜欢的东西。中国的变化非常快，像只用了一个晚上一样，大小城市里，街道上突然**出现**了很多超市。现在，在中国超市越来越多。人们也都习惯去超市买东西了。

超市**出现**以后，人们因为那里的东西便宜，都去那里买。去**商场**的人越来越少。为了也让人们到**商场**来买东西，**商场**也有了很大的变化。和超市一样，在**商场**，人们可以自己去看自己想买的东西，再也不要请人拿东西了。**商场**里卖的东西也比以前多了很多。

大**商场**一般有很多**层楼**。一般，一**楼**卖**香水**和女士**用品**，也有卖女士鞋帽的。二**楼**是卖女士衣服、裤子、裙子**等等**的东西。 三**楼**是卖男士衣服，有大衣、衬衫、帽子和鞋。四**楼**是卖孩子穿的和玩的东西。五**楼**卖生活**用品**，文化**用品**，像杯子、盘子、碗、铅笔、纸、**画等等**。六**楼**卖空调、**洗衣机**、**洗碗机**、冰箱、电视，还有很多其他的**家电**。

在最高一**层**，或者在最低一**层**，一般有很多小饭馆，可以在那里吃东西。那里也有很多桌子和椅子，人们可以坐在那里休息，非常舒服方便。

像**这么**大的**商场**都有**电梯**和洗手间。有的洗手间有人打扫，很干净，很漂亮，还放很好听的音乐，像五星级的宾馆一样。当然这样的**商场**卖的东西也比较贵一些。

你们听说过“**电梯**小姐”吗？也就是一个穿着漂亮**工作服**的服务员小姐站在**电梯**里为大家开**电梯**，告诉大家这里是几**楼**，卖什么东西，还用手表示**电梯**是向上还是向下走。一般都是年轻的女学生做这种**短期**工作。在这里买东西的环境比较好，比较安静。

商场的东西放得都很注意，不是简单地把东西放在一起就行了。他们会用灯照着他们要卖的东西，使东西变得非常漂亮。一**双**筷子和一个碗，放在**画**上，旁边还有一些红色的小花，让人一看就想买。

超市就不一样了。超市一般只有一到两**层**，人们把相同的东西放在一起就行了，这样方便人们找。那里卖米、面条、菜、肉、水果、果汁、牛奶、面包等；也卖穿的、玩的、用的，什么都卖。在这个地方买东西，一般比**商场**便宜，东西也比较新鲜。但是人比较多。他们有时候放音乐放很大的声音，耳朵都听疼了。

所以，为了买便宜的东西，我常常去超市。但是我会买了东西就走，不会在那里多看。因为在这种地方买东西，环境不很好，人也太多，空气又不新鲜，走着走着，头就会变大，耳朵就会疼。一般，超市附近也都有很多小饭馆。买东西买饿了，就去小饭馆里吃一点儿小东西。对了，这些吃的小东西，也叫小吃。吃饱了再回家，很方便。

Verständnistest

请看下面的句子对不对。你想知道你做得怎么样，请看第 254 页。

1. 二十多年前，中国人不知道世界上有超市这种东西。 （ ）
2. 中国人总是希望自己生活在电影里。 （ ）
3. 中国的超市是一个晚上就出现在街道上的。 （ ）
4. 有了超市以后，商场的生意就越来越差。所以他们也必须想办法，让人们来商场买东西。 （ ）
5. 电梯小姐一般都是年轻漂亮的小姐为大家服务。 （ ）
6. 商场用灯照着他们要卖的东西，主要是担心客人看不清楚。 （ ）
7. 超市的东西很多不很新鲜，所以人们喜欢去商场买。 （ ）
8. 超市买东西的环境不很好，空气不很新鲜。买东西的人就会头疼，耳朵听不清楚。 （ ）

Kaufhäuser und Supermärkte

Vor mehr als zwanzig Jahren gab es in China noch keine Supermärkte. Damals kannten die Menschen Supermärkte nur aus dem Film und wussten, dass man in einem Supermarkt selbst hingehen und die Sachen nehmen kann, die man selbst kaufen möchte. Viele Menschen hofften, eines Tages auch wie die Figuren im Film, das selbst aussuchen zu dürfen, was einem gefällt. China verändert sich außerordentlich schnell. Wie über Nacht entstanden in großen und kleinen Städten plötzlich sehr viele Supermärkte an den Straßen. Heutzutage gibt es immer mehr Supermärkte in China. Die Leute haben sich auch daran gewöhnt, in einen Supermarkt zum Einkaufen zu gehen.

Seit dem Entstehen der Supermärkte gehen die Leute alle dorthin, um einzukaufen, weil die Dinge dort billig sind. Die Leute, die ins Kaufhaus gehen, werden immer weniger. Um die Leute dazu zu bringen, ins Kaufhaus zu gehen und einzukaufen, haben sich die Kaufhäuser auch sehr stark gewandelt. Wie im Supermarkt kann man im Kaufhaus selbst die Waren anschauen, die man kaufen möchte. Man braucht auch keinen Verkäufer mehr zu bitten, einem die Sachen zu geben. In einem Kaufhaus gibt es auch viel mehr Sachen als früher zu kaufen.

Normalerweise hat ein großes Kaufhaus sehr viele Etagen. Im Erdgeschoss gibt es üblicherweise Parfüm und Damenartikel, aber auch Damenschuhe und -hüte. Im ersten Geschoss ist die Damenoberbekleidung: Hosen, Röcke und weitere Dinge. Im zweiten Stock befindet sich die Herrenbekleidung: Mäntel, Hemden, Hüte und Schuhe. In der dritten Etage gibt es Kindersachen und Spielzeug. Im vierten Stock gibt es Dinge des täglichen Lebens und Schreibwaren wie Tassen, Teller, Schüsseln, Bleistifte, Papier, Bilder und so weiter. In der fünften Etage werden Klimaanlagen, Waschmaschinen, Geschirrspülmaschinen, Kühlschränke, Fernseher und sehr viele andere Haushaltsgeräte verkauft.

Im höchsten und auch im untersten Stock gibt es normalerweise sehr viele Imbisse, wo man essen kann. Dort gibt es auch sehr viele Tische und Stühle, damit man sich ausruhen kann. Das ist außerordentlich bequem und praktisch.

In so einem großen Kaufhaus gibt es Aufzüge und Toiletten. Es gibt Toiletten mit Putzleuten – sehr sauber und sehr schön – in denen noch zusätzlich angenehme Musik abgespielt wird, wie in einem Fünfsterne-Hotel. Natürlich sind die Sachen in so einem Kaufhaus auch im Vergleich gesehen etwas teurer.

Schon von dem Begriff „Aufzugfräulein" gehört? Es ist eine Bedienung in schöner Arbeitskleidung, die im Aufzug steht und für jedermann den Aufzug bedient. Sie informiert die Kunden, welche Sachen hier in welchem Stockwerk verkauft werden. Sie zeigt mit der Hand, ob der Aufzug nach oben oder nach unten fährt. Meistens machen junge Studentinnen diese Art von Kurzzeitarbeit. In so einem Umfeld einzukaufen ist verhältnismäßig schön und ruhig.

Es muss sorgfältig bedacht sein, wie die Sachen alle im Kaufhaus ausgestellt werden. Es ist nicht einfach so, dass man die Sachen irgendwie gemeinsam hinstellen kann. Die Dinge, die verkauft werden sollen, werden mit Lampen ausgeleuchtet. Es lässt die Dinge außerordentlich hübsch erscheinen. Ein paar Essstäbchen und eine Schüssel auf ein Bild gestellt, daneben noch einige kleine rote Blumen, veranlassen einen Menschen, es anzuschauen und gleich kaufen zu wollen.

Beim Supermarkt ist es anders. Üblicherweise hat ein Supermarkt nur ein bis zwei Stockwerke. Man stellt gleiche Sachen zusammen hin und damit hat es sich auch. Auf diese Weise können die Kunden diese leicht finden. Dort werden Reis, Nudeln, Gemüse, Fleisch, Obst, Saft, Milch, Brot und weiteres verkauft. Auch Anziehsachen, Spielsachen, Haushaltswaren und was sich alles verkaufen lässt. An so einem

Ort einzukaufen ist normalerweise billiger als im Kaufhaus, die Sachen sind auch relativ frisch. Aber die Leute sind auch verhältnismäßig zahlreich. Es gibt Zeiten, da ist die Musik so laut aufgedreht, dass einem die Ohren weh tun.

Deshalb, wenn ich billige Dinge einkaufen möchte, gehe ich oft zum Supermarkt. Aber ich gehe nach dem Einkauf sofort weg und schaue dort nicht lange herum. Weil, an so einem Ort Dinge zu kaufen, keine sehr gute Atmosphäre bietet, auch sehr viele Menschen da sind, die Luft zusätzlich nicht frisch ist, man läuft und läuft, können einem schnell der Kopf schummerig werden und die Ohren weh tun. Normalerweise befinden sich auch in der Nähe eines Supermarktes viele kleine Imbisse. Hat man nach dem Einkaufen Hunger, kann man gleich zu einem Imbiss gehen und eine Kleinigkeit essen. Genau, diese kleinen Dinge zum Essen nennt man auch „kleines Essen". Satt gegessen, kehrt man wieder nach Hause zurück. Das ist sehr praktisch.

Lösung Verständnistest

（1）错，（2）错，（3）错，（4）对，（5）对，（6）错，（7）错，（8）对

30 “被”和“把”

Vokabeln

极	**jí**	**äußerst, extrem, höchst**	*Adverb* 2-57 2-58
好极了！		Super gut!	
你的办法聪明极了！		Deine Lösung ist äußerst schlau!	
她努力极了！		Sie ist extrem fleißig!	
她学得努力极了！		Sie lernt extrem fleißig!	
坏	**huài**	**kaputt, schlecht (sein)**	*Adjektiv*
坏的手机不要了。		Das kaputte Handy wird nicht mehr benötigt.	
我的电脑坏了。		Mein Computer ist kaputt.	
才买的照相机就坏了！		Der erst kürzlich gekaufte Fotoapparat ist schon kaputt gegangen!	
苹果坏了，不能吃。		Der Apfel ist schlecht geworden; man kann ihn nicht essen.	
这件事把我气坏了。		Diese Sache ärgert mich kaputt.	
容易	**róngyì**	**einfach (sein)**	*Adjektiv*
这是一个容易的问题。		Das ist eine einfache Frage.	
这个问题很容易。		Diese Frage ist sehr einfach.	
说起来容易，做起来难。		Einfach gesagt, aber schwer getan.	
容易	**róngyì**	**neigen, tendieren**	*Verb*
他是一个容易高兴的人。		Er ist ein Mensch, der dazu neigt, glücklich zu sein.	
这个人很容易生气。		Dieser Mensch tendiert schnell dazu, sich zu ärgern.	

课本	kèběn	Lehrbuch	*Substantiv*
一个课本，两个课本		ein Lehrbuch, zwei Lehrbücher	
开学的时候，他们买了新课本。		Als die Schule anfing, hatten sie neue Lehrbücher gekauft.	

眼镜	yǎnjìng	Brille	*Substantiv*
一副眼镜，两副眼镜 (副, fù)		eine Brille, zwei Brillen	
眼镜店		Brillenladen	
镜		Kurzform von „眼镜“	
太阳镜，游泳镜		Sonnenbrille, Schwimmbrille	
我把太阳镜忘在家里了。		Ich habe die Sonnenbrille zu Hause vergessen.	

主语	zhǔyǔ	Subjekt	*Substantiv*
一个主语		ein Subjekt	
一般，一个句子只有一个主语。		Normalerweise hat ein Satz nur ein Subjekt.	
“猫吃鱼”这个句子的主语是“猫”。		Der Satz „die Katze isst Fisch“ hat als Subjekt „Katze“.	

宾语	bīnyǔ	Objekt	*Substantiv*
一个宾语		ein Objekt	
“我们出去”这个句子没有宾语。		Der Satz „wir gehen nach draußen“ besitzt kein Objekt.	
“猫吃鱼”这个句子的宾语是“鱼”。		Der Satz „die Katze isst Fisch“ hat als Objekt „Fisch“.	

刷	shuā	bürsten, putzen (*mit Bürste*)	*Verb*
刷了		gebürstet haben	
她不喜欢刷鞋子。		Sie mag es nicht gerne, Schuhe zu putzen.	

刷牙 shuā yá	Zähne putzen *Verb + Substantiv*
刷了牙	Zähne geputzt haben
我们要每天早晚刷两次牙。	Wir sollten jeden Tag früh und abends zwei Mal die Zähne putzen.
你刷了牙没有？	Du hast die Zähne geputzt, oder?
经常不刷牙，牙就会疼。	Oft nicht die Zähne geputzt, können die Zähne schnell weh tun.

关 guān	schließen, ausschalten *Verb*
关了	geschlossen haben, ausgeschaltet haben
关门，关电脑	die Tür schließen, den Computer ausschalten
关了灯，关了电视	die Lampe ausgeschaltet haben, den Fernseher ausgeschaltet haben
商店现在已经关了门。	Der Laden hat jetzt schon geschlossen.
他关了电视，就去睡觉了。	Nachdem er den Fernseher ausgeschaltet hatte, ist er gleich Schlafen gegangen.

要求 yāoqiú	Anspruch *Substantiv*
一个要求，很多要求	ein Anspruch, viele Ansprüche
提*)要求 *) tí	einen Anspruch stellen
考试的要求，比赛的要求	Prüfungsanspruch, Wettkampfbedingungen
爸爸对我的要求很高。	Vater stellt an mich sehr hohe Ansprüche.

要求 yāoqiú	verlangen, fordern *Verb*
老师要求我们每天完成作业。	Der Lehrer verlangt von uns, dass wir jeden Tag die Hausaufgaben fertig machen.
我要求我儿子每天刷牙。	Ich verlange von meinem Sohn, jeden Tag die Zähne zu putzen.
医生要求病人每天吃这些药。	Der Arzt verlangt vom Patienten, jeden Tag diese Medikamente einzunehmen.

经过 jīngguò	vorbeigehen; durch *Verb / Präposition*
公共汽车不经过这里。	Der Bus fährt hier nicht vorbei.

他经过每天努力的学习，汉语水平有了很大的提高。	Er hat durch tägliches fleißiges Lernen den Chinesisch-Level sehr stark verbessert.

多么	duōme	was für, wie	*Adverb*
多么可爱啊！		Ah, wie niedlich!	
孩子多么可爱啊！		Ah, die Kinder sind so niedlich!	
多么可爱的孩子啊！		Ah, was für niedliche Kinder!	

Grammatik und Worterklärungen

极了

„**极**“ (jí) bedeutet „äußerst“, „extrem“ oder „höchst“ und beschreibt ein intensives Ausmaß. Es gibt zwei Möglichkeiten, „**极**“ zu benutzen.

Als Ausdruck „**极了**“ steht es als Ergänzung hinter einem Adjektiv, das es beschreibt. Als Abgrenzung zu „很“, „非常“ oder „太“ beschreibt „**极了**“ ein Ausmaß, das nicht mehr übertroffen werden kann.

她聪明**极了**。	Sie ist äußerst schlau.
他们学习汉语努力**极了**。	Sie lernen extrem fleißig Chinesisch.

Als „**极**“ alleine kann es als Adverb vor einem Adjektiv verwendet werden.

这是一个**极**聪明的办法。	Das ist eine extrem schlaue Methode.

多么

Das Adverb „**多么**“ (duōme) bedeutet „was für“ oder „wie“. Es beschreibt ein Adjektiv und steht vor diesem. Am Ende eines Satzes mit „**多么**“ steht oft „**啊**“.

多么可爱啊！	Ah, wie liebenswürdig!
这个孩子多么可爱啊！	Ah, wie süß ist das Kind!
多么可爱的孩子啊！	Ah, was für ein süßes Kind!

容易

Das Adjektiv „**容易**“ (róngyì) bedeutet „leicht (sein)“ oder „nicht schwer (sein)“. Es drückt dabei ein subjektives Gefühl aus.

这个问题很**容易**。	Diese Aufgabe ist sehr leicht.

„**容易**“ kann zusätzlich als Adverb verwendet werden, um ein Verb zu beschreiben.

这个问题很**容易**解决。	Diese Aufgabe lässt sich leicht lösen.
他的名字很**容易**记住。	Sein Name ist leicht zu merken.

„**容易**“ kann auch ein „leicht“ im Sinne eines Tendieren ausdrücken:

白衣服**很容**易脏。	Weiße Kleidung wird leicht schmutzig.
他很**容易**生气。	Er wird schnell ärgerlich.

Das Adjektiv „**简单**“ (jiǎndān) bedeutet auch „einfach (sein)“ oder „simpel (sein)“. Es trifft im Gegensatz zu „**容易**“ eine allgemeine objektive Aussage.

这个问题很**简单**。所以，我觉得很**容易**。	Diese Aufgabe ist einfach. Daher finde ich sie sehr leicht.

Im Einzelfall kann „**简单**“ auch „oberflächlich“ oder „nicht sorgfältig“ bedeuten.

不要**简单**地看问题。	Man sollte ein Problem nicht oberflächlich betrachten.

“被”和“把”

2-59
2-60

我发现我的学生可爱**极了**。几天前，我们学了“把”字句，可是每次上课，没有人敢用“把”字句说话。一般中国人说：“我把那双运动鞋洗干净了”。他们会说：“我洗干净了那双运动鞋。”这样说也没有错。我们也听得懂，但是，中国人不这么说。

现在我们的**课本**里又出现了“被”字句。但是，我想“被”字句要比“把”字句**容易**一些。下面是一些“被”字句：

他喝了果汁。“被”字句就是：果汁被他喝了。

他拿走了**眼镜**。“被”字句就是：**眼镜**被他拿走了。

在这里，**主语**放在“被”字的后面。**宾语**放在“被”字的前面。我想这一点不难学。现在的问题就是：“把”字句和“被”字句有什么不同呢？我们再来比较一下“把”字句和“被”字句。“被”字句几乎都能用“把”字句来说。

“我的铅笔被他借走了。”可以说：“他把我的铅笔借走了。”

“弟弟不爱**刷牙**。每次**刷牙**，妈妈都快被他气**坏**了。”可以说：“弟弟不爱**刷牙**。每次**刷牙**，他都快把妈妈气**坏**了。”

但是如果我们请别人做什么事的时候，“把”字句就不能用“被”字句来说：

你把车开到我家门口吧！

你把这个行李箱拿进房间吧！

请你把名字写在这里！

请你把冰箱的门**关**好！

请把电视的声音**关**小一点儿！

还有一点要注意：“把”字句里**要求**一定有**宾语**：“我把太阳**眼镜**忘在家里了。”“被”字句就不一定：“我的自行车被我弟弟骑**坏**了。”可以说：“我的自行车被骑**坏**了。”在这里，被哪一个人骑**坏**，就不重要了。

我希望**经过**上面的学习，大家对“把”字句和“被”字句能更了解，也希望大家能经常用这些句子。

我们班的同学**经过**努力学习，大家的汉语水平提高得很快。他们都说，会说汉语，而且会认汉字，是一件**多么**快乐的事啊！你们说，是吗？

Verständnistest

请用 “被” 字写下面的句子。你想知道你做得怎么样，请看第 263 页。

1. 小猫把桌子上的东西吃完了。
2. 他把我的伞借走了。
3. 李奶奶把眼镜忘在宾馆了。
4. 服务员把菜单拿走了。
5. 他把课本放在桌子上了。

请看下面的句子对不对。你想知道你做得怎么样，请看第 263 页。

6. 我发现我的学生可爱极了，因为他们喜欢在每个句子中用 “把” 字。 （ ）
7. “被” 字句应该比 “把” 字句容易一些。 （ ）
8. “把” 字句中的主语放在动词*)的后面。 （ ）
9. “弟弟不爱刷牙，把妈妈气坏了。” 这句话的意思也就是：“弟弟不爱刷牙，妈妈就把他的东西玩坏了。” （ ）
10. 我的学生不爱用 “把” 字句是因为他们觉得 “把” 字句很难，不习惯用这种句子。 （ ）

*) 动词 (dòngcí) = Verb

Die Partikel „bei“ und „ba“

Ich habe entdeckt, dass meine Schüler äußerst liebenswert sind. Vor ein paar Tagen haben wir Sätze mit „ba“ gelernt. Aber jedes Mal im Unterricht traut sich niemand, einen Satz mit „ba“ zu sagen. Normalerweise sagen die Chinesen: „Das Paar Sportschuhe habe ich sauber geputzt.“ Die Schüler würden sagen: „Ich habe jenes Paar

Sportschuhe sauber geputzt." Es so auszudrücken, ist nicht falsch. Wir verstehen es auch. Aber Chinesen sagen das nicht so.

Jetzt ist in unserem Lehrbuch noch zusätzlich eine neue Grammatik aufgeführt, nämlich Sätze mit „bei". Aber ich denke, BEI-Sätze sind um einiges einfacher als BA-Sätze. Nachfolgend stehen einige BEI-Sätze:

- Er trank den Saft. Als Satz mit „bei": Der Saft wurde von ihm getrunken.
- Er nahm die Brille weg. Als Satz mit „bei": Die Brille wurde von ihm weggenommen.

Hier steht das Subjekt hinter dem „bei". Das Objekt steht vor dem „bei".

Ich glaube, dieser Punkt ist nicht so schwer zu lernen. Jetzt ist noch die Frage, was der Unterschied zwischen BA- und BEI-Sätzen ist. Vergleichen wir noch einmal kurz die BA- und BEI-Sätze. Fast alle BEI-Sätze können durch einen BA-Satz ersetzt werden.

- Mein Bleistift wurde von ihm ausgeliehen. Man kann sagen: Er hat meinen Bleistift ausgeliehen.
- Der jüngere Bruder mag Zähneputzen nicht. Jedes Mal, wenn er Zähne putzt, wird Mama von ihm schnell zur Weißglut gebracht. Man kann sagen: Der jüngere Bruder mag es nicht, Zähne zu putzen. Jedes Mal beim Zähneputzen bringt er Mama schnell zur Weißglut.

Aber wenn wir andere bitten, etwas zu tun, dann kann ein BA-Satz nicht durch einen BEI-Satz ersetzt werden:

- Fahre doch das Auto bis zur Tür meines Hauses!
- Bitte bringe doch diesen Koffer in das Zimmer hinein!
- Bitte trage den Namen hier ein!
- Bitte verschließe die Kühlschranktür gut!
- Bitte drehe den Ton des Fernsehers ein bisschen kleiner!

Es gibt noch einen Punkt, bei dem man aufpassen muss: Ein BA-Satz verlangt unbedingt ein Objekt: Ich habe die Sonnenbrille zu Hause vergessen. Beim BEI-Satz ist das nicht unbedingt erforderlich: Mein Fahrrad wurde von meinem jüngeren Bruder kaputt gefahren. Kann man sagen: Mein Fahrrad wurde kaputt gefahren. Hier ist es nicht wichtig, von wem es kaputt gefahren wurde.

Ich hoffe, durch das, was wir oben gelernt haben, ist man über die BA- und BEI-Sätze besser informiert. Und ich hoffe auch, dass diese Sätze oft verwendet werden.

Die Mitschüler in unserer Klasse haben durch fleißiges Lernen ihr Chinesisch-Niveau sehr schnell erhöht. Sie alle sagen: Ach, was für eine schöne Sache es doch ist, Chinesisch sprechen zu können und Schriftzeichen zu kennen! Sagt doch, stimmt‘s?

Lösung Verständnistest

（1）桌子上的东西被小猫吃完了。（2）我的伞被他借走了。

（3）眼镜被李奶奶忘在宾馆了。（4）菜单被服务员拿走了。

（5）课本被他放在桌子上了。

（6）错，（7）对，（8）错，（9）错，（10）对

汉语的一些特点

我们现在已经读了很多中文小故事。在这本书快要结束的时候，我想给大家介绍一下汉语的一些**特点**[1]。可能大家在读这些故事的时候，也已经注意到了这几点。

1. 汉语词语中的新词

我上课的时候，有一些学生会经常问一些这样的问题：“老师，汉语有五千年的历史，是一个比较有历史的老**语言**[2]。我想知道，现在世界有很多变化，出现很多新的东西，像手机这些新东西，汉语怎么叫它们呢？”

这个问题问得很好。我们来看一看，像“手机”、“洗碗机”、“洗衣机”、“空调”、“电子邮件”这些词语在二十年前都是没有的。但是，中国人会根据一件事或者一种东西的**特点**，用已经有的字或者词语叫它们。所以，大家不用担心。汉语中的很多词语都是这样来的。我们现在来看一看下面的词语的意思：“眼药水”、“鲜花”、“花鸟画”、“成绩单”、“会议室”、“电子词典”这些词不用花很长时间去学，大家可能一看就会知道它们的意思。

但是有些新词像“零钱”、“本子”、“单子”、“读音”，虽然每一个字我们都学过，但是它们两个放在一起，就有了新的意思。这个新的意思大家就可能不知道了。这些词大家就必须认真地去学习，

---

[1] tèdiǎn, Eigenschaft
[2] yǔyán, Sprache

记住它们的意思。“零钱”就是“Kleingeld”、“本子”就是“Heft”、“单子”就是“Zettel”，“读音”就是“一个字读出来的声音”的意思。这要求我们记住每一个词的意思。

2. “儿”字从哪里来？

在我们准备考试的时候，经常要记新的词语。可是在考试的时候，有时候这些词后面突然出现了一个“儿”字，这时它们的意思有没有变化呢？“儿”字从哪里来？

其实这不是大家的错。北方人，特别是北京人，在说普通话的时候，特别喜欢在一些词的后面习惯地带上一个“儿”字。这样“花”就**成**[3]了“花儿”、“玩”就**成**了“玩儿”、“面条”就**成**了“面条儿”、“饭馆”就**成**了“饭馆儿”、“果汁”就**成**了“果汁儿”，或者“菜汁” 就**成**了“菜汁儿”。这是他们的**口语**[4]习惯。在汉语的普通话里，虽然有一些词可以在后面有“儿”字，但是这样的词不多。其实，在中国其他的地方，人们不这么说。大家一定会问，为什么在**生词表**[5]里没有，但在考试的时候会有这些“儿”字出现呢？那是因为写考试题的老师很多是北京人。

---

[3] chéng, (1) zu… werden, als… sein; (2) als (Suffix an einem Verb); 读成“白”, als „bai“ lesen
[4] kǒuyǔ, Umgangssprache, mündlich
[5] shēngcíbiǎo, Vokabelliste

3.“吗”字去哪里了？

在问一般问题的时候，我们应该用“吗”字。**比如**[6]：“你是他妈妈吗？”“你们准备好了吗？”我们有时候会听到别人问：“你是上海人？”这个句子里没有“吗”字。人们在**口语**[7]中，也可以不用“吗”，不把“吗”字说出来。这时句子的意思就有一点儿变化，一般表示问话的人有一点儿不很相信这是真的。

4. 一些字突然不见了

我们在以前的课文中学过，“看一看”、“一杯水”、“听一下”这样的词语。但是在**口语**中，这里的“一”字经常因为读得太快，声音太小，让人听不清楚、听不出来。慢慢地，人们写的时候，也就不写“一”这个字了。这样就有了：“我买了辆旧车”、“他先洗了下澡”、“我有点儿渴”。还有可能会出现：“应该多么好！”**成**了“该多好！”、“还没有决定”就**成**了“还没定”、“照相机”就**成**了“相机”、“你吃饭了没有？”就**成**了“你吃了没？”、“下个周末”就**成**了“下周末”。在**口语**中，经常把我妈妈说**成**“我妈”、“我哥哥”说**成**“我哥”、“我姐姐”说**成**“我姐”、“我妹妹”说**成**“我妹”、“我爸爸”说**成**“我爸”。在这里，听的时候一定要认真、小心。

---

6 bĭrú, zum Beispiel
7 kŏuyŭ, Umgangssprache, mündlich

5. 汉语的**惯用语**[8]

汉语中有很多习惯用的词语，我们叫**惯用语**，比如："太阳从西边出来了。"太阳一般从东边出来。太阳如果从西边出来了，不是很奇怪吗？大家再想一想："一个耳朵进，一个耳朵出"是什么意思呢？听的东西从一个耳朵进去，马上又从一个耳朵出去，表示听的人不认真听，也不会有行动。"更上一层楼"是什么意思呢？我们知道"上楼"的意思。"更上一层楼"不是就更高了吗？这里也就是表示"提高"的意思。

大家在学习中，慢慢了解汉语的一些**特点**，也就会觉得这个**语言**很有意思。我相信，大家经过上面的学习一定会知道，下面的句子是什么意思了吧！？

有借有还，再借不难。

笑一笑，十年少。

大家学到这里，参加汉语水平的三级考试应该没有问题了。如果有时间，大家应该开始多练习用中文写小故事，这样对提高汉语水平很有帮助。你们如果有什么好的想法，欢迎写信或者写电子邮件给我。我祝大家学习汉语越学越有兴趣，也祝大家考得好！我们下本书再见！

黄鹤飞（Huang Hefei）

[8] guànyòngyǔ, Redewendung

Vokabelverzeichnis – nach Lektionen

Hier findet sich eine alphabetische Liste der Vokabeln dieses Buches nach Lektionen sortiert. Zweck ist es, das Wiederholen lektionsweise ohne Pinyin zu ermöglichen. Das Pinyin und die Mustersätze können über die jeweilige Lektion nachgeschlagen werden.

L01

参加	an etw. teilnehmen
蛋糕	Kuchen
公园	Park
故事	Geschichte, Erzählung
几	ein paar
讲	erzählen
礼物	Geschenk
奶奶	Großmutter (Vater)
葡萄	Weintraube(n)
虽然	zwar, obwohl
爷爷	Großvater (Vater)
一点儿	ein bisschen
以后	später, danach, nachdem
游戏	(Unterhaltungs-) Spiel

L02

灯	Lampe
教	unterrichten, lehren
接	abholen, abnehmen
亮	hell
努力	fleißig, bemüht
认真	gewissenhaft, ernsthaft
上课	Unterricht geben/besuchen
洗手间	Toilette, WC
下课	Unterricht beenden
向…学习	von jemandem lernen
小的时候	in der Kindheit
有时候	manchmal
幼儿园	Kindergarten
总是	immer (wieder), stets
最后	letztendlich, zum Schluss

L03

帮忙	helfen
才	erst, erst eben
打扫	sauber machen
地方	Ort, Gegend
干净	sauber
了解	erkundigen, informieren
拿	nehmen, bringen
同事	Kollege
一边	während
一会儿	ein bisschen; kurze Weile
以前	früher, vorher
照片	Foto

L04

饱	satt
饿	hungrig
见面	sich treffen
经常	oft
渴	durstig
筷子	Essstäbchen
马上	sofort
舒服	angenehm
喂	füttern
一定	bestimmt, auf jeden Fall
用	verwenden, benutzen
愿意	gewillt sein
只	nur, bloß

L05

把	Betonungspartikel
办法	Methode, Lösung
大学	Universität
还是	trotzdem, immer noch, oder
借	leihen
借给	jemandem ausleihen
决定	entscheiden; Entscheidung
练习	üben; Übung
使	machen, bereiten
疼	weh, weh tun
头	Kopf
头疼	Kopfschmerzen haben
图书馆	Bibliothek
一直	immer, ununterbrochen
又	schon wieder, noch zusätzlich

L06

半	halb
带	mitbringen, mitnehmen
句子	Satz
绿	grün
骑	reiten, fahren (Fahrrad)
清楚	erkennen; deutlich
然后	dann
热情	herzlich
为	für
先	zuerst
着急	besorgt sein; eilig sein
作业	Hausaufgabe

L07

表示	zeigen, ausdrücken, äußern
词语	Vokabel, Ausdruck, Wort
方向	Richtung
放	liegen lassen, legen
敢	sich getrauen
还	zurückgeben
或者	oder
结果	Ergebnis
可爱	niedlich
明白	verstehen, nachvollziehen
明白	verständlich, klar, nachvollziehbar
其实	tatsächlich, eigentlich
洗	waschen, spülen, entwickeln
香蕉	Banane
一般	üblicherweise, normalerweise

L08

而且	und auch, und außerdem
发现	herausfinden, entdecken
付钱	bezahlen
结婚	heiraten
胖	dick (Körper)
奇怪	seltsam
裙子	Rock
条	ZEW Streifen
像	ähneln
信用卡	Kreditkarte
一般	normal, durchschnittlich
以为	glauben, denken
长	wachsen (Menschen, Tiere)
终于	endlich

L09

别人	andere
方便	praktisch, bequem
客人	Gast
其他	anderer, -e, -es
如果	wenn, falls
突然	plötzlich, unerwartet
为了	um zu, damit
习惯	sich anpassen, gewöhnt sein
习惯	Gewohnheit
响	klingeln; laut
应该	sollen
这样	so wie, so
重要	wichtig

L10

办	erledigen
大使馆	Botschaft
跟	folgen; mit; wie
关系	Beziehung, Verhältnis
护照	Reisepass
检查	nachprüfen, kontrollieren
邻居	Nachbar
签证	Visum
特别	besonders, außergewöhnlich
需要	brauchen, benötigen
需要	Bedarf
一样	gleich
遇到	begegnen
中医	chinesische Medizin

L11

动	sich bewegen, bewegen
放心	sich beruhigen, sorglos sein
放学	Schule aus sein
分数	Note, Prüfungsergebnis
黑板	Tafel
健康	gesund
年级	Schuljahr, Jahrgang
数学	Mathematik
校长	Schuldirektor, Schulleiter
信	Brief
祝	wünschen (Glückwunsch)
最近	kürzlich, in naher Zeit, in letzter Zeit

L12

鼻子	Nase
草地	Wiese
大象	Elefant
点头	mit dem Kopf nicken
河	Fluss
记住	sich merken
哭	weinen
鸟	Vogel
山	Berg
树	Baum
太阳	Sonne
熊	Bär
熊猫	Panda
越… 越	je mehr…, desto…
越来越	immer… (werden)

L13

安静	ruhig
搬	tragen
办公室	Büro
比较	relativ, verhältnismäßig
车站	Bushaltestelle
迟到	sich verspäten
厨房	Küche
地图	Landkarte, Stadtplan
花	Blume
花园	Blumengarten
客厅	Wohnzimmer
面包	Brot
洗澡	duschen
阳台	Balkon

L14

北	Norden
比较	vergleichen; Vergleich
城市	Stadt
打算	vorhaben
地铁	U-Bahn
东	Osten
动物园	Zoo, Tiergarten
感谢	sich bedanken, jmdm. dankbar sein
感谢	Dankbarkeit
过去	früher
南	Süden
同意	einverstanden sein
西	Westen
有名	bekannt, berühmt
周末	Wochenende

L15

阿姨	Tante
啊	Ausrufswort
矮	niedrig, klein
表演	aufführen; Aufführung
除了	außer
害怕	Angst haben
好奇	neugierig
河马	Flusspferd
黄	gelb
节目	Programm

结束	beenden, zu Ende sein
马	Pferd
毛	Haar, Fell
种	Art, Sorte

L16

厕所	WC, Toilette
超市	Supermarkt
低	etwas senken; niedrig
会议	Konferenz
记得	sich erinnern
经理	Manager
离开	verlassen
脸	Gesicht
提供	bereitstellen, zur Verfügung stellen
位	ZEW Personen
相信	vertrauen, glauben
站	stehen
中间	Mitte

L17

必须	müssen
变化	Veränderung
宾馆	Hotel, Gasthaus
冰箱	Kühlschrank
担心	sich Sorgen machen
度	Einheit für Grad
机会	Gelegenheit, Chance
空调	Klimaanlage
难	schwierig
年轻	jung, jugendlich
星级	Sterne (Hotel)
自己	selbst, selber

L18

比赛	Wettkampf, Turnier
段	ZEW Abschnitte
锻炼	trainieren
耳朵	Ohr
发烧	fiebern, Fieber haben
感冒	sich erkälten
刮风	Wind wehen
关于	bezüglich, über, von
米	Meter
名	ZEW Ränge, Plätze
爬山	bergwandern
万	zehntausend
忘记	vergessen
一共	insgesamt
照顾	kümmern, pflegen, betreuen

L19

聪明	klug, intelligent
当然	selbstverständlich
复习	wiederholen
感兴趣	sich interessieren
节	ZEW Segmente
举行	stattfinden, veranstalten
认为	meinen
水平	Niveau, Standard, Level
提高	erhöhen, steigern

夏天	Sommer
想法	Idee, Einfall
选择	auswählen
选择	Auswahl

L20

包	Tasche; ZEW Beutel
包	einwickeln, einpacken
衬衫	Hemd, Bluse
春天	Frühling
附近	Nähe
简单	einfach, simpel
裤子	Hose
蓝	blau
那么	so
伞	Schirm
银行	Bank
云	Wolke
注意	beachten, achten auf

L21

爱好	Hobby; Hobby haben
不是…，就是…	mal… , mal…
查	nachschlagen, erforschen
电子邮件	E-Mail
顾客	Kunde
环境	Umwelt, Umgebung
换	wechseln, umtauschen
老	alt
上网	online sein, surfen
瘦	dünn, mager
音乐	Musik
照相机	Fotoapparat
主要	wesentlich, hauptsächlich
作用	Effekt, Wirkung

L22

变	ändern, wandeln, werden
电子学	Elektronik
关心	sich kümmern um, Interesse haben
国家	Land, Staat
行李箱	Reisekoffer
生活	Leben; leben
世界	Welt
叔叔	Onkel
司机	Fahrer
文化	Kultur, Bildung
相同	identisch, gleich
小心	vorsichtig; aufpassen
新闻	Nachrichten

L23

白酒	Schnaps
度数	Grad, Anteil, Gehalt
解决	lösen, erledigen
历史	Geschichte, Historie
满意	zufrieden (sein)
难过	unerträglich; traurig
啤酒	Bier
葡萄酒	Wein

声音	Stimme, Geräusch
真心	ehrlich
醉	betrunken

L24

夫妻	Ehepaar
更	noch, noch mehr
行动	Aktion, Tat
几乎	beinahe, fast
口	Mund
礼貌	höflich; Höflichkeit
盘子	Teller
铅笔	Bleistift
生气	sich ärgern
说出来	aussprechen
碗	Schüssel
心	Herz

L25

差	schlecht
差不多	fast gleich, so gut wie, ungefähr
成绩	Leistung, Prüfungsergebnis
短	kurz
街道	Straße
苦	bitter
爬起来	sich hochstemmen
普通	gewöhnlich, einfach
普通话	Hochchinesisch
体育	Sport
甜	süß
头发	Haar(e)
完成	vollenden, erreichen, erfüllen
学期	Semester
影响	beeinflussen, stören
影响	Einfluss

L26

被	Passivpartikel
不同	unterschiedlich
不同	Unterschied
和…好	mit… befreundet sein
皇帝	Kaiser
节日	Feiertag
开业	Geschäftstätigkeit aufnehmen
帽子	Hut, Mütze
美好	wunderschön
去世	sterben
生意	Geschäft, Business
糖	Zucker, Bonbon
祝愿	(Glück) wünschen; Glückwunsch
字典	Zeichenwörterbuch

L27

菜单	Menü, Speisekarte
差	fehlen
点	bestellen (Restaurant)
刚才	vor kurzem, kürzlich
根据	nach, gemäß
果汁	Saft

花	kosten, aufwenden
角	Ecke; 1/10 Yuan
久	lange Zeit
旧	alt, gebraucht
刻	Viertelstunde
辆	ZEW Fahrzeuge
买单	zahlen, bezahlen
面条	Nudel, Nudeln
清	einladen

L28

冬天	Winter
季节	Jahreszeit
脚	Fuß
棵	ZEW Bäume
空气	Luft
秋天	Herbst
松树	Kiefer
腿	Bein
鞋	Schuh
新鲜	frisch
月亮	Mond
中部	Mitte

L29

层	ZEW Schichten, Stockwerke
出现	erscheinen, entstehen
等等	und so weiter; und weitere
电梯	Aufzug
短期	kurzfristig
工作服	Arbeitskleidung
画	Gemälde, Bild; malen
家电	Haushaltsgeräte
楼	Gebäude, Stockwerk
商场	Kaufhaus
双	ZEW Paare
洗碗机	Geschirrspülmaschine
洗衣机	Waschmaschine
香水	Parfüm
用品	Artikel, Ware
这么	so

L30

宾语	Objekt
多么	was für, wie
关	schließen, ausschalten
坏	kaputt, schlecht
极	äußerst, extrem, höchst
经过	vorbeigehen; durch
课本	Lehrbuch
容易	einfach
容易	neigen, tendieren
刷	bürsten
刷牙	Zähne putzen
眼镜	Brille
要求	Anspruch
要求	verlangen, fordern
主语	Subjekt

Vokabelverzeichnis – alphabetisch

Hier findet sich eine alphabetische Liste der Vokabeln dieses Buchs. Zum einfacheren Nachschlagen wurde eine rein alphabetische Sortierung gemäß dem lateinischen Alphabet vorgenommen, die sich nicht an den Tönen orientiert.

A

B

C

D

E

F

G

H

J

jiǎnchá, 检查, prüfen, kontrollieren 88
jiǎndān, 简单, einfach, simpel 173
jiǎng, 讲, erzählen 11
jiànkāng, 健康, gesund 99
jiāo, 教, unterrichten, lehren 18
jiǎo, 脚, Fuß 239
jiǎo, 角, Ecke, 1/10 Yuan 230
jié hūn, 结婚, heiraten 73
jiè, 借, leihen 44
jiē, 接, abholen 20
jié, 节, ZEW Segmente 167
jiēdào, 街道, Straße 213
jiègěi, 借给, ausleihen 45
jiēguǒ, 结果, Ergebnis 63
jiějué, 解决, lösen, erledigen 199
jiémù, 节目, Programm 132
jiérì, 节日, Feiertag 220
jiéshù, 结束, beenden, zu Ende sein 132
jīhū, 几乎, beinahe, fast 205
jīhuì, 机会, Gelegenheit, Chance 149
jìjié, 季节, Jahreszeit 239
jīngcháng, 经常, oft 36
jīngguò, 经过, durch 257
jīngguò, 经过, vorbeigehen 257
jīnglǐ, 经理, Manager 139
jiǔ, 久, lange Zeit 229
jiù, 旧, gebraucht, alt 229
juédìng, 决定, entscheiden 45
juédìng, 决定, Entscheidung 45
jǔxíng, 举行, veranstalten, stattfinden 165
jùzi, 句子, Satz 54

K

kāiyè, 开业, Geschäftstätigkeit aufnehmen 221
kè, 刻, Viertelstunde 229
kē, 棵, ZEW Bäume 240
kě, 渴, durstig 38
kě'ài, 可爱, niedlich 63
kèběn, 课本, Lehrbuch 256
kèrén, 客人, Gast 81
kètīng, 客厅, Wohnzimmer 113
kōngqì, 空气, Luft 239
kōngtiáo, 空调, Klimaanlage 149
kǒu, 口, Mund 204
kū, 哭, weinen 107
kǔ, 苦, bitter 213
kuàizi, 筷子, Essstäbchen 36
kùzi, 裤子, Hose 174

L

M

N

P

Q

R

S

T

W

X

Y

Z

Chinesische Elementarzeichen 3 – Übungsbuch der Schriftzeichen und Vokabeln des neuen HSK 3 (T. 1)

Schreibübungen der wichtigsten chinesischen Schriftzeichen mit Strichreihenfolge und Strichrichtung – Teil 1: Anhand des neuen HSK 3 sind die wichtigsten chinesischen Vokabeln und Schriftzeichen zusammengestellt worden und können in zahlreichen Formularen schreiben geübt werden. Mit den Bänden 3 und 4 sind sämtliche Vokabeln und Schriftzeichen des neuen HSK 3 abgedeckt.

ISBN 9-783-940497-35-2, 9,90 €, 128 S.

Chinesische Elementarzeichen 4 – Übungsbuch der Schriftzeichen und Vokabeln des neuen HSK 3 (T. 2)

Schreibübungen der wichtigsten chinesischen Schriftzeichen mit Strichreihenfolge und Strichrichtung – Teil 2: Anhand des neuen HSK 3 sind die wichtigsten chinesischen Vokabeln und Schriftzeichen zusammengestellt worden und können in zahlreichen Formularen schreiben geübt werden. Mit den Bänden 3 und 4 sind sämtliche Vokabeln und Schriftzeichen des neuen HSK 3 abgedeckt.

ISBN 9-783-940497-37-6, 9,90 €, 128 S.

Tafel der Schriftzeichen und Vokabeln des neuen HSK 2

Alle Schriftzeichen und Vokabeln des neuen HSK 2 auf einen Blick: Auf einem großen Poster (59,4 x 84,1 cm) sind die zusätzlichen 173 Schriftzeichen und 150 Vokabeln des neuen HSK 2 übersichtlich zusammengestellt. Zu jedem Schriftzeichen sind die Strichreihenfolge, das Pinyin und die deutsche Bedeutung angegeben. Alle Vokabeln sind auf Chinesisch, in Pinyin und auf Deutsch aufgeführt.

ISBN 9-783-940497-43-7, 8,90 €, Poster 59,4 x 84,1 cm

Leise hör' ich Blüten fallen – Gedichte aus der chinesischen Klassik – Tang-Dynastie

China erlebte zur Zeit der Tang-Dynastie von 618 bis 907 n. Chr. eine kulturelle und wirtschaftliche Blüte. Die Weisheiten der chinesischen Klassik vereinen sich in Reimen auf Deutsch und Chinesisch zu einer Melange aus Gefühl, Sehnsucht und Harmonie. Ergänzt werden die empfindsamen Gedichte durch kurze Darstellungen der Dichter und ihres Lebensumfeldes.

ISBN 9-783-940497-59-8, 14,90 €, 136 S., inkl. Audio-CD

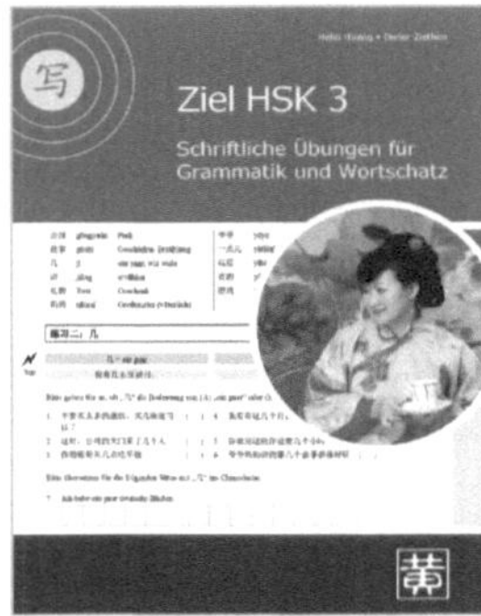

Ziel HSK 3 – Schriftliche Übungen für Grammatik und Wortschatz

Ausgehend vom neuen HSK 2 werden in schriftlichen Übungseinheiten das Vokabular und die Grammatik des neuen HSK 3 erarbeitet. Tipps zur Grammatik und zur Verwendung von Wörtern leiten viele Übungen ein und geben einen kompakten Überblick. Im Anhang sind zu sämtlichen Übungen die Lösungen aufgeführt, um eine Eigenkontrolle zu ermöglichen.

ISBN 9-783-940497-46-8, 24,90 €, 288 S.

Ziel HSK 3 – Chinesische Hörtexte mit Vokabel- und Nachsprechübungen

Hörtexte auf Chinesisch: Ausgehend vom neuen HSK 2 wird in 30 Kurzgeschichten der Lernstoff des neuen HSK 3 erarbeitet. Jede Lektion verwendet nur bekannte Lerninhalte, die vorher eingeführt wurden. Jede Geschichte beginnt mit einem mündlichen Vokabeltraining. Anschließend folgen zwei Versionen des Hörtextes als Hör- und als Nachsprechversion mit Pausen.

ISBN 9-783-940497-33-8, 24,90 €, 2 MP3-CDs

Vorbereitung HSK-Prüfung – HSK 3

Das Buch dient dazu, sich im Selbststudium auf die Grammatik, Vokabeln und Übungen des neuen HSK 3 vorzubereiten. Alle Aufgabentypen werden intensiv geübt. Lösungen zu den Aufgaben erlauben eine Selbstkontrolle. Im Anhang ist die komplette Grammatik des HSK 3 mit vielen Anwendungsbeispielen enthalten. Dem Buch ist eine MP3-Audio-CD mit 327 min Spiellänge zum Selbsttraining beigelegt.

ISBN 9-783-940497-41-3, 18,90 €, 304 S., inkl. MP3-CD

Vokabelkarten Chinesisch – Grundwortschatz Teil 2

Die wichtigsten chinesischen Vokabeln auf handlichen Vokabelkarten zum Lernen und Wiederholen: Alle Vokabelkarten zeigen die Vokabeln auf Deutsch, in Pinyin und auf Chinesisch. Chinesische Mustersätze beschreiben die Verwendung der Vokabeln. Der Wortschatz ist am offiziellen HSK 3 orientiert.

Stabile Schachtel, 306 Vokabelkarten (53 x 78 mm), 14,90 €

Bestellung ➡ ➡ ➡ www.huang-shop.de